LES

OEUVRES

DE

MYLORD COMTE DE

SHAFTSBURY.

TOME SECOND.

LES

OEUVRES

DE

MYLORD COMTE DE

SHAFTSBURY.

CONTENANT

Ses CARACTERISTICKS, ſes LETTRES, & autres OUVRAGES.

Traduits de l'Anglois en François

ſur la derniere édition.

TOME SECOND.

A GENEVE.

MDCCLXIX.

TABLE DU TOME SECOND.

RECHERCHE SUR LA VERTU OU LE MÉRITE.

PARTIE I.

PARTIE II.

PARTIE III.

PARTIE IV.

TABLE

PARTIE V.

SOLIQUE

OU AVIS A UN AUTEUR.

PARTIE I.

PARTIE II.

Fin de la Table du Tome Second.

RECHER-

RECHERCHES
SUR
LA VERTU
OU
LE MÉRITE,

IMPRIMÉ POUR LA PREMIERE FOIS
SUR UNE COPIE IMPARFAITE,
EN L'ANNÉE M DC XCIX.

Revue & corrigée

PAR L'AUTEUR.

—— *Amoto quæramus seria ludo.*

HORAT. Satyr. I.

RECHERCHES
SUR
LA VERTU
OU
LE MÉRITE.

PREMIERE PARTIE.

SECTION I.

La Religion & la Vertu ſont unies par tant de rapports intimes, qu'on les regarde communément comme deux Compagnes inſéparables. C'eſt une liaiſon dont on penſe ſi favorablement, qu'on permet à peine d'en faire abſtraction dans le diſcours & même dans l'eſprit. Je doute cependant que cette idée ſcrupuleuſe ſoit confirmée par la connoiſſance du monde, & nous ne manquons pas d'exemples qui paroiſſent contredire cette union prétendue. N'a-t'on pas vu des peuples qui, avec tout le zele imaginable pour leur Religion, vivoient dans la derniere dépravation, & n'avoient pas ombre d'humanité; tandis que d'autres qui ſe piquoient ſi peu d'être religieux, qu'on les regarde comme de vrais Athées, obſervoient les grands principes de la morale, & nous ont ar-

I. PART. §. I. raché l'épithete de vertueux, par la tendresse & l'affection généreuse qu'ils ont eues pour le genre humain? En général, on a beau nous assurer qu'un homme est plein de zelé pour sa Religion; si nous avons à traiter avec lui, nous nous informons encore de son caractere. „ *M.***** a de la Religion*, dites-vous"; mais „ *a-t'il de la probité?*" (1) Si vous m'eussiez fait entendre d'abord qu'il étoit honnête homme, je ne me serois jamais avisé de demander, s'il étoit *dévot.* (2)

Qu'est-ce donc que la Vertu morale? Quelle

(1) Remarquez qu'il est question ici de la Religion en général. Si le Christianisme étoit un culte universellement embrassé, quand on assureroit d'un homme qu'il est bon Chrétien, peut-être seroit-il absurde de demander, s'il est honnête homme; parce qu'il n'y a point, dira-t'on, de Christianisme réel sans probité. Mais il y a presqu'autant de cultes différens que de Gouvernemens; & si nous en croyons les Histoires, leurs préceptes croisent souvent les principes de la morale: ce qui suffit pour justifier ma pensée. Mais afin de lui donner toute l'évidence possible, supposez que, dans un besoin pressant de secours, on vous adressât à quelque Juif opulent: vous savez que sa Religion permet l'usure avec l'Etranger; espéreriez-vous donc traiter à des conditions plus favorables, parce qu'on vous assureroit que cet homme est un des Sectateurs les plus zélés de la Loi de Moïse? & tout bien considéré, ne vaudroit-il pas beaucoup mieux pour vos intérêts qu'il passât pour un fort mauvais Juif, & qu'il fût même soupçonné dans la Sinagogue d'être un peu Chrétien? (Note du Trad.)

(2) Par-tout où ce mot se prend en mauvaise part, il faut entendre, comme dans la Bruyére & la Rochefoucault, faux dévot; sens auquel une longue & peut-être odieuse prescription l'a déterminé. (Note du Trad.)

influence la Religion en général a-t'elle ſur la probité? Jusqu'à quel point ſuppoſe-t'elle de la vertu? Seroit-il vrai de dire que l'Athéiſme exclut toute probité, & qu'il eſt impoſſible d'avoir quelque Vertu morale, ſans reconnoître un Dieu? Ces queſtions ſont une ſuite de la réflexion précédente, & feront la matiere des deux premieres parties de ces Recherches Philoſophiques. I. PART. §. I.

Ce ſujet eſt preſque tout neuf: d'ailleurs, l'examen en eſt épineux & délicat: qu'on ne s'étonne donc pas, ſi je ſuis une méthode un peu ſinguliere. La licence de quelques plumes modernes a répandu l'allarme dans le camp des *Dévots*: telle eſt en eux l'aigreur & l'animoſité que, quoiqu'un Auteur puiſſe dire en faveur de la Religion, on ſe récriera contre ſon Ouvrage, s'il accorde quelque poids à d'autres principes. D'une autre part, les beaux eſprits & les gens du bel air, accoutumés à n'enviſager dans la Religion que quelques abus qui ſont la matiere éternelle de leurs plaiſanteries, craindront de s'embarquer dans un examen ſérieux, (car les raiſonneurs les effraient,) & traiteront d'imbécile, un homme qui profeſſe le deſintéreſſement, & qui ménage les principes de Religion. Il ne faut pas s'attendre à recevoir d'eux plus de quartier qu'on ne leur en fait; & je les vois réſolus à penſer auſſi mal de la morale de leurs Antagoniſtes, que leurs Antagoniſtes penſent mal de la leur. Les uns & les autres croiroient avoir trahi leur cauſe, s'ils avoient abandonné un pouce de terrein. Ce ſeroit un miracle que de perſuader à ceux-ci

I. PART. §. I.

qu'il y a quelque mérite dans la Religion, & à ceux-là, que la Vertu n'est pas concentrée toute entiere dans leur parti. Dans ces extrêmités, quiconque s'éleve en faveur de la Religion & de la Vertu, & s'engage, en marquant à chacune sa puissance & ses droits, de les conserver en bonne intelligence, celui-là, dis-je, s'expose à faire un mauvais personnage (3).

(3) Je me suis demandé quelquefois pourquoi tous ces Ecrits dont la fin derniere est proprement de procurer aux hommes un bonheur infini, en les éclairant sur des vérités surnaturelles, ne produisent pas autant de fruits qu'on auroit lieu d'en attendre. Entre plusieurs causes de ce triste effet, j'en distinguerai deux, la méchanceté du Lecteur & l'insuffisance de l'Ecrivain. Le Lecteur, pour juger sainement de l'Ecrivain, devroit lire son ouvrage dans le silence des passions; l'Ecrivain, pour arriver à la conviction du Lecteur, devroit par une entiere impartialité, réduire au silence les passions dont il a plus à redouter que des raisonnemens. Mais un Ecrivain impartial, un Lecteur équitable sont presque deux Etres de raison, dans les matieres dont il s'agit ici. Je dirois donc à tous ceux qui se préparent d'entrer en lice contre le vice & l'impiété: Examinez-vous, avant que d'écrire. Si vous vous déterminez à prendre la plume, mettez dans vos Ecrits le moins de bile & le plus de sens que vous pourrez. Ne craignez point de donner trop d'esprit à votre Antagoniste. Faites-le paroître sur le champ de bataille avec toute la force, toute l'adresse, tout l'art dont il est capable. Si vous voulez qu'il se confesse vaincu, ne l'attaquez point en lâche: saisissez-le corps à corps; prenez-le par les endroits les plus inaccessibles. Avez-vous de la peine à le terrasser? n'en accusez que vous-même: si vous avez fait les mêmes provisions d'armes qu'Abbadie, & Ditton, vous ne risquez rien à montrer sur l'arêne la même franchise qu'eux. Mais si vous n'avez ni les nerfs ni la cuirasse de ces athletes, que ne demeurez-vous en repos? Ignorez-vous

Quoiqu'il en ſoit, ſi nous prétendons attein- dre à l'évidence & répandre quelques lumieres

qu'un ſot Livre en ce genre fait plus de mal en un jour, que le meilleur Ouvrage ne fera jamais de bien. Car tel eſt la méchanceté des hommes, que, ſi vous n'avez rien dit qui vaille, on avilira votre cauſe, en vous faiſant l'honneur de croire qu'il n'y avoit rien de mieux à dire. J'avouerai cependant qu'il y a des hommes aſſez déréglés pour affecter l'Athéiſme & l'irréligion, à qui par conſéquent il vaudroit mieux faire honte de leur vanité ridicule, que de les combattre en forme. Car pourquoi chercheroit-on à les convaincre? Ils ne ſont pas proprement incrédules. Si l'on en croyoit Montagne, il faudroit en renvoyer la converſion au Médecin: l'approche du danger leur fera perdre contenance. *S'ils ſont aſſez fous*, dit-il, *ils ne ſont pas aſſez forts. Ils ne lairront de joindre leurs mains vers le Ciel, ſi vous leur attachez un bon coup d'épée dans la poitrine; & quand la crainte & la maladie aura appeſanti cette licencieuſe ferveur d'humeur volage, ils ne lairront de ſe revenir & laiſſer manier tout diſcrétement aux créances & exemples publics. Autre choſe eſt un dogme ſérieuſement digéré; autre choſe, ces impresſions ſuperficielles, leſquelles nées de la débauche d'un eſprit démanché, vont nageant téméraireinent & incertainement dans la fantaiſie. Hommes bien miſérables & écervelés, qui tâchent d'être pires qu'ils ne peuvent* On ne peut s'empêcher de reconnoître dans cette peinture un très-grand nombre d'impies, & il ſeroit peut être à ſouhaiter qu'elle convînt à tous. Mais s'il y a quelques impies de bonne foi, comme la multitude des ouvrages dogmatiques lancés contre eux ne permet pas d'en douter, il eſt eſſentiel à l'intérêt & même à l'honneur de la Religion, qu'il n'y ait que les eſprits ſupérieurs qui ſe chargent de les combattre. Quant aux autres qui peuvent avoir autant & quelquefois plus de zele avec moins de lumieres, ils devroient ſe contenter de lever leurs mains vers le Ciel pendant l'action, & c'eſt le parti que j'aurois pris ſans doute, ſi je ne regardois l'Auteur dont je m'appuie à chaque pas, comme un de ces hommes extraordinaires & proportionnés à la dignité de la cauſe qu'ils ont à ſoutenir. (Note du Trad.)

I. PART. §. I. dans cet Essai, nous ne pouvons nous dispenser de prendre les choses de loin, & de remonter à la source tant de la croyance naturelle, que des opinions fantasques, concernant la Divinité. Si nous nous tirons heureusement de ces commencemens épineux, il faut espérer que le reste de notre route sera doux & facile.

SECTION II.

Ou tout est conforme au bon ordre dans l'univers, ou il y a des choses qu'on auroit pu former plus adroitement, ordonner avec plus de sagesse & disposer plus avantageusement pour l'intérêt général des êtres & du tout.

Si tout est conforme au bon ordre, si tout concourt au bien général, si tout est fait pour le *mieux*, il n'y a point de mal *absolu* dans l'univers, point de mal *rélatif au tout.*

Tout ce qui est tel qu'il ne peut être *mieux*, est parfaitement bon.

S'il y a dans la nature quelque mal *absolu*, il est possible qu'il y eût quelque chose de *mieux*; sinon, tout est parfait & comme il doit être.

S'il y a quelque chose d'*absolument* mal, il a été produit *à dessein* ou s'est fait par *hazard.*

S'il a été produit *à dessein*, ou l'Ouvrier éternel n'est pas seul, ou n'est pas excellent; car s'il étoit excellent, il n'y auroit point de mal *absolu*; ou s'il y a quelque mal *absolu*, c'est un autre qui l'aura causé.

Si le hazard a produit dans l'univers quelque mal *abſolu*, l'Auteur de la nature n'eſt pas la cauſe de tout. Conſéquemment, ſi l'on ſuppoſe un Etre intelligent qui ne ſoit que la cauſe du bien; mais qui n'ait pas voulu, ou qui n'ait pu prévenir le mal *abſolu* que le hazard ou quelque Intelligence rivale a produit; cet Etre eſt impuiſſant ou défectueux: car ne pouvoir prévenir un mal *abſolu*, c'eſt impuiſſance; ne vouloir pas le prévenir, quand on le peut, c'eſt mauvaiſe volonté.

L'Etre tout-puiſſant dans la nature, & qu'on ſuppoſe la gouverner avec intelligence & bonté, c'eſt ce que les hommes d'un conſentement unanime, ont appellé *Dieu*.

S'il y a dans la nature pluſieurs Etres & ſemblables & ſupérieurs, ce ſont autant de *Dieux*.

Si cet Etre ſupérieur, ſuppoſé qu'il n'y en ait qu'un, ſi ces Etres ſupérieurs; ſuppoſé qu'il y en ait pluſieurs, ne ſont pas eſſentiellement *bons*, on les appelle *Démons*.

Croire que tout a été fait & ordonné, que tout eſt gouverné pour le *mieux* par une ſeule Intelligence eſſentiellement bonne, c'eſt être un parfait *Théiſte*.

Ne reconnoître dans la Nature d'autre cauſe, d'autre principe des Etres que le hazard; nier qu'une Intelligence ſuprême ait fait, ordonné, diſpoſé tout à quelque bien général ou particulier, c'eſt être un parfait *Athée*.

Admettre pluſieurs Intelligences ſupérieures, toutes eſſentiellement bonnes; c'eſt être *Polythéiſte*.

I. PART. §. II. Soutenir que tout eſt gouverné par une ou plusieurs Intelligences capricieuſes, qui ſans égard pour l'ordre, n'ont d'autre loix que leurs volontés qui ne ſont pas eſſentiellement bonnes; c'eſt être *Démoniſte*.

Il y a peu d'eſprits qui aient été en tout tems invariablement attachés à la même hipotheſe ſur un ſujet auſſi profond que la cauſe univerſelle des Etres & l'économie générale du Monde; de l'aveu même des perſonnes les plus religieuſes, (*) toute leur foi leur ſuffit à peine en certains momens pour les ſoutenir dans la conviction d'une Intelligence ſuprême: il eſt des conjonctures où frappées des défauts apparens de l'adminiſtration de l'Univers, elles ſont violemment tentées de juger deſavantageuſement de la Providence.

Qu'eſt-ce que l'*opinion* d'un homme? celle qui lui eſt habituelle; c'eſt l'hipotheſe à laquelle il revient toujours, & non celle dont il n'eſt jamais ſorti, que nous appellerons *ſon ſentiment*. Qui pourra donc aſſurer qu'un homme qui n'eſt pas un ſtupide, eſt un parfait Athée? Car ſi toutes ſes penſées ne luttent pas en tout tems, en toute occaſion, contre toute idée, toute imagination, tout ſoupçon d'une Intelligence ſupérieure, il n'eſt pas un parfait Athée. De même, ſi l'on n'eſt pas conſtamment éloigné de toute idée de hazard ou de mauvais Génie, on n'eſt pas parfait *Théiſte*. C'eſt le ſentiment dominant qui détermine l'état. Quiconque voit

(*) Pene moti ſunt pedes mei, pacem peccatorum videns. *David in Pſal.*

moins d'ordre dans l'Univers que de hazard & de confusion, est plus Athée que Théiste. Quoiconque apperçoit dans le monde des traces plus distinctes d'un mauvais Génie que d'un bon, est moins Théiste que Démoniste. Mais tous ces Systématiques prendront leur dénomination, selon le côté où l'esprit se sera fixé le plus souvent dans ses oscillations. I. PART. §. II.

Du mélange de ces opinions, il en résulte un grand nombre d'autres, (*) toutes différentes entre elles.

La Religion n'exclut que le parfait Athéisme. Le parfait Démoniste peut avoir un cul-

(*) Le Théisme avec le Démonisme. Le Démonisme avec le Polythéisme. Le Déisme avec l'Athéisme. Le Démonisme avec l'Athéisme. Le Polythéisme avec l'Athéisme. Le Théisme avec le Polythéisme. Le Théisme ou le Polythéisme avec le Démonisme, ou avec le Démonisme & l'Athéisme. Ce qui arrive, lorsqu'on admet.

Un Dieu dont la nature est bonne & mauvaise, ou deux principes, l'un pour le bien & l'autre pour le mal,

Ou Plusieurs Intelligences suprêmes & mauvaises, ce que l'on pourroit proprement appeller Polydémonisme.

Ou lorsque Dieu & le hazard partagent l'empire de l'Univers.

Ou lorsque l'Univers est gouverné par le hazard & par un mauvais Génie.

Ou lorsqu'on admet plusieurs Intelligences mauvaises, sans exclurre le hazard.

Ou lorsqu'on suppose le Monde fait & gouverné par plusieurs Intelligences toutes bienfaisantes.

Ou lorsqu'on admet plusieurs Intelligences surprêmes tant bonnes que mauvaises.

Ou lorsqu'on suppose que l'administration des choses est partagée entre plusieurs Intelligences tant bonnes que mauvaises, & le hazard.

I. PART. §. II.

te. Nous connoissons même des Nations entieres qui adorent un Diable à qui la frayeur seule porte leurs prieres, leurs offrandes & leurs sacrifices; & nous n'ignorons pas que dans quelques Religions, on ne regarde Dieu que comme un Etre violent, despotique, arbitraire & destinant les Créatures à un malheur inévitable, sans aucun mérite ou démérite prévu; c'est-à-dire, qu'on éleve un Diable sur ces autels où l'on croit adorer un Dieu.

Outre les sectateurs des différentes opinions dont nous venons de faire mention, nous remarquerons de plus qu'il y a beaucoup de personnes qui par esprit de septicisme, par indolence, ou par défaut de lumieres ne sont décidées pour aucune.

Tous ces systêmes supposés, il nous reste à examiner comment chaque systême en particulier & l'indécision même, s'accordent avec la Vertu, & jusqu'où ils sont compatibles avec un caractère honnête & moral.

SECONDE PARTIE.

SECTION I.

LORSQUE je tourne les yeux ſur les Ouvrages de l'Art ou de la Nature, & que je ſens en moi-même combien il eſt difficile de parler avec exactitude des *parties*, ſans une connoiſſance profonde du *Tout*, je ne ſuis point étonné de notre inſuffiſance dans les recherches qui concernent le Monde, le chef-d'œuvre de la Nature. Cependant à force d'obſervations & d'étude, à force de combiner les proportions & les formes dont la plupart des Créatures qui nous environnent, ſont revêtues, nous ſommes parvenus à déterminer quelques-uns de leurs uſages. Mais quelle eſt la fin de ces Créatures en particulier? En général même, à quoi ſert l'eſpece entiere de quelques-unes d'entre elles? C'eſt ce que nous ne connoitrons peut-être jamais. II. PART. §. I.

Nous ſavons que chaque Créature a un *Intérêt privé*, un *bien-être* qui lui eſt propre, & auquel elle tend de toute ſa puiſſance; panchant raiſonnable qui a ſon origine dans les avantages de ſa conformation naturelle. Nous ſavons que ſa condition *rélative* aux autres Etres eſt bonne ou mauvaiſe, qu'elle affectionne la bonne, & que le Créateur lui en a facilité la poſſeſſion. Mais ſi toute Créature a un bien particulier, un interêt privé, un but auquel tous les avantages de ſa conſtitution ſont naturellement dirigés; & ſi je remarque dans

II. PART. §. I. les passions, les sentimens, les affections d'une Créature, quelque chose qui l'éloigne de sa fin, j'assurerai qu'elle est mauvaise & mal conditionnée. Par rapport à elle-même, cela est évident. De plus, si ces sentimens, ces appétits qui l'écartent de son but naturel, croisent encore celui de quelque individu de son espece, j'ajouterai qu'elle est mauvaise & mal conditionnée, rélativement aux autres. Enfin, si le même désordre dans sa constitution naturelle qui la rend mauvaise par rapport aux autres, la rendoit aussi mauvaise par rapport à elle-même; si la même économie dans ses affections qui la qualifie bonne par rapport à elle-même, produisoit le méme effet rélativement à ses semblables, elle trouveroit en ce cas son avantage particulier en cette bonté, par laquelle elle feroit le bien d'autrui; & c'est en ce sens que l'interêt privé peut s'accorder avec la Vertu morale.

Nous approfondirons ce point à la fin de ces Recherches. Notre objet, quant à présent, c'est de chercher en quoi consiste cette qualité que nous désignons par le nom de *bonté*. Qu'est-ce que la *bonté*?

Si un Historien ou quelque Voyageur nous faisoit la description d'une Créature parfaitement isolée, sans supérieure, sans égale, sans inférieure, à l'abri de tout ce qui pourroit émouvoir ses passions, seule en un mot de son espece, nous dirons sans hésiter, *que cette Créature singuliere doit être plongée dans une affreuse mélancolie; car quelle consolation pourroit-elle avoir en un Monde qui n'est pour elle qu'une vaste solitude?* Mais si l'on ajoutoit, *qu'en dépit des apparences, cette Créature jouit de la vie, sent le bonheur d'exister, & trouve en elle même de la félicité*; alors nous pourrions convenir *que ce n'est pas tout-à-fait un monstre, & que rélativement à elle-même, sa constitution naturelle n'est pas entiérement absurde; mais nous n'irions jamais jusqu'à dire que cet Etre est bon.* Cependant si l'on insistoit & qu'on nous objectât, *qu'il est parfait dans sa maniere, & conséquemment que nous lui refusons à tort l'épithete de bon; car qu'importe qu'il ait quelque chose à démêler avec d'autres, ou non?* il faudroit bien franchir le mot, & reconnoître *que cet Etre est bon; s'il est possible toutefois qu'il soit parfait en soi-même, sans avoir aucun rapport avec l'univers dans lequel il est placé.* Mais si l'on venoit à découvrir à la longue quelque systême dans la Nature dont on pût considérer ce vivant Automate, comme faisant partie, il perdroit incontinent le titre de bon, dont nous l'avions décoré, puisqu'il sembleroit plutôt fait pour la ruine que pour le maintien du systême dont il feroit partie. (4)

II. PART. §. I.

(4) Divin Anachorete, suspendez un moment la profondeur de vos méditations, & daignez détromper un pauvre *Mondain*, & qui fait gloire de l'être. J'ai des passions, & je serois bien fâché d'en manquer: c'est très-passionnément que j'aime mon Dieu, mon Roi, mon Pays, mes Parens, mes Amis, ma Maitresse & moi-même.

Je fais un grand cas des richesses; j'en ai beaucoup, & j'en desire encore: un homme bienfaisant en a-t'il jamais assez? Qu'il me seroit doux de pouvoir animer ce talent qui languit sous mes yeux, unir ces Amans que l'indigence retient dans le célibat, venger par mes

II. PART. §. I.

Mais si dans la structure de cet Animal ou de tout autre, j'entrevois des liens qui l'attachent à des Etres connus & différens de lui ; si sa conformation m'indique des rapports, même à d'autres especes que la sienne, j'assurerai qu'il fait partie de quelque autre systême. Par exemple, s'il est mâle, il a rapport en cette qualité avec la femelle ; & la conformation rélative du mâle & de la femelle annonce une nouvelle chaîne d'Etres & un nouvel ordre des choses. C'est celui d'une espece ou d'une race particuliere de Créatures qui ont une tige commune ; race qui s'accroît & s'éternise aux dépens de plusieurs systêmes qui lui sont destinés.

Donc

largesses ce laborieux Commerçant des revers de la fortune ! Je ne fais chaque jour qu'un ingrat ; que ne puis-je en faire un cent ! C'est à mon aisance, Religieux fanatique, que vous devez le pain que votre quêteur vous apporte.

J'aime les plaisirs honnêtes : je les quitte le moins que je peux ; je les conduis d'une table moins somptueuse que délicate, à des jeux plus amusans qu'intéressés que j'interromps pour pleurer les malheurs d'Andromaque, ou rire des boutades du Misantrope : je me garderai bien de les exiler par de noires réflexions ; que l'épouvante & le trouble poursuivent sans cesse le crime ! l'espoir & la tranquilité, compagnes inséparables de la justice, me conduiront par la main jusqu'au bord du précipice que le sage Auteur de mes jours m'a dérobé par les fleurs dont il l'a couvert ; & malgré le soin avec lequel vous vous préparez à un instant que je laisse venir, je doute que votre fin soit plus douce & plus heureuse que la mienne. En tout cas, si la conscience reproche à l'un de nous deux d'avoir été inutile à sa Patrie, à sa Famille & à ses Amis, je ne crains point que ce soit à moi. (Note du Trad.)

Donc ſi toute une eſpece d'animaux contribue à l'exiſtence ou au bien-être d'une autre eſpece, l'eſpece ſacrifiée n'eſt que partie d'un autre ſyſtême. II. PART. §. I.

L'exiſtence de la Mouche eſt néceſſaire à la ſubſiſtance de l'Araignée: auſſi le vol étourdi, la ſtructure délicate, & les membres déliés de l'un de ces Inſectes ne le deſtinent pas moins évidemment à être la *proie*, que la force, la vigilance & l'adreſſe de l'autre à être le *prédateur*. Les toiles de l'Araignée ſont faites pour des aîles de Mouche.

Enfin, le rapport mutuel des membres du Corps Humain; dans un Arbre, celui des feuilles aux branches, & des branches au tronc, n'eſt pas mieux caractériſé, que l'eſt dans la conformation & le génie de ces animaux, leur deſtination reciproque.

Les Mouches ſervent encore à la ſubſiſtance des Poiſſons & des Oiſeaux; les Poiſſons & les Oiſeaux à la ſubſiſtance d'une autre eſpece. C'eſt ainſi qu'une multitude de ſyſtêmes différens ſe réuniſſent & ſe fondent, pour ainſi dire, les uns dans les autres pour ne former qu'un ſeul ordre de choſes.

Tous les Animaux compoſent un ſyſtême, & ce ſyſtême eſt ſoumis à des loix mécaniques ſelon leſquelles tout ce qui y entre eſt calculé.

Or, ſi le ſyſtême des Animaux ſe réunit au ſyſtême des Végéteaux, & celui-ci au ſyſtême des autres Etres qui couvrent la ſurface de notre Globe, pour conſtituer enſemble le ſyſtême Terreſtre; ſi la Terre elle-même a des réla-

II. PART. §. I. tions connues avec le Soleil & les Planetes, il faudra dire que tous ces ſyſtêmes ne ſont que des parties d'un ſyſtême plus étendu. Enfin, ſi la Nature entiere n'eſt qu'un ſeul & vaſte ſyſtême que tous les autres Etres compoſent, il n'y aura aucun de ces Etres qui ne ſoit mauvais ou bon par rapport à ce grand Tout, dont il eſt une Partie; (*) car ſi cet Etre eſt ſuperflu,

(5) Dans l'Univers tout eſt uni. Cette vérité fut un des premiers pas de la Philoſophie, & ce fut un pas de Géant. *Ac mihi quidem veteres illi majus quiddam animo complexi, multo plus etiam vidiſſe videntur, quàm quantum noſtrorum acies intueri poteſt; qui omnia hæc quæ ſupra & ſubter, unum eſſe & unâ vi, atque unâ conſenſione Naturæ conſtricta eſſe dixerunt. Nullum eſt enim genus rerum, quod aut avulſum à cæteris per ſeipſum conſtare, aut quo cætera ſi careant, vim ſuam atque æternitatem conſervare poſſint* Cic. Lib. 3. *de Orat.* Toutes les découvertes des Philoſophes modernes ſe réuniſſent pour conſtater la même propoſition. Tous les Auteurs de ſyſtême, ſans en excepter Epicure, la ſuppoſoient, lorſqu'ils ont conſidéré le Monde comme une Machine dont ils avoient à expliquer la formation & à déveloper les reſſorts ſecrets. Plus on voit loin dans la Nature, plus on y voit d'union. Il ne nous manque qu'une intelligence & des expériences proportionnées à la multitude des Parties & à la grandeur du Tout, pour parvenir à la démonſtration. Mais ſi le Tout eſt immenſe; ſi le nombre des Parties eſt infini, devons-nous être ſurpris que cette union nous échape ſouvent? Quelle raiſon a-t'on d'en conclurre qu'elle ne ſubſiſte pas? Je ne vois pas comment ce phénomene fatal à cette eſpece eſt, par une ſuite de l'ordre univerſel des choſes, avantageux à une autre eſpece; donc l'ordre univerſel eſt une chimere. Voilà le raiſonnement de ceux qui attaquent la nature. Voici maintenant la réponſe & le raiſonnement de ceux qui la défendent: je ſuis en état de démontrer que ce qui fait en mille occaſions le mal d'un ſyſtême, ſe tourne, par une

ou déplacé, c'eſt une imperfection, & conſéquemment un mal abſolu dans le ſyſtême général. II. PART. §. I.

Si un Etre eſt abſolument mauvais, il eſt tel rélativement au ſyſtême général, & ce ſyſtême eſt imparfait. Mais ſi le mal d'un ſyſtême particulier fait le bien d'un autre ſyſtême, ſi ce mal apparent contribue au bien général, comme il arrive, lorſqu'une eſpece ſubſiſte par la deſtruction d'une autre, lorſque la corruption d'un Etre en fait éclorre un nouveau, lorſqu'un tourbillon ſe fond dans un tourbillon voiſin, ce mal particulier n'eſt pas un mal abſolu, non plus qu'une dent qui pouſſe avec douleur, n'eſt un mal réel dans un ſyſtême, que cet inconvénient prétendu conduit à ſa perfection.

Nous nous garderons donc de prononcer qu'un Etre eſt abſolument mauvais, à moins que nous ne ſoyons en état de démontrer qu'il n'eſt bon dans aucun ſyſtême. (6)

ſuite merveilleuſe de l'ordre univerſel, à l'avantage d'un autre; donc lorſque je n'ai pas la même évidence par rapport à d'autres phénomenes ſemblables, ce n'eſt point altération dans l'ordre; mais inſuffiſance dans mes lumieres; donc l'ordre univerſel des choſes n'en eſt pas moins réel & parfait. Entre la préſomption raiſonnable de ceux-ci & l'ignorante témérité de leurs Antagoniſtes, il n'eſt pas difficile de prendre parti. (Note du Trad.)

(6) Que deviennent donc les Manichéens avec la néceſſité prétendue de leurs principes? Où aboutiſſent les reproches que les Athées font à la Nature? On diroit à les entendre dogmatiſer, qu'ils ſont initiés dans tous ſes deſſeins, qu'ils ont une connoiſſance parfaite de ſes ouvrages, & qu'ils ſeroient en état de ſe mettre au gouvernail & de manœuvrer à ſa place; & ils ne veulent

II. PART. §. I.

Si l'on remarquoit dans la Nature une espece qui fût incommode à toute autre, cette espece mauvaise rélativement au systême général seroit mauvaise en elle-même. De même dans chaque espece d'Animaux; par exemple, dans l'espece Humaine, si quelque individu est d'un caractere pernicieux à tous ses semblables, il méritera le nom de mauvais dans son espece.

Je dis d'*un caractere pernicieux*; car un méchant Homme, ce n'est ni celui dont le corps est couvert de peste, ni celui qui dans une fievre violente, s'élance, frappe & blesse quiconque ose l'approcher. Par la même raison, je n'appellerai point honnête homme celui qui ne blesse personne, parce qu'il est étroitement garroté, ou, ce qui revient à cet état, celui qui n'abandonne ses mauvais desseins que par la crainte d'un châtiment ou par l'espoir d'une recompense.

pas s'appercevoir qu'ils sont, par rapport à l'univers, dans un cas plus desavantageux qu'un de ces Mexiquains; qui ne connoissant ni la navigation, ni la nature de la Mer, ni les propriétés des vents & des eaux, s'éveilleroit au milieu d'un vaisseau, arrêté en plein Océan par un calme profond. Que penseroit-il en considérant cette pesante machine suspendue sur un Elément sans consistance? Et que penseroit-on de lui, s'il venoit à traiter de poids incommodes & superflus, les ancres, les voiles, les mats, les échelles, les vergues & tout cet attirail de cordages dont il ignoreroit l'utilité? En attendant qu'il fût mieux instruit, (dût-il ne l'être jamais parfaitement,) ne lui siéroit-il pas mieux de juger, sur les proportions qu'il remarque dans le petit nombre des parties qui sont à sa portée, plus avantageusement de l'Ouvrier & du Tout? (Note du Trad.)

Dans une Créature raisonnable, tout ce qui n'est point fait par affection, n'est ni mal, ni bien: l'Homme n'est bon ou méchant, que lorsque l'intérêt ou le desavantage de son systême est l'objet immédiat de la passion qui le meut. II. PART. §. I.

Puisque l'inclination seule rend la Créature méchante ou bonne, conforme à sa nature, ou dénaturée, nous allons maintenant examiner quelles sont les inclinations naturelles & bonnes, & quelles sont les affections contraires à sa nature, & mauvaises.

SECTION II.

REMARQUEZ d'abord que toute affection qui a pour objet un bien imaginaire, devenant superflu & diminuant l'énergie de celles qui nous portent aux biens réels, est vicieuse en elle-même, & mauvaise rélativement à l'intérêt particulier & au bonheur de la Créature.

Si l'on pouvoit supposer que quelqu'un de ces panchans qui entraînent la Créature à ses intérêts particuliers, fût, dans son énergie légitime, incompatible avec le bien général, un tel panchant seroit vicieux. Conséquemment à cette hipothese, une Créature ne pourroit agir conformément à sa nature sans être mauvaise dans la société; ou contribuer aux intérêts de la société, sans être dénaturée par rapport à elle-même. Mais si le panchant à ses intérêts privés, n'est injurieux à la société,

II. PART. §. II.

que quand il eſt exceſſif, & jamais lorſqu'il eſt tempéré, nous dirons alors que l'excès a rendu vicieux un panchant qui dans ſa nature étoit bon. Ainſi toute inclination qui portera la Créature à ſon bien particulier, pour être vicieuſe, doit être nuiſible à l'intérêt public. C'eſt ce défaut qui caractériſe l'Homme intéreſſé; défaut contre lequel on ſe récrie ſi haut, (7) quand il eſt trop marqué.

Mais ſi dans la Créature, l'amour de ſon intérêt propre n'eſt point incompatible avec le bien général, quelque concentré que cet amour puiſſe être; s'il eſt même important à la ſociété que chacun de ſes membres s'applique ſérieuſement à ce qui le concerne en ſon particu-

(7) Tous les Livres de Morale ſont pleins de déclamations vagues contre l'intérêt. On s'épuiſe en détails, en diviſions & en ſubdiviſions pour en venir à cette concluſion énigmatique, *que quel que ſoit le deſintéreſſement ſpécieux, quelle que ſoit la généroſité apparente dont nous nous parions, au fond, l'intérêt & l'amour-propre ſont les ſeuls principes de nos actions.* Si au lieu de courir après l'eſprit & d'arranger des phraſes, ces Auteurs, par tant de définitions exactes, avoient commencé par nous apprendre ce que c'eſt qu'Intérêt; ce qu'ils entendent par Amour-propre; leurs Ouvrages avec cette clef pourroient ſervir à quelque choſe. Car nous ſommes tous d'accord que la Créature peut s'aimer, peut tendre à ſes intérêts, & pourſuivre ſon bonheur temporel, ſans ceſſer d'être vertueuſe. La queſtion n'eſt donc pas de ſavoir, ſi nous avons agi par amour-propre ou par intérêt; mais de déterminer quand ces deux ſentimens concouroient au but que tout homme ſe propoſe, c'eſt-à-dire, à ſon bonheur. Le dernier effort de la prudence humaine, c'eſt de s'aimer, c'eſt d'entendre ſes intérêts, c'eſt de connoître ſon bonheur comme il faut. (Note du Trad.)

lier, ce ſentiment eſt ſi peu vicieux, que la Créature ne peut être bonne ſans en être pénétrée: car ſi c'eſt faire tort à la ſociété que de négliger ſa conſervation, cet excès de deſintéreſſement rendroit la Créature méchante & dénaturée, autant que l'abſence de toute autre affection naturelle. Jugement qu'on ne balanceroit pas à porter, ſi l'on voyoit un homme fermer les yeux ſur les précipices qui s'ouvriroient devant lui, ou, ſans égard pour ſon temperament & pour ſa ſanté, braver la diſtinction des ſaiſons & des vétemens. On peut enveloper dans la même condamnation quiconque ſeroit frappé (*) d'averſion pour le commerce des femmes, & qu'un temperament dépravé, mais non pas un vice de conformation, rendroit inhabile à la propagation de l'eſpece. II. PART. §. II.

L'amour des intérêts privés peut donc être bon ou mauvais: ſi cette paſſion eſt trop vive, & telle, par exemple, qu'un attachement à la vie qui nous rendroit incapable d'un acte généreux, elle eſt vicieuſe, & conſéquemment la Créature qu'elle dirige, eſt mal dirigée & plus ou moins mauvaiſe. Celui donc à qui, par un déſir exceſſif de vivre, il arriveroit de faire quelque bien, ne mérite non plus par le bien qu'il fait, qu'un Avocat qui n'a que ſon ſalaire en

(*) On conſidere ici l'Homme dans l'état de pure nature. & il n'eſt pas queſtion de ces Hommes ſaints qui ſe ſont éloignés du Sexe, par un eſprit de continence qu'on ſe garde bien de blâmer. Il eſt évident que cet endroit ne leur convient en aucune façon; car on ne peut aſſurément les accuſer d'averſion pour les Femmes ou de dépravation dans le temperament.

II. PART. §. II. vue, lors même qu'il défend la cause de l'innocence, ou qu'un soldat qui, dans la guerre la plus juste, ne combat que parce qu'il reçoit la paie.

Quelque avantage que l'on ait procuré à la Société, le motif seul fait le mérite. Illustrez-vous par de grandes actions, tant qu'il vous plaira, vous serez vicieux, tant que vous n'agirez que par des principes intéressés. Vous poursuivez votre bien particulier avec toute la modération possible; à la bonne heure: mais si vous n'aviez point d'autre motif en rendant à votre espece ce que vous lui deviez par inclination naturelle; vous n'êtes pas vertueux.

En effet, quels que soient les secours étrangers qui vous ont incliné vers le bien; quoi que ce soit qui vous ait prêté mainforte contre vos inclinations perverses, tant que vous conserverez le même caractere, je ne verrai point en vous de bonté. Vous ne serez bon que quand vous ferez le bien d'affection & de cœur.

Si par hazard, quelqu'une de ces Créatures douces, privées, & amies de l'Homme, dévelopant un caractere contraire à sa constitution naturelle, devenoit sauvage & cruelle, on ne manqueroit pas d'être frappé de ce phénomene & de se récrier sur sa dépravation. Supposons maintenant que le tems & des soins la dépouillassent de cette férocité accidentelle, & la ramenassent à la douceur de celles de son espece, on diroit que cette Créature s'est rétablie dans son état naturel. Mais si la guérison n'est que simulée, si l'animal hipocrite revient à sa méchanceté, ſitôt que la crainte de ſon Géolier l'abandonne, direz-vous que la douceur eſt ſon vrai caractere, ſon caractere actuel? non, ſans doute. Le temperament eſt tel qu'il étoit, & l'Animal eſt toujours méchant. II. PART. §. II.

Donc la bonté ou la méchanceté animales (8) de la Créature a ſa ſource dans ſon temperament actuel. Donc la Créature ſera bonne en ce ſens, lorſqu'en ſuivant la pente de ſes affections, elle aimera le bien, & le fera ſans contrainte, & qu'elle haïra & fuira le mal, ſans

(8) Il y a trois eſpeces de bonté. Une bonté d'être c'eſt une certaine convenance d'attributs qui conſtitue une choſe ce qu'elle eſt. Les Philoſophes l'appellent *Bonitas Entis.*

Une bonté animale; c'eſt une économie dans les paſſions que toute Créature ſenſible & bien conſtituée reçoit de la Nature. C'eſt en ce ſens qu'on dit d'un chien de chaſſe, lorſqu'il eſt bon, qu'il n'eſt ni lâche ni opiniâtre, ni lent, ni emporté, ni timide, ni indocile, mais ardent, intelligent & prompt.

Une bonté raiſonnée propre à l'Etre penſant, qu'on appelle Vertu; qualité qui eſt d'autant plus méritoire en lui qu'étoient grandes les mauvaiſes diſpoſitions qui conſtituent la méchanceté animale, & qu'il avoit à vaincre pour parvenir à la Bonté raiſonnée. Exemple.

Nous naiſſons tous plus ou moins dépravés; les uns timides, ambitieux & coleres; les autres avares, indolens & téméraires: mais cette dépravation involontaire du temperament ne rend point par elle-même, la Créature vicieuſe; au contraire, elle ſert à relever ſon mérite, lorſqu'elle en triomphe. Le ſage Socrate nâquit avec un panchant merveilleux à la luxure, Pour juger combien on eſt éloigné du ſentiment impie & bizarre de ceux qui donnent tout au temperament, vices & vertus, on n'a qu'à lire l'Article ſuivant, & ſur-tout le commencement de l'Article quatrieme. (Note du Trad.)

II. PART. §. II.

effroi pour le châtiment. La Créature sera méchante au contraire, si elle ne reçoit pas de ses inclinations naturelles la force de remplir ses fonctions, ou si des inclinations dépravées l'entraînent au mal, & l'éloignent du bien qui lui sont propres.

En général, lorsque toutes les affections sont d'accord avec l'intérêt de l'espece, le temperament naturel est parfaitement bon. Au contraire, si l'on manque de quelque affection avantageuse, ou qu'on en ait de superflues, de foibles, de nuisibles, & d'opposées à cette fin principale, le temperament est dépravé, & conséquemment l'animal est méchant; il n'y a que du plus ou du moins.

Il est inutile d'entrer ici dans le détail des affections, & de démontrer que la colere, l'envie, la paresse, l'orgueil & le reste de ces passions généralement détestées, sont mauvaises en elles-mêmes, & rendent méchante la Créature qui en est affectée. Mais il est à propos d'observer que la tendresse la plus naturelle, celle des meres pour leurs petits, & des parens pour leurs enfans a des bornes prescrites, au delà desquelles elle dégénere en vice. L'excès de l'affection maternelle peut anéantir les effets de l'amour, & le trop de commisération mettre hors d'état de procurer du secours. Dans d'autres conjonctures, le même amour peut se changer en une espece de phrénésie; la pitié devenir foiblesse; l'horreur de la mort se convertir en lâcheté; le mépris des dangers en témérité; la haine de la vie ou toute autre passion qui conduit à la destruction, en désespoir ou folie.

SECTION III.

MAIS passons de cette bonté pure & simple dont toute Créature sensible est capable, à cette qualité qu'on appelle *Vertu* & qui convient ici bas à l'Homme seul. II. PART. §. III.

Dans toute Créature capable de se former des notions exactes des choses, cette écorce des Etres dont les sens sont frappés, n'est pas l'unique objet de ses affections. Les actions elles-mêmes, les passions qui les ont produites, la commisération, l'affabilité, la reconnoissance & leurs Antagonistes s'offrent bientôt à son esprit, & ces familles ennemies qui ne lui sont point étrangeres, sont pour elle de nouveaux objets d'une tendresse ou d'une haine réfléchie.

Les sujets intellectuels & moraux agissent sur l'esprit à peu près de la même maniere que les Etres organisés sur les sens. Les figures, les proportions, les mouvemens & les couleurs de ceux-ci ne sont pas plutôt exposés à nos yeux, qu'il résulte de l'arrangement & de l'économie de leurs parties, une beauté qui nous récrée, ou une difformité qui nous choque. Tel est aussi sur les esprits l'effet de la conduite & des actions humaines. La régularité & le désordre dans ces objets les affectent diversement, & le jugement qu'ils en portent n'est pas moins nécessité que celui des sens.

L'entendement a ses yeux: les esprits entre eux se prêtent l'oreille; ils apperçoivent des proportions; ils sont sensibles à des accords; ils mesurent, pour ainsi dire, les sentimens &

II. PART. §. III. les pensées; en un mot, ils ont leur critique à qui rien n'échape. Les sens ne sont ni plus réellement ni plus vivement frappés, soit par les nombres de la Musique, soit par les formes & les proportions des Etres corporels, que les esprits par la connoissance & le détail des affections. Ils distinguent dans les caracteres, douceur & dureté; ils y démêlent l'agréable & le dégoûtant, le dissonnant & l'harmonieux; en un mot, ils y discernent, & laideur & beauté; laideur qui va jusqu'à exciter leur mépris & leur aversion; beauté qui les transporte quelquefois d'admiration & les tient en extase. Devant tout Homme qui pese murement les choses, ce seroit une affectation puérile (9) que

(9) En effet, n'est-ce pas une puérilité que de nier ce dont on est évidemment soi-même affecté? Lorsque quelques-uns de nos Dogmatistes modernes nous assurent de la meilleure foi du monde, disent-ils, „ que la „ Divinité n'est qu'un vain fantôme; que le vice & la „ vertu sont des préjugés d'éducation; que l'immortali- „ té de l'ame; que la crainte des peines & l'espérance „ des recompenses à venir sont chimériques" ne sont-ils pas actuellement sous le *charme*? Le plaisir de paroître sincere n'agit-il pas en eux? Ne sont-ils pas affectés du *decorum & dulce*? Car enfin leur intérêt privé demanderoit qu'ils se reservassent toutes ces rares connoissances: plus elles seront divulguées, moins elles leur seront utiles. Si tous les hommes sont une fois persuadés que les Loix divines & humaines sont des barrieres qu'on a tort de respecter lorsqu'on peut les franchir sans danger, il n'y aura plus de dupes que les sots. Qui peut donc les engager à parler, à écrire & à nous détromper même au péril de leur vie? car ils n'ignorent pas que leur zele est assez mal recompensé par le gouvernement: il me semble que j'entens M. S. qui dit à un de ces Docteurs, „ La Philosophie que vous avez la bonté de me

de nier qu'il y ait dans les Etres moraux, ainsi que dans les objets corporels, un vrai beau, un beau essentiel, un sublime réel (10). II. PART. §. III.

„ révéler, est tout-à-fait extraordinaire. Je vous suis „ obligé de vos lumieres: mais quel intérêt prenez-vous „ à mon instruction? Que vous suis-je? êtes vous mon „ pere? quand je serois votre fils, me devriez-vous „ quelque chose en cette qualité? Y auroit-il en vous „ quelque *affection naturelle*, quelque soupçon qu'il est „ doux, qu'il est beau de détromper à ses risques & for- „ tunes, un indifférent, sur des choses qui lui impor- „ tent? Si vous n'éprouvez rien de ces sentimens, vous „ prenez bien de la peine, & vous courez de grands „ dangers pour un homme qui ne sera qu'un ingrat, s'il „ suit exactement vos principes: que ne gardez-vous „ votre secret pour vous? Vous en perdez tout l'avan- „ tage en le communiquant. Abandonnez-moi à mes „ préjugés: il n'est bon ni pour vous ni pour moi que „ je sache que la nature m'a fait Vautour, & que je „ peux demeurer en conscience tel que je suis. (Note du Trad.)

(10) S'il n'y a ni beau, ni grand, ni sublime dans les choses, que deviennent l'amour, la gloire, l'ambition, la valeur? à quoi bon admirer un Poëme ou un Tableau, un Palais ou un Jardin, une belle taille ou un beau visage? Dans ce systême phlegmatique, l'héroïsme est une extravagance. On ne fera pas plus de quartier aux Muses: le Prince des Poëtes ne sera qu'un Ecrivain suffisamment insipide. Mais cette Philosophie meurtriere se dément à chaque moment; & ce Poëte qui a employé tous les charmes de son art pour décrier ceux de la Nature, s'abandonne plus que personne aux transports, aux ravissemens & à l'enthousiasme; & à en juger par la vivacité de ses descriptions, qui que ce soit ne fut plus sensible que lui aux beautés de l'Univers. On pourroit dire que sa Poësie fait plus de tort à l'hypothese des Atomes que tous ses raisonnemens ne lui donnent de vraisemblance. Ecoutons-le chanter un moment.

II. PART. §. III.

Or, de même que les objets ſenſibles, les images des Corps, les couleurs & les ſons agiſ-

Alma Venus, Cæli ſubter labentia ſigna
Quæ mare navigerum, quæ terras frugiferentes
Concelebras . . . .
Quæ, quoniam rerum naturam ſola gubernas,
Nec ſine te quicquam Dias in luminis oras
Exoritur; neque fit lætum, neque amabile quicquam;
Te ſociam ſtudeo ſcribundis verſibus eſſe.

Quand on a ſenti toute la grace de cette invocation, tout ce qu'on peut alléguer contre la beauté, ne doit faire qu'une impreſſion bien légere.

Et ailleurs:

Belli fera munera mavors
Armipotens regit, in gremium qui ſæpe tuum ſe
Rejicit æterno devinctus vulnere amoris . . . .
Paſcit amore avidos inhians in te, Dea, viſus
Eque tuo pendet reſupini ſpiritus ore . . . .
Hunc tu, Diva, tuo recubantem corpore ſancto
Circumfuſa ſuper, ſuaves ex ore loquelas
Funde.

Je conviens que ces Vers ſont d'une grande beauté, dira-t-on. Il y a donc quelque choſe de beau? *Sans doute; mais ce n'eſt pas dans la choſe décrite, c'eſt dans la deſcription: il n'eſt point de monſtre odieux, qui par l'art imité, ne puiſſe plaire aux yeux: quelque difforme que ſoit un Etre, (ſi toutefois il y a difformité réelle,) il plaira, pourvu qu'il ſoit bien repréſenté. Mais cette repréſentation qui me ravit, ne ſuppoſe aucune beauté dans la choſe: ce que j'admire, c'eſt la conformité de l'Objet & de la Peinture. La Peinture eſt belle; mais l'Objet n'eſt ni beau ni laid.*

Pour ſatisfaire à cette objection, je demanderai ce qu'on entend par un *Monſtre.* Si l'on déſigne par ce terme un compoſé de parties raſſemblées au hazard, ſans

ſent perpétuellement ſur nos yeux, affectent nos ſens, lors même que nous ſommeillons. Les

liaiſon, ſans ordre, ſans harmonie, ſans proportion, j'oſe aſſurer que la repréſentation de cet Etre ne ſera pas moins choquante que l'Etre lui-même. En effet, ſi dans le deſſein d'une Tête, un Peintre s'étoit aviſé de placer les dents au-deſſous du menton, les yeux à l'occiput, & la langue au front; ſi toutes ces parties avoient encore entre elles des grandeurs démeſurées; ſi les dents étoient trop grandes & les yeux trop petits, rélativement à la Tête entiere, la délicateſſe du pinceau ne nous fera jamais admirer cette figure. *Mais*, ajoutera-t'on, *ſi nous ne l'admirons pas, c'eſt qu'elle ne reſſemble à rien.* Cela ſuppoſé, je refais la même queſtion: qu'entendez-vous donc par un *Monſtre?* Un Etre qui reſſemble à quelque choſe, tel que la Sirene, l'Hyppogrife, le Faune, le Sphinx, la Chimere, & les Dragons allés. Mais n'appercevez-vous pas que ces Enfans de l'imagination des Peintres & des Poëtes n'ont rien d'abſurde dans leur conformation; que, quoiqu'ils n'exiſtent pas dans la Nature, ils n'ont rien de contradictoire aux idées de liaiſon, d'harmonie, d'ordre & de proportion: il y a plus; n'eſt-il pas conſtant qu'auſſitôt que ces figures pécheront contre ces idées, elles ceſſeront d'être belles? Cependant, puiſque ces Etres n'exiſtent point dans la Nature, qui eſt-ce qui a déterminé la longueur de la queue de Siréne, l'étendue des alles du Dragon, la poſition des yeux du Sphinx, & la groſſeur de la cuiſſe velue & du pied fourchu des Sylvains? car ces choſes ne ſont pas arbitraires. On peut répondre *que pour appeller beaux, ces Etres poſſibles, nous avons déſiré ſans fondement que la Peinture obſervât en eux les mêmes rapports que ceux que nous avons trouvé établis dans les Etres exiſtans, & que c'eſt encore ici la reſſemblance qui produit notre admiration.* La queſtion ſe réduit donc enfin à ſavoir ſi c'eſt raiſon ou caprice qui nous a fait exiger l'obſervation de la loi des Etres réels dans la Peinture des Etres imaginaires; queſtion décidée, ſi l'on remarque que dans un Tableau, le Sphinx, l'Hyppogrife, & le Sylvain ſont en action ou ſont ſuperflus: s'ils agiſſent, les voilà pla-

II. PART. §. III. Etres intellectuels & moraux, non moins puissans sur l'esprit, l'appliquent & l'exercent en tout tems. Ces formes le captivent dans l'absence même des réalités.

Mais le cœur regarde-t'il avec indifférence les esquisses des mœurs que l'esprit est forcé de tracer & qui lui sont presque toujours présentes? Je m'en rapporte au sentiment intérieur. Il me dit qu'aussi nécessité dans ses jugemens, que l'esprit dans ses opérations, sa corruption ne va jamais jusqu'à lui dérober totalement la différence du beau & du laid, & qu'il ne manquera pas d'approuver le naturel & l'honnête, & de rejetter le deshonnête & le dépravé, surtout dans les momens desintéressés: c'est alors un connoisseur équitable qui se promene dans une gallerie de Peintures, qui s'émerveille de la hardiesse de ce trait, qui sourit à la douceur de

cés sur la toile, de même que l'Homme, la Femme, le Cheval & les autres Animaux sont placés dans l'Univers: or, dans l'Univers les devoirs à remplir déterminent l'organisation: l'organisation est plus ou moins parfaite selon le plus ou le moins de facilité que l'Automate en reçoit pour vaquer à ses fonctions: car qu'est-ce qu'un bel Homme? si ce n'est celui dont les membres bien proportionnés conspirent de la façon la plus avantageuse à l'accomplissement des fonctions animales. Mais cet avantage de conformation n'est point imaginaire: les formes qui le produisent ne sont pas arbitraires, ni par conséquent la beauté qui est une suite de ces formes. Tout cela est évident pour quiconque connoit un peu les proportions géométriques que doivent observer les parties du corps entre elles pour constituer l'économie animale. (Note du Trad.)

de ce ſentiment, qui ſe prête au tour de cette affection, & qui paſſe dédaigneuſement ſur tout ce qui bleſſe la belle Nature. II. PART. §. III.

Les ſentimens, les inclinations, les affections, les panchans, les diſpoſitions, & conſéquemment toute la conduite des Créatures dans les différens états de la vie, ſont les ſujets d'une infinité de Tableaux exécutés par l'eſprit, qui ſaiſit avec promptitude & rend avec vivacité & le bien & le mal. Nouvelle épreuve, nouvel exercice pour le cœur qui, dans ſon état naturel & ſain, eſt affecté du raiſonnable & du beau; mais qui dans la dépravation renonce à ſes lumieres pour embraſſer le monſtrueux & le laid.

Par conſéquent, point de Vertu morale, point de mérite, ſans quelques notions claires & diſtinctes du bien général, & ſans une connoiſſance réfléchie de ce qui eſt moralement bien ou mal, digne d'admiration ou de haine, droit ou injuſte. Car quoique nous diſions communément d'un Cheval mauvais, qu'il eſt vicieux, on n'a jamais dit d'un bon Cheval ou de tout autre animal imbécile & ſtupide, pour docile qu'il fût, qu'il étoit méritant & vertueux.

Qu'une Créature ſoit généreuſe, douce, affable, ferme & compatiſſante; ſi jamais elle n'a réfléchi ſur ce qu'elle pratique & voit pratiquer aux autres; ſi elle ne s'eſt fait aucune idée nette & préciſe du bien & du mal; ſi les charmes de la Vertu & de l'honnêteté ne ſont point les objets de ſon affection, ſon caractere n'eſt point vertueux par principes: elle en eſt

II. PART. §. III. encore à aquerir cette connoiſſance active de la droiture qui devoit la déterminer ; cet amour déſintéreſſé de la Vertu, qui ſeul pouvoit donner tout le prix à ſes actions.

Tout ce qui part d'une mauvaiſe affection eſt mauvais, inique & blâmable : mais ſi les affections ſont ſaines, ſi leur objet eſt avantageux à la ſociété, & digne en tout tems de la pourſuite d'un Être raiſonnable, ces deux conditions réunies formeront ce qu'on appelle droiture, équité dans les actions. Faire tort, ce n'eſt pas faire injuſtice : car un fils généreux peut, ſans ceſſer de l'être, tuer par malheur ou par mal-adreſſe, ſon pere au lieu de l'ennemi dont il s'efforçoit de le garantir ; mais ſi par une affection déplacée, il eut porté ſes ſecours à quelqu'autre, ou négligé les moyens de le conſerver par défaut de tendreſſe, il eût été coupable d'injuſtice.

Si l'objet de notre affection eſt raiſonnable, s'il eſt digne de notre ardeur & de nos ſoins, l'imperfection ou la foibleſſe des ſens ne nous rendent point coupables d'injuſtice. Suppoſons qu'un homme dont le jugement eſt entier & les affections ſaines, mais la conſtitution ſi bizarre & les organes ſi dépravés, qu'à travers ces miroirs trompeurs il n'apperçoive les objets que défigurés, eſtropiés & tout autres qu'ils ſont ; il eſt évident que le défaut ne réſidant point dans la partie ſupérieure & libre, cette infortunée Créature ne peut paſſer pour vicieuſe.

Il n'en eſt pas ainſi des opinions qu'on adopte, des idées qu'on ſe fait ou des Religions qu'on profeſſe. Si dans une de ces Contrées

jadis ſoumiſes aux plus extravagantes ſuperſti- II. PART. §. III.
tions, où les Chats, les Crocodiles, les Singes & d'autres animaux vils & mal-faiſans, étoient adorés, un de ces Idolâtres ſe fût ſaintement perſuadé qu'il étoit juſte de préférer le ſalut d'un Chat au ſalut de ſon Pere, & qu'il ne pouvoit ſe diſpenſer en conſcience de traiter en ennemi, quiconque ne profeſſoit pas ce culte; ce fidele Croyant n'eut été qu'un homme déteſtable, & toute action fondée ſur des dogmes pareils, ne peut-être qu'injuſte, abominable & maudite.

Toute mépriſe ſur la valeur des choſes qui tend à détruire quelque affection raiſonnable, ou à en produire d'injuſtes, rend vicieux, & nul motif ne peut excuſer cette dépravation. Celui, par exemple, qui ſéduit par des vices brillans, a mal placé ſon eſtime, eſt vicieux lui-même. Il eſt quelquefois aiſé de remonter à l'origine de cette corruption nationale. Ici, c'eſt un Ambitieux qui vous étonne par le bruit de ſes exploits; là, c'eſt un Pirate, ou quelque injuſte Conquerant, qui par des crimes illuſtres a ſurpris l'admiration des peuples, & mis en honneur des caracteres qu'on devroit déteſter. Quiconque applaudit à ces *renommées*, ſe dégrade lui-même. Quant à celui qui croyant eſtimer & chérir un homme vertueux, n'eſt que la dupe d'un ſcélérat hipocrite, il peut-être un ſot; mais il n'eſt pas un méchant pour cela.

L'erreur de fait ne touchant point aux affections, ne produit point le vice; mais l'erreur de droit influe dans toute Créature raiſonnable

II. PART. §. III.

& conféquente, fur fes affections naturelles, & ne peut manquer de la rendre vicieufe.

Mais il y a beaucoup d'occafions où les matieres de droit font d'une difcuffion trop épineufe, même pour les perfonnes les plus éclairées (11). Dans ces circonftances, une faute légere ne fuffit pas pour dépouiller un homme du caractere & du titre de vertueux. Mais lorfque la fuperftition ou des coutumes barbares le précipitent dans de groffieres erreurs fur l'emploi de fes affections; lorfque ces bevues font fi fréquentes, fi lourdes & fi compliquées qu'elles tirent la Créature de fon état naturel, c'eft-à-dire, lorfqu'elles exigent d'elle des fentimens contraires à l'humaine fociété, & pernicieux dans la vie civile; céder, c'eft renoncer à la Vertu.

Concluons donc que le Mérite ou la Vertu

(11) Les erreurs particulieres engendrent les erreurs populaires, & alternativement: on aime à perfuader aux autres ce que l'on croit, & l'on réfifte difficilement à ce dont on voit les autres perfuadés. Il eft prefqu'impoffible de rejetter les opinions qui nous viennent de loin & comme de main en main; le moyen de donner un démenti à tant d'honnêtes gens qui nous ont précédés! Les tems écartent d'ailleurs une infinité de circonftances qui nous enhardiroient: ceux qui fe font abreuvés fucceffivement de ces étrangetés, dit Montagne, ont fenti par les oppofitions qu'on leur a faites, où logeoit la difficulté de la perfuafion, & ils ont calfeutré ces endroits de pieces nouvelles; ils n'ont point craint d'ajouter de leur invention autant qu'ils le croyoient néceffaire pour fuppléer à la réfiftance & au défaut qu'ils penfoient être en la conception d'autrui. Hiftoire fidele & naïve de l'origine & du progrès des erreurs populaires. (Note du Trad.)

dépendent d'une connoiſſance de la juſtice & d'une fermeté de raiſon, capables de nous diriger dans l'emploi de nos affections. Notions de la juſtice, courage de la raiſon, reſſources uniques dans le danger où l'on ſe trouve de conſacrer ſes efforts, & de proſtituer ſon eſtime à des abominations, à des horreurs, à des idées deſtructives de toute affection naturelle. Affections naturelles, fondemens de la ſociété, que les loix ſanguinaires d'un point d'honneur & les principes erronés d'une fauſſe Religion tendent quelquefois à ſapper. Loix & principes qui ſont vicieux, & ne conduiront ceux qui les ſuivent qu'au crime & à la dépravation, puiſque la juſtice & la raiſon les combattent. Quoique ce ſoit donc qui, ſous prétexte d'un bien préſent ou futur, preſcrive aux hommes de la part de Dieu, la trahiſon, l'ingratitude, & les cruautés; quoique ce ſoit, qui leur apprenne à perſécuter leurs ſemblables par bonne amitié, à tourmenter par paſſe-tems leurs Priſonniers de guerre, à ſouiller les Autels de ſang humain, à ſe tourmenter eux-mêmes, à ſe macérer cruellement, à ſe déchirer dans des accès (12) de zele en préſence de leurs Divinités,

II. PART. §. III.

(12) Domptez vos paſſions, dit la Religion : conſervez-vous, dit la Nature. Il eſt toujours poſſible de ſatisfaire à l'une & à l'autre; du moins il faut le ſuppoſer, car il ſeroit bien ſingulier qu'il y eût un cas où l'on ſeroit forcé de devenir homicide de ſoi même, pour être vertueux. C'eſt ce que les Piétiſtes outrés ne manqueroient pas d'appercevoir, s'ils oſoient conſulter la Raiſon. Celui qui, fatigué de lutter contre lui-même, finiroit la querelle d'un coup de piſtolet, ſeroit un enragé,

II. PART. § III. & à commettre, pour les honorer ou pour leur complaire, quelque action inhumaine & brutale; qu'ils refusent d'obéir, s'ils sont vertueux, & qu'ils ne permettent point aux vains applaudissemens de la coutume, ou aux Oracles imposteurs de la superstition, d'étouffer les cris de la Nature & les conseils de la Vertu. Toutes ces actions que l'humanité (13)

leur diroit-elle. Mais celui qui, révolté de ce procédé brusque, prendroit par amour de Dieu & pour le bien de son ame, chaque jour, une dose légere d'un poison qui le conduiroit insensiblement au tombeau, seroit-il moins fol? non, sans doute. Si le crime est dans le *suicide*, qu'importe qu'on se tue par des jeûnes & des veilles, de l'arsenic ou du sublimé? dans un instant ou dans l'espace de dix années? avec un cilice & des fouets, un pistolet ou un poignard? C'est disputer sur la forme du crime; c'est s'excuser sur la couleur du poison. Telle étoit la pensée de saint Augustin. Ceux qui croient honorer Dieu par ces excès, sont dans la même superstition que ces Payens dont il dit dans son Traité merveilleux de la Cité de Dieu, *tantus est perturbatæ mentis & sedibus suis pulsæ furor, ut sic dii placentur, quemadmodum ne homines quidem sæviunt.* (Note du Trad.)

(13) La hardiesse d'un Egyptien, esprit fort, qui, bravant la doctrine du sacré College, eût refusé de porter son hommage à des Etres destinés à sa nourriture, & d'adorer un Chat, un Crocodile, un Oignon, eût été pleinement justifiée par l'absurdité de cette croyance. Tout dogme qui conduit à des infractions grossieres de la Loi naturelle, ne peut-être respecté en sûreté de conscience. Lorsque la Nature & la Morale se récrient contre la voix des Ministres, l'obéissance est un crime. Qui niera que le crédule Egyptien, qui pour donner du secours à son Dieu, eut laissé périr son pere, n'eût été un vrai parricide? Si l'on me dit jamais, trahis, vole, pille, tue, c'est ton Dieu qui te l'ordonne; je répondrai sans examen: trahir, voler, piller, tuer, sont

profcrit, feront toujours des horreurs en dépit des coutumes barbares, des loix capricieufes, & des faux cultes qui les auront ordonnées. Mais rien ne peut altérer les loix éternelles de la Juftice.

SECTION IV.

LES Créatures qui ne font affectées que par les objets fenfibles, font bonnes ou mauvaifes, felon que leurs affections fenfibles font bien ou mal ordonnées. Mais c'eft toute autre chofe dans les Créatures capables de trouver dans le bien ou le mal moral, des motifs raifonnés de tendreffe ou d'averfion; car dans un individu de cette efpece, quelque déréglées que foient les affections fenfibles, le caractere fera bon & l'individu vertueux, tant que ces panchans libertins demeureront fubordonnés aux affections réfléchies dont nous avons parlé. II. PART. §. IV.

Il y a plus. Si le temperament eft bouillant, colerique, amoureux, & fi la Créature domptant ces paffions, s'attache à la vertu, en dépit de leurs efforts; nous difons alors que fon

des crimes; donc Dieu ne me l'ordonne pas. La pureté de la Morale peut faire préfumer la vérité d'un culte; mais fi la Morale eft corrompue, le culte qui préconife cette dépravation, eft démontré faux. Quel avantage cette réflexion feule ne donne-t'elle pas au Chriftianifme, fur toutes les autres Religions! Quelle Morale comparable à celle de Jefus-Chrift! (Note du Trad.)

II. PART. §. IV.

mérite en eſt d'autant plus grand, & nous avons raiſon. Si toutefois l'intérêt privé étoit la ſeule digue qui la retînt; ſi, ſans égard pour les charmes de la Vertu, ſon unique bien étoit le fléau de ſes vices, nous avons démontré qu'elle n'en ſeroit pas plus vertueuſe: mais il eſt certain que ſi de plein gré, & ſans aucun motif bas & ſervile, l'homme colere étouffe ſa paſſion, & le luxurieux réprime ſes mouvemens; ſi tous deux ſupérieurs à la violence de leurs panchans, ils ſont devenus, l'un modeſte & l'autre tranquile & doux; nous applaudirons à leur vertu, beaucoup plus hautement que s'ils n'avoient point eu d'obſtacles à ſurmonter. Quoi donc! le panchant au vice ſeroit-il un relief pour la vertu? Des inclinations perverſes ſeroient-elles néceſſaires à la perfection de l'homme vertueux?

Voici à quoi ſe réduit cette eſpece de difficulté. Si les affections libertines ſe révoltent par quelqu'endroit, pourvu que leur effort ſoit ſouverainement réprimé, c'eſt une preuve inconteſtable que la vertu, maîtreſſe du caractere, y prédomine: mais ſi la Créature vertueuſe à meilleur compte, n'éprouve aucune ſédition de la part de ſes paſſions, on peut dire qu'elle ſuit les principes de la vertu, ſans donner d'exercice à ſes forces. La vertu qui n'a point d'ennemis à combattre dans ce dernier cas, n'en eſt peut-être pas moins puiſſante; & celui qui dans le premier cas, a vaincu ſes ennemis, n'en eſt pas moins vertueux. Au contraire, débarraſſé des obſtacles qui s'oppoſoient à ſes progrès, il peut ſe livrer entiérement à la vertu, & la poſſéder dans un dégré plus éminent.

C'eſt ainſi que la vertu ſe partage en dégrés inégaux chez l'eſpece raiſonnable, c'eſt-à-dire, chez les hommes, quoiqu'il n'y en ait pas un entre eux peut-être, qui jouiſſe de cette raiſon ſaine & ſolide, qui ſeule peut conſtituer un caractere uniforme & parfait. C'eſt ainſi qu'avec la vertu, le vice diſpoſe de leur conduite alternativement vainqueur & vaincu; car il eſt évident par ce que nous avons dit juſqu'à préſent, que, quel que ſoit dans une Créature le déſordre des affections, tant par rapport aux objets ſenſibles, que par rapport aux Etres intellectuels & moraux; quelque effrénés que ſoient ſes principes; quelque furieuſe, impudique ou cruelle qu'elle ſoit devenue; ſi toutefois il lui reſte la moindre ſenſibilité pour les charmes de la vertu; ſi elle donne encore quelque ſigne de bonté, de commiſération, de douceur, ou de reconnoiſſance; il eſt, dis-je, évident que la vertu n'eſt pas morte en elle, & qu'elle n'eſt pas entiérement vicieuſe & dénaturée.

Un criminel, qui par un ſentiment d'honneur & de fidélité pour ſes complices, refuſe de les déclarer, & qui, plutôt que de les trahir, endure les derniers tourmens & la mort même, a certainement quelques principes de vertu; mais qu'il déplace. C'eſt auſſi le jugement qu'il faut porter de ce malfaiteur, qui

II. PART. §. IV.

plutôt que d'exécuter ses compagnons, aima mieux mourir avec eux.

Nous avons vu combien il étoit difficile de dire de quelqu'un, qu'il étoit un parfait Athée ; il paroit maintenant qu'il ne l'est gueres moins d'assurer qu'un homme est parfaitement vicieux. Il reste aux plus grands scélérats toujours quelque étincelle de vertu, & un mot des plus justes que je connoisse, c'est celui-ci : „ Rien n'est aussi rare qu'un „ parfaitement honnête homme, si ce n'est „ peut-être un parfait scélérat " ; car partout où il y a la moindre affection integre, il y a, à parler exactement, quelque germe de vertu.

Après avoir examiné ce que c'est que la Vertu en elle-même, nous allons considérer comment elle s'accorde avec les différens systêmes concernant la Divinité.

TROISIEME PARTIE.

SECTION I.

Puisque l'eſſence de la vertu conſiſte, comme nous l'avons démontré, dans une juſte diſpoſition, dans une affection tempérée de la Créature raiſonnable pour les objets intellectuels & moraux de la juſtice, afin d'anéantir ou d'énerver en elle les principes de la vertu, il faut, III. Part. §. I.

1°. Ou lui ôter le ſentiment & les idées naturelles du juſte & de l'injuſte.

2°. Ou lui en donner de fauſſes idées.

3°. Ou ſoulever contre ce ſentiment intérieur d'autres affections.

De l'autre côté, pour accroître & fortifier les principes de la vertu, il faut,

1°. Ou nourrir & aiguiſer, pour ainſi dire, le ſentiment de droiture & de juſtice.

2°. Ou l'entretenir dans toute ſa pureté.

3°. Ou lui ſoumettre toute autre affection.

Conſidérons maintenant quel eſt celui de ces effets, que chaque hypotheſe concernant la Divinité, doit naturellement produire, ou, tout au moins, favoriſer.

PREMIER EFFET.

Priver la Créature du ſentiment naturel du juſte & de l'injuſte.

On ne nous ſoupçonnera pas ſans doute d'en-

III. PART. §. I.

tendre par „ priver la Créature du ſentiment „ naturel du juſte & de l'injuſte" effacer en elle toute notion du bien & du mal rélatifs à la Société ; car qu'il y ait bien & mal par rapport à l'eſpece, c'eſt un point qu'on ne peut totalement obſcurcir. L'intérêt public eſt une choſe généralement avouée ; & rien de mieux connu de chaque Particulier, que ce qui les concerne tous en général. Ainſi, quand nous dirons qu'une Créature a perdu tout ſentiment de droiture & d'injuſtice, nous ſuppoſerons au contraire qu'elle eſt toujours capable de diſcerner le bien & le mal relatifs à ſon eſpece ; mais qu'elle y eſt devenue parfaitement inſenſible, & que l'excellence & la baſſeſſe des actions morales n'excitent plus en elle ni eſtime ni averſion : de ſorte que, ſans un intérêt particulier, & des plus étroitement concentré qui vit toujours en elle, & qui lui arrache quelquefois des jugemens favorables à la vertu, on pourroit dire qu'elle n'affectionne dans les mœurs ni laideur ni beauté, & que tout y eſt, par rapport à elle, d'une monſtrueuſe uniformité.

Une Créature raiſonnable qui en offenſe une autre mal à propos, ſent que l'appréhenſion d'un traitement égal doit ſoulever contre elle le reſſentiment & l'animoſité de celles qui l'obſervent. Celui qui fait tort à un ſeul, ſe reconnoit intérieurement pour auſſi odieux à chacun, que s'il les avoit tous offenſés.

Le crime trouve donc pour ennemis tous ceux qu'il allarme ; par la raiſon des contraires, la vertu d'un Particulier a droit à la bienveillance & aux recompenſes de tout le monde.

Ce ſentiment n'eſt pas étranger aux hommes les plus méchans. Lors donc qu'on parle du ſentimemt naturel d'injuſtice & d'équité, ſi par cette expreſſion on prétend déſigner quelque choſe de plus que ce que nous venons de dire, c'eſt ſans doute cette vive antipathie pour l'injuſtice, & cette affection tendre pour la droiture, particulieres aux profondément honnêtes gens

Qu'une Créature ſenſible puiſſe naître ſi dépravée, ſi mal conſtituée, que la connoiſſance des objets qui ſont à ſa portée, n'excite en elle aucune affection; qu'elle ſoit originellement incapable d'amour, de pitié, de reconnoiſſance & de toute autre paſſion ſociale; c'eſt une hipotheſe chimérique. Qu'une Créature raiſonnable, quelque temperament qu'elle ait reçu de la nature, ait ſenti l'impreſſion des objets proportionnés à ſes facultés; que les images de la juſtice, de la générosité, de la temperance & des autres vertus ſe ſoient gravées dans ſon eſprit, & qu'elle n'ait éprouvé aucun panchant pour ces qualités, aucune averſion pour leurs contraires; qu'elle ſoit demeurée vis-à-vis de ces repréſentations dans une parfaite neutralité; c'eſt une autre chimere. L'eſprit ne ſe conçoit non plus ſans affection pour les choſes qu'il connoit, que ſans la puiſſance de connoître; mais s'il eſt une fois en état de ſe former des idées d'action, de paſſion, de temperament & de mœurs, il diſcernera dans ces objets laideur & beauté auſſi néceſſairement que l'œil apperçoit rapports & diſproportions dans les figures, & que l'oreille ſent harmonie &

III. PART. §. I. diſſonance dans les ſons. On pourroit ſoutenir contre nous qu'il n'y a ni charmes ni difformité réelle dans les objets intellectuels & moraux; mais on ne diſconviendra jamais qu'il n'y en ait d'imaginés & dont le pouvoir eſt grand. Si l'on nie que la choſe ſoit dans la nature, on avouera du moins que c'eſt de la nature que nous tenons l'idée qu'elle y exiſte: car la prévention naturelle en faveur de cette diſtinction de laideur & de beauté morales, eſt ſi puiſſante; cette différence dans les objets intellectuels & moraux préoccupe tellement notre eſprit, qu'il faut de l'art, de violens efforts, un exercice continué & de pénibles méditations pour l'obſcurcir.

Le ſentiment du juſte & de l'injuſte nous étant auſſi naturel que nos affections; cette qualité étant un des premiers élémens de notre conſtitution, il n'y a point de ſpéculation, de croyance, de perſuaſion, de culte capable de l'anéantir immédiatement & directement. Déplacer ce qui nous eſt naturel, c'eſt l'ouvrage d'une longue habitude; autre nature. Or, la diſtinction d'injuſtice & d'équité nous eſt originelle: appercevoir dans les Etres intellectuels & moraux, laideur & beauté, c'eſt une opération auſſi naturelle, & peut-être antérieure dans notre eſprit à l'opération ſemblable ſur les Etres organiſés. Il n'y a donc qu'un exercice contraire qui puiſſe la troubler pour toujours ou la ſuſpendre pour un tems.

Nous ſavons tous que ſi par défaut de conformation, par accident ou par habitude, on prend une contenance deſagréable, on contracte un tic ridicule, on affecte quelque geste choquant; toute l'attention, tous les soins, toutes les précautions qu'un desir sincere de s'en défaire peut suggérer, suffisent à peine pour en venir à bout. La nature est bien autrement opiniâtre. Elle s'afflige & s'irrite sous le joug, toujours prête à le secouer: c'est un travail sans fin que de la maîtriser. L'indocilité de l'esprit est prodigieuse, sur-tout quand il est question des sentimens naturels & de ces idées anticipées, telles que la distinction de la droiture & de l'injustice. On a beau les combattre & se tourmenter; ce sont des hôtes intraitables contre lesquels il faut recourir aux grands expédiens, aux dernieres violences. La plus extravagante superstition, l'opinion nationale la plus absurde ne les excluront jamais parfaitement.

Comme le Théisme, l'Athéisme & même le Démonisme n'ont aucune action immédiate & directe, rélativement à la distinction morale de la droiture & de l'injustice; comme tout culte, soit impie, soit religieux, n'opere sur cette idée naturelle & premiere que par l'intervention & la révolte des autres affections, nous ne parlerons de l'effet de ces hipotheses que dans le troisieme cas, où nous examinerons l'accord ou l'opposition des affections avec le sentiment naturel par lequel nous distinguons la droiture de l'injustice.

SECTION II.

SECOND EFFET.

Dépraver le ſentiment naturel du juſte & de l'injuſte.

III. PART. §. II. CET effet ne peut être que le fruit de la coutume & de l'éducation, dont les forces ſe réuniſſent quelquefois contre celles de la nature, comme on peut le remarquer dans ces contrées où l'uſage & la politique encouragent par des applaudiſſemens, & conſacrent par des marques d'honneur des actions naturellement odieuſes & deshonnêtes. C'eſt à l'aide de ces preſtiges qu'un homme ſe ſurmontant lui-même, s'imagine ſervir ſa Patrie, étendre la terreur de ſa Nation, travailler à ſa propre gloire & faire un acte héroïque, en mangeant en dépit de la nature & de ſon eſtomac, la chair de ſon ennemi.

Mais pour en venir aux différens ſyſtêmes concernant la Divinité & à l'effet qu'ils produiſent dans ce cas; il ne paroît pas d'abord que l'Athéiſme ait aucune influence diamétralement contraire à la pureté du ſentiment naturel de la droiture & de l'injuſtice. Un malheureux que cette hipotheſe aura jetté & entretenu dans une longue habitude de crimes, peut avoir les idées de juſtice & d'honnêté fort obſcurcies; mais elle ne le conduit point par elle-même à regarder comme grande & belle une action vile & deshonnête. Ce ſyſtême moins dange-

reux

reux en ceci seulement que la superstition, ne prêche point qu'il est beau de s'accoupler avec des animaux, ou de s'assouvir de la chair de son ennemi. Mais il n'y a point d'horreurs, point d'abominations qui ne puissent être embrassées comme des choses excellentes, louables, & saintes, si quelque culte dépravé les ordonne (14). III. PART. §. II.

(14) Sans entrer dans un long détail sur cette matière, je citerai seulement deux exemples qu'on lit Chap. 2. Sect. 9. page 29. de l'Essai Philosophique sur l'entendement humain: il est difficile de se refuser au témoignage d'un Voyageur, lorsqu'il est scellé de l'autorité d'un Ecrivain tel que Locke. Les Topinambous ne connoissent pas de meilleurs moyens pour aller en Paradis, que de se venger cruellement de leurs ennemis, & d'en manger le plus qu'ils peuvent. Ceux que les Turcs canonisent & mettent au nombre des Saints, menent une vie qu'on ne peut rapporter sans blesser la pudeur. Il y a sur ce sujet un endroit fort remarquable dans le voyage de Baum-Garten. Comme ce Livre est assez rare, je transcrirai ici le passage tout au long dans la même langue qu'il a été publié. *Ibi (scil. prope Belbes in Ægypto) vidimus sanctum unum Saracenicum inter arenarum cumulos, ita ut ex utero matris prodiit, nudum sedentem. Mos est, ut didicimus, Mahometistis, ut eos qui amentes & sine ratione sunt, pro sanctis colant & venerentur. Insuper & eos qui, cum diu vitam egerint inquinatissimam, voluntariam demum pœnitentiam & paupertatem, sanctitate venerandos deputant. Ejusmodi verò genus hominum libertatem quamdam effrænem habent, domos quas volunt intrandi, edendi, bibendi, & quod majus est concumbendi: ex quo concubitu si proles secuta fuerit, sancta similiter habetur. His ergo hominibus dum vivunt, magnos exhibent honores; mortuis verò vel templa vel monumenta extruunt amplissima, eosque sepelire vel contingere maximæ fortunæ ducunt loco. Audivimus hæc dicta & dicenda per interpretem à Mureclo nostro. Insuper sanctum illum, quem eo loci vidimus, publicitùs apprimè commendari, eum esse ho-*

III. PART. §. II.

Et je ne vois point en cela de prodige; car toutes les fois que sous l'autorité prétendue ou le bon plaisir des Dieux, la superstition exige quelque action détestable; si malgré le voile sacré dont on l'envelope, le fidele en pénetre l'énormité; de quel œil verra-t'il les objets de son culte? (15) En portant aux pieds de leurs autels, des offrandes que la crainte lui arrache, il les traitera dans le fond de son cœur, comme des tirans odieux & méchans: mais c'est ce que sa Religion lui défend expressément de penser; „ les Dieux ne se contentent pas d'encens, lui „ crie-t'elle; il faut que l'estime accompagne „ l'hommage." Le voilà donc forcé d'aimer & d'admirer des Etres qui lui paroissent injustes, de respecter leurs commandemens, d'accomplir en aveugle les crimes qu'ils ordonnent, & par conséquent de prendre pour saint & pour bon, ce qui est en soi horrible & détestable.

Si Jupiter est le Dieu qu'on adore, & si son histoire le représente d'un temperament amoureux & se livrant sans pudeur à toute l'étendue de ses désirs, il est constant qu'en prenant ce récit à la lettre, son adorateur doit regarder l'impudicité comme une Vertu. (16) Si la su-

minem sanctum, divinum ac integritate præcipuum, eo quod nec fœminarum unquam esset nec puerorum, sed tantummodò asellarum concubitor atque mularum. On peut voir encore au sujet de cette espece de Saints si fort respectés par les Turcs, ce qu'en a dit Pietro della Valle, dans une Lettre du 25 Janvier 1616. (Note du Trad.)

(15) Faites rougir ces Dieux qui vous ont condamnée. *Rac. Iph. act. 4. scen. 4.* (Note du Trad.)

(16) Exprimer les sentimens & les mœurs d'un Peu-

perstition éléve sur des autels un Etre vindicatif, colere, rancunier, sophiste, lançant ses foudres au hazard, & punissant quand il est offensé, d'autres que ceux qui lui ont fait injure; si pour finir son caractere, il aime la supercherie; s'il encourage les hommes au parjure

III. Part. §. II.

ple dans sa conduite ordinaire & familiere, c'est le propre de la Comédie, & dans Terence sur tout. Or, voici ce que ce Poëte fait dire à un jeune Libertin, qui se sert de l'exemple de ses Dieux pour justifier une vile métamorphose, & s'encourager à une action infâme.

... Dum apparatur, virgo in conclavi sedet.
Suspectans tabulam quandam pictam, ubi inerat pictura hæc; Jovem
Quo pacto Danaæ misisse, aiunt, quondam in gremium imbrem aureum.
Egomet quoque id spectare cœpi, & quia consimilem luserat
Jam olim ille ludum, impendio magis animum gaudebat mihi,
Deum sese in hominem convertisse, atque per alienas tegulas
Venisse clanculùm per impluvium, fucum factum mulieri.
At quem Deum! qui templa Cœli summa sonitu concutit;
Ego homuncio hoc non facerem? ego verò illud feci & lubens.

Terent. Eun. act. 3. scen. 5.

Et Petrone, l'Auteur de son tems qui connoissoit le mieux les hommes, & qui en a peint le plus vivement les mœurs, a dit: *Ne bonam quidem mentem aut bonam valetudinem petunt: sed statim, antequam limen Capitolii tangunt, alius donum promittit, si propinquum divitem extulerit; alius, si ad trecenties H. S. salvus pervenerit. Ipse senatus recti bonique præceptor, mille pondo auri Capitolio promittere solet; & ne quis dubitet pecuniam concupiscere, Jovem quoque peculio exorat.* (Note du Trad.)

III. PART. §. II.

& à la trahiſon ; & ſi par une injuſte prédilection, il comble de ſes biens un petit nombre de favoris, je ne doute point qu'à l'aide des Miniſtres & des Poëtes, le Peuple ne reſpecte inceſſamment toutes ces imperfections, & ne prenne d'heureuſes diſpoſitions à la vengeance, à la partialité : car il eſt aiſé de métamorphoſer des vices groſſiers en qualités éclatantes, quand on vient à les rencontrer dans un Etre ſur lequel on ne leve les yeux qu'avec admiration.

Cependant il faut avouer que, ſi le culte eſt vuide d'amour, d'eſtime & de cordialité ; ſi c'eſt un pur cérémonial auquel on eſt entraîné par la crainte ou par la violence, l'Adorateur n'eſt pas en grand danger d'altérer ſes idées naturelles : car ſi, tandis qu'il ſatisfait aux préceptes de ſa Religion ; qu'il s'occupe à ſe concilier les faveurs de ſa Divinité, en obéiſſant à ſes ordres prétendus, c'eſt l'effroi qui le détermine : s'il conſomme à regret un ſacrifice qu'il déteſte au fond de ſon ame, comme une action barbare & dénaturée, ce n'eſt pas à ſon Dieu dont il entrevoit la méchanceté, qu'il rend hommage ; c'eſt proprement à l'équité naturelle dont il reſpecte le ſentiment, dans l'inſtant même de l'infraction. Tel eſt dans le vrai ſon état ; quelque réſervé qu'il puiſſe être à prononcer entre ſon cœur & ſa Religion, & à former un ſyſtême raiſonné ſur la contradiction de ſes idées avec les préceptes de ſa Loi. Mais perſévérant dans ſa crédulité, répétant ſes pieux exercices, ſe familiariſe-t'il à la longue avec la méchanceté, la tirannie, la rancune, la partialité, la bizarrerie de ſon Dieu? il ſe réconciliera proportionnellement avec les qualités qu'il abhorroit en lui; & telle ſera la force de cet exemple, qu'il en viendra juſqu'à regarder les actions les plus cruelles & les plus barbares, je ne dis pas comme bonnes & juſtes, mais comme grandes, nobles, divines & dignes d'être imitées. III. Part. §. II.

Celui qui admet un Dieu vrai, juſte & bon, ſuppoſe une droiture & une injuſtice, un vrai & un faux, une bonté & une malice, indépendans de cet Etre ſuprême, & par leſquels il juge qu'un Dieu doit être vrai, juſte & bon. Car ſi ſes décrets, ſes actions, ou ſes loix conſtituoient la bonté, la juſtice & la vérité; aſſurer de Dieu qu'il eſt vrai, juſte & bon, ce ſeroit ne rien dire: puiſque, ſi cet Etre affirmoit les deux parties d'une propoſition contradictoire, elles ſeroient vraies l'une & l'autre: ſi ſans raiſon, il condamnoit une Créature à ſouffrir pour le crime d'autrui; ou s'il deſtinoit ſans ſujet & ſans diſtinction, les uns à la peine & les autres aux plaiſirs, tous ces jugemens ſeroient équitables. En conſéquence d'une telle ſuppoſition, aſſurer qu'une choſe eſt vraie ou fauſſe, ou juſte ou inique, bonne ou mauvaiſe, c'eſt dire des mots, & parler ſans entendre.

D'où je conclus que rendre un culte ſincere & réel à quelque Etre ſuprême qu'on connoît pour injuſte & méchant, c'eſt s'expoſer à perdre tout ſentiment d'équité, toute idée de juſtice & toute notion de vérité. Le zele doit à la longue ſupplanter la probité, dans celui qui

III. PART. §. II. professe de bonne foi une Religion dont les préceptes sont opposés aux principes fondamentaux de la Morale.

Si la méchanceté reconnue d'un Etre suprême influe sur ses adorateus; si elle déprave les affections, confond les idées de vérité, de justice, de bonté, & sappe la distinction naturelle de la droiture & de l'injustice; rien au contraire n'est plus propre à modérer les passions, à rectifier les idées & à fortifier l'amour de la justice & de la vérité, que la croyance d'un Dieu que son histoire représente en toute occasion, comme un modele de véracité, de justice & de bonté. La persuasion d'une Providence divine qui s'étend à tout, & dont l'Univers entier ressent constamment les effets, est un puissant aiguillon pour nous engager à suivre les mêmes principes dans les bornes étroites de notre sphere. Mais si dans notre conduite, nous ne perdons jamais de vue les intérêts généraux de notre espece; si le bien public est notre boussole, il est impossible que nous errions jamais dans les jugemens que nous porterons de la droiture & de l'injustice.

Ainsi, quant au second effet, la Religion produira beaucoup de mal ou beaucoup de bien, selon qu'elle sera bonne ou mauvaise. Il n'en est pas de même de l'Athéisme: il peut, à la vérité, occasionner la confusion des idées d'injustice & d'équité; mais ce n'est pas en qualité pure & simple d'Athéisme; c'est un mal réservé aux cultes dépravés, & à toutes ces opinions fantasques concernant la Divinité; monstrueuse famille qui tire son origine de la superstition, & que la crédulité perpétue.

SECTION III.

TROISIEME EFFET.

Révolter les affections contre le ſentiment naturel du juſte & de l'injuſte.

Il eſt évident que les ſentimens ou principes d'intégrité ſeront des regles de conduite pour la Créature qui les poſſede, s'ils ne trouvent aucune oppoſition de la part de quelque panchant entiérement tourné à ſon intérêt particulier, ou de ces paſſions bruſques & violentes qui, ſubjuguant tout ſentiment d'équité, éclipſent même en elle les idées de ſon bien privé & la jettent hors de ces voies familieres qui la conduiſent au bonheur. III. PART. §. III.

Notre deſſein n'eſt pas d'examiner ici par quel moyen ce déſordre s'introduit & s'accroit; mais de conſidérer ſeulement quelles influences favorables ou contraires, il reçoit des ſentimens divers concernant la Divinité.

Qu'il ſoit poſſible qu'une Créature ait été frappée de la laideur & de la beauté des objets intellectuels & moraux, & conſéquemment que la diſtinction de la droiture & de l'injuſtice lui ſoit familiere, longtems avant que d'avoir eu des notions claires & diſtinctes de la Divinité; c'eſt une choſe preſque indubitable. (17) En

(17) Qu'une ſociété d'Hommes n'ait eu ni Dieux, ni Autels, ni même de nom dans ſa langue pour déſigner un Etre ſuprême; qu'un Peuple entier ait croupi

III. PART. §. III. effet, conçoit-on qu'un Etre tel que l'homme, en qui la faculté de penser & de réfléchir s'étend par des dégrés insensibles & lents, soit, moralement parlant, assez exercée au sortir du berceau pour sentir la justesse & la liaison de

dans l'Athéisme long tems après avoir été policé; c'est ce qui est arrivé. " La réalité de l'Athéisme spéculatif „ négatif, (dit M. l'Abbé Delachambre dans son Trai- „ té de la véritable Religion, Tome 1. page 7.) n'est „ ni moins certaine ni moins incontestable : combien y „ a-t'il encore de Peuples sur la Terre qui n'ont aucu- „ ne idée d'une Divinité souveraine, soit parce qu'ils „ sont stupides & incapables de tout raisonnement, soit „ parce qu'ils n'ont jamais pensé à réfléchir sur ce point ? „ C'est ce qui est arrivé, dis-je, & ce qui ne doit pas extrêmement surprendre. Les miracles de la Nature sont exposés à nos yeux long-tems avant que nous ayons assez de raison pour en être éclairés. Si nous arrivons dans ce monde avec cette raison que nous portames dans la Sale de l'Opera, la premiere fois que nous y entrames ; & si la toile se levoit brusquement; frappés de la grandeur, de la magnificence & du jeu des Décorations, nous n'aurions pas la force de nous refuser à la connoissance de l'Ouvrier éternel qui a préparé le Spectacle : mais qui s'avise de s'émerveiller de ce qu'il voit depuis cinquante ans? Les uns occupés de leurs besoins, n'ont gueres eu le tems de se livrer à des spéculations Métaphisiques : le lever de l'Astre du jour les appelloit au travail : la plus belle nuit, la nuit la plus touchante étoit muette pour eux, ou ne leur disoit autre chose, sinon qu'il étoit l'heure du repos. Les autres moins occupés, ou n'ont jamais eu l'occasion d'interoger la Nature, ou n'ont pas eu l'esprit d'entendre sa réponse. Le génie Philosophe dont la sagacité secouant le joug de l'habitude, s'étonna le premier des prodiges qui l'environnoient, descendit en lui-même, se demanda & se rendit raison de tout ce qu'il voyoit, a pu se faire attendre long-tems, & mourir sans avoir accrédité ses opinions. (Note du Trad.)

ces ſpéculations déliées & de ces raiſonnemens ſubtils & métaphyſiques ſur l'exiſtence d'un Dieu? III. PART. §. III.

Mais ſuppoſons qu'une Créature incapable de penſer & de réfléchir, ait toutefois de bonnes qualités & quelques affections droites; qu'elle aime ſon eſpece; qu'elle ſoit courageuſe, reconnoiſſante & miſéricordieuſe, il eſt certain, que, dans le même inſtant que vous accorderez à cet Automate la faculté de raiſonner, il approuvera ces panchans honnêtes; qu'il ſe complaira dans ces affections ſociales; qu'il y trouvera de la douceur & des charmes, & que les paſſions contraires lui paroitront odieuſes. Or, le voilà dès lors frappé de la différence du juſte & de l'injuſte, & capable de Vertu.

On peut donc ſuppoſer qu'une Créature avoit des idées de droiture & d'injuſtice, & que la connoiſſance du Vice & de la Vertu la préoccupoit, avant que de poſſéder des notions claires & diſtinctes de la Divinité. L'expérience vient encore à l'appui de cette ſuppoſition; car chez les Peuples qui n'ont pas ombre de Religion, ne remarque-t'on pas entre les hommes la même diverſité de caracteres que dans les Contrées éclairées? Le Vice & la Vertu morale ne les différencient-ils pas entr'eux? Tandis que les uns ſont orgueilleux, durs & cruels, & conſéquemment enclins à approuver les actes violens & tiranniques; d'autres ſont naturellement affables, doux, modeſtes, généreux, & dès lors amis des affections paiſibles & ſociales.

III. PART. §. III. Pour déterminer maintenant ce que la connoiſſance d'un Dieu opere ſur les hommes, il faut ſavoir par quels motifs, & ſur quel fondement ils lui portent leurs hommages, & ſe conforment à ſes ordres. C'eſt, ou rélativement à ſa toute-puiſſance, & dans la ſuppoſition qu'ils en ont des biens à eſpérer & des maux à craindre; ou rélativement à ſon excellence, & dans la penſée qu'imiter ſa conduite, c'eſt le dernier dégré de la perfection.

En premier lieu: ſi le Dieu qu'on adore n'eſt qu'un Etre puiſſant ſur la Créature qui ne lui porte ſon hommage que par le ſeul motif d'une crainte ſervile ou d'une eſpérance mercénaire; ſi les récompenſes qu'elle attend, ou les châtimens qu'elle redoute, la contraignent à faire le bien qu'elle hait, ou à s'éloigner du mal qu'elle affectionne; nous avons démontré qu'il n'y avoit en elle, ni Vertu, ni Bonté. Cet adorateur ſervile avec une conduite irréprochable devant les hommes, ne mérite non plus devant Dieu que s'il avoit ſuivi ſans frayeur la perverſité de ſes affections. Il n'y a non plus de piété, de droiture, de ſainteté dans une Créature ainſi réformée, que d'innocence & de ſobriété dans un Singe ſous le fouet, que de douceur & de docilité dans un Tigre enchaîné. Car quelles que ſoient les actions de ces Animaux, ou de l'Homme à leur place, tant que l'affection ſera la même; que le cœur ſera rebelle; que la crainte dominera & inclinera la volonté; l'obéiſſance & tout ce que la frayeur produira, ſera bas & ſervile. Plus prompte ſera l'obéiſſance, plus profonde la ſoumiſſion;

plus il y aura de bassesse & de lâcheté, quel que soit leur objet. Que le Maître soit mauvais ou bon? qu'importe, si l'Esclave est toujours le même. Je dis plus : si l'Esclave n'obéit que par une crainte hipocrite à un Maître plein de bonté, sa nature n'en est que plus méchante & son service que plus vil. Cette disposition habituelle décele un attachement souverain à ses propres intérêts & une entiere dépravation dans le caractere.

En second lieu : si le Dieu d'un Peuple est un Etre excellent, & qui soit adoré comme tel ; si, faisant abstraction de sa puissance, c'est particuliérement à sa bonté que l'on rend hommage ; si l'on remarque dans le caractere que ses Ministres lui donnent, & dans les histoires qu'ils en racontent, une prédilection pour la Vertu, & une affection générale pour tous les Etres ; certes, un si beau modele ne peut manquer d'encourager au bien, & de fortifier l'amour de la Justice contre les affections ennemies.

Mais un autre motif se joint encore à la force de l'exemple pour produire ce grand effet. Un Théiste parfait est fortement persuadé de la prééminence d'un Etre tout-puissant, spectateur de la conduite humaine & témoin oculaire de tout ce qui se passe dans l'Univers. Dans la retraite la plus obscure, dans la solitude la plus profonde, son Dieu le voit. Il agit donc en la présence d'un Etre plus respectable pour lui mille fois que l'assemblée du monde la plus auguste. Quelle honte n'auroit-il pas de commettre une action odieuse en cette compagnie? quelle satisfaction, au contraire, d'avoir pratiqué la Vertu en présence de son Dieu; quand même déchiré par des langues calomnieuses, il seroit devenu l'opprobre & le rebut de la société? Le Théisme favorise donc la Vertu; & l'Athéisme, privé d'un si grand secours, est en cela défectueux.

Considérons à présent ce que la crainte des peines à venir & l'espoir des biens futurs occasionneroient dans la même croyance, rélativement à la Vertu. D'abord il est aisé d'inférer de ce que nous avons dit ci-devant, que cet espoir & cet effroi ne sont pas du genre des affections liberales & généreuses, ni de la nature de ces mouvemens qui complettent le mérite moral des actions. Si ces motifs ont une influence prédominante dans la conduite d'une Créature que l'amour desintéressé devroit principalement diriger, la conduite est servile, & la Créature n'est pas encore vertueuse.

Ajoutez à ceci une réflexion particuliere; c'est que dans toute hypothese de Religion où l'espoir & la crainte sont admis comme motifs principaux & premiers de nos actions; l'intérêt particulier, qui naturellement n'est en nous que trop vif, n'a rien qui le tempere & qui le restreigne, & doit par conséquent se fortifier chaque jour par l'exercice des passions, dans des matieres de cette importance. Il y a donc à craindre que cette affection servile ne triomphe à la longue, & n'exerce son empire dans toutes les conjonctures de la vie; qu'une attention habituelle à un intérêt particulier ne diminue d'autant plus l'amour du bien général, que cet intérêt particulier sera grand; enfin, que le cœur & l'esprit ne viennent à se rétrécir; défaut, à ce qu'on dit en morale, remarquable dans les dévots de toute Religion (18). III. PART. §. III.

Quoi qu'il en soit, il faut convenir que si la vraie piété consiste à aimer Dieu par rapport à lui-même, une attention inquiete à des intérêts privés, doit en quelque sorte la dégrader. Aimer Dieu seulement comme la cause de son bonheur particulier, c'est avoir pour lui l'affection du méchant pour le vil instrument de ses plaisirs. D'ailleurs, plus le dévouement à l'intérêt privé occupe de place, moins il en laisse à l'amour du bien général ou de tout autre objet digne par lui-même de notre admiration & de notre estime; tel en un mot que le Dieu des personnes éclairées.

C'est ainsi qu'un amour excessif de la vie peut nuire à la Vertu, affoiblir l'amour du bien public & ruiner la vraie piété; car plus cette affection sera grande, moins la Créature sera capable de se résigner sincérement aux ordres de la Divinité: & si par hazard l'espoir des récompenses à venir étoient, à l'exclusion de tout amour, le seul motif de sa résignation; si cette pensée excluoit absolument en elle tout sentiment libéral & desintéressé, ce seroit un vrai marché qui n'indiqueroit ni Vertu ni Mérite, & dont voici, à proprement parler, la cédule: „ Je résigne à Dieu ma vie & mes „ plaisirs présens, à condition d'en recevoir

(18) Voilà ce qui constitue proprement la Bigotterie; car la vraie Piété, qualité presque essentielle à l'héroïsme, étend le cœur & l'esprit. (Note du Trad.)

III. PART. §. III.

„ en échange une vie & des plaisirs futurs qui „ valent infiniment mieux.

Quoique la violence des affections privées puisse préjudicier à la Vertu, j'avouerai toutefois qu'il y a des conjonctures dans lesquelles la crainte des châtimens & l'espoir des récompenses lui servent d'appui, quelque mercénaires qu'elles soient.

Les passions violentes, telles que la colere, la haine, la luxure & d'autres peuvent, comme nous l'avons déja remarqué, ébranler l'amour le plus vif du bien public, déraciner les idées les plus profondes de Vertu, & pervertir entiérement le sentiment naturel du juste & de l'injuste. Mais si l'esprit n'avoit aucune digue à leur opposer, elles produiroient infailliblement ce ravage, & le meilleur caractere se dépraveroit à la longue. La Religion y pourvoit: elle crie incessamment que ces affections & toutes les actions qu'elles produisent, sont maudites & détestables aux yeux de Dieu; sa voix consterne le Vice, & rassure la Vertu; le calme renait dans l'esprit; il apperçoit le danger qu'il a couru, & s'attache plus fortement que jamais aux principes qu'il étoit sur le point d'abandonner.

La crainte des peines & l'espoir des récompenses sont encore propres à raffermir celui que le partage des affections fait chanceler dans la Vertu. Je dis plus. Quand une fois l'esprit est imbu d'idées fausses, & lorsque la Créature entêtée d'opinions absurdes se roidit contre le vrai, méconnoit le bon, porte son estime & donne la préférence au vice; sans la crainte des peines & l'efpoir des récompenfes, il n'y a plus de retour.

Imaginez un homme qui ait quelque bonté naturelle & de la droiture dans le caractere; mais né avec un tempérament lâche & mol qui le rende incapable de faire face à l'adverfité, & de braver la mifere; vient-il par malheur à fubir ces épreuves? le chagrin s'empare de fon efprit, tout l'afflige, il s'irrite, il s'emporte contre ce qu'il imagine être la caufe de fon infortune. Dans cet état s'il s'offre à fa penfée; ou fi des amis corrompus lui fuggerent que fa probité eft la fource de fes peines, & que pour fe reconcilier avec la fortune, il n'a qu'à rompre avec la Vertu, il eft certain que l'eftime qu'il porte à cette qualité, s'affoiblira à mefure que le trouble & les aigreurs augmenteront dans fon efprit, & qu'elle s'éclipfera bientôt, fi la confidération des biens futurs dont la Vertu lui promet la jouiffance, en dédommagement de ceux qu'il regrette, ne le foutient contre les penfées funeftes qui lui viennent ou les mauvais avis qu'il reçoit, ne fufpend la dépravation imminente de fon caractere, & ne le fixe dans fes premiers principes.

Si par de faux jugemens on a pris quelques Vices en affection, & les Vertus contraires en dédain; fi, par exemple, on regarde le pardon des injures comme une baffeffe, & la vengeance comme une acte héroïque, on préviendroit peut-être les fuites de cette erreur, en confidérant que la douceur porte avec elle fa récompenfe, dans la tranquilité & les autres avantages qu'elle procure, & que la rancune

III. PART. §. III.

détruit. C'eſt par cet utile artifice que la modeſtie, la candeur, la ſobriété & d'autres Vertus, quelquefois mépriſées, pourroient rentrer dans l'eſtime, & les paſſions oppoſées dans le mépris, qui leur ſont dûs, & qu'on parviendroit avec le tems à pratiquer les unes & à déteſter les autres, ſans le moindre égard pour les plaiſirs ou pour les peines qui les accompagnent.

C'eſt par ces raiſons que rien n'eſt plus avantageux dans un état qu'une adminiſtration vertueuſe & qu'une équitable diſtribution des punitions & des récompenſes; c'eſt un mur d'airain contre lequel ſe briſent preſque toujours les complots des méchans; c'eſt une digue qui tourne leurs efforts au bien de la ſociété; c'eſt plus que tout cela; c'eſt un moyen ſûr d'attacher les hommes à la Vertu, en attachant à la Vertu leur intérêt particulier; d'écarter tous les préjugés qui les en éloignent; de lui préparer dans leurs cœurs un accueil favorable, & de les mettre par une pratique conſtante du bien, dans un ſentier dont on ne les détourneroit pas ſans peine. S'il arrivoit qu'un Peuple arraché au deſpotiſme & à la barbarie, policé par des loix, & devenu vertueux dans le cours d'une adminiſtration équitable, retombât bruſquement ſous un gouvernement arbitraire, tel que celui des Peuples Orientaux, ſa Vertu s'irritant dans les fers, il n'en ſera que plus prompt à les ſecouer & que plus propre à les rompre. Si toutefois la tirannie & ſes artifices viennent à prévaloir, & ſi ce peuple perd toute liberté, avant qu'une injuſte diſtribution des récom-

pen-

penses & des châtimens lui ait ôté le sentiment de cette injure, avant que l'habitude l'ait fait à sa chaîne, les semences dispersées de sa Vertu premiere pousseront des racines qu'on distinguera jusques dans les générations suivantes. III. PART. §. III.

Mais quoique la distribution équitable des récompenses & des punitions soit dans un gouvernement, une cause essentielle de la Vertu d'un Peuple, nous remarquerons que l'exemple plus efficace encore décide ses inclinations (19) & forme son caractere. Si le Magistrat n'est pas vertueux, la meilleure administration produira peu de chose; au contraire, les Sujets aimeront & respecteront les Loix, s'ils sont une fois persuadés de la Vertu de celui qui les juge.

Mais pour en revenir aux récompenses & aux châtimens; c'est moins l'attrait ou l'effroi qui fait leur avantage dans la société, que l'es-

(19) Tous les Moralistes ne sont pas de cet avis: „ Telle est, dit un d'entre eux dans son projet pour „ l'avancement de la Religion, la perversité des hom„ mes, que le seul exemple d'un Prince vicieux entrai„ nera bientôt la masse générale de ses Sujets, & que „ la conduite exemplaire d'un Monarque vertueux n'est „ pas capable de les réformer, si elle n'est soutenue „ d'autres expédiens. Il faut donc que le Souverain, „ en exerçant avec vigueur l'autorité que les Loix & son „ Sceptre lui donnent, fasse en sorte qu'il soit de l'in„ térêt de chacun de s'attacher à la Vertu, en privant „ les vicieux de toute espérance d'avancement." Il est clair que ce savant Auteur donne la préférence aux avantages d'une bonne administration sur ceux d'un bon exemple. (Note du Trad.)

III. PART. §. III. time de la Vertu & la haine du Vice que ces expressions publiques de l'approbation ou de la censure du genre humain réveillent dans l'honnête Homme & dans le Scélérat. En effet, dans les Exécutions, on voit assez communément que la honte du crime & l'infâmie du supplice font presque toute la peine des Criminels. Ce n'est pas tant la mort qui cause l'horreur du Patient & des Spectateurs, que la potence ou la roue qui le déclare infracteur des Loix de la Justice & de l'humanité.

Dans les familles, l'effet des récompenses & des châtimens est le même que dans la société. Un Maître févere, le fouet à la main, rendra sans doute son Esclave ou son Mercénaire attentif à ses devoirs; mais il n'en sera pas meilleur. Cependant le même homme, revêtu d'un caractere plus doux, avec de foibles récompenses & des corrections légeres, formera des enfans vertueux. A l'aide, tantôt de ses menaces, tantôt de ses caresses, il leur inculquera des principes qu'ils suivront bientôt sans égard pour la récompense qui les encourageoit, ou pour la verge qui les effrayoit; & c'est là ce que nous appellons une éducation honnête & libérale. Tout autre culte rendu à Dieu, tout autre service rendu à l'homme, est vil, & ne mérite aucun éloge.

Dans la Religion, si les récompenses qu'elle promet sont libérales; si le bonheur futur consiste dans la jouissance d'un plaisir vertueux, tel, par exemple, que la pratique ou la contemplation de la Vertu même, dans une autre vie, (c'est le cas du Christianisme, (20) il est évident que le désir de cet état ne peut naître que d'un grand amour de la Vertu, & conserve par conséquent toute la dignité de son origine. Car ce désir n'est point un sentiment intéressé; l'amour de la Vertu n'est jamais un panchant vil & sordide; le désir de la vie par amour de la Vertu, ne peut donc passer pour tel. Mais si ce désir d'une autre vie naissoit de l'horreur où de la mort ou de l'anéantissement; s'il étoit occasionné par quelque affection vicieuse, ou par un attachement à des choses étrangeres à la Vertu, il ne seroit plus vertueux.

Si donc une Créature raisonnable, sans égard pour la Vertu, aime la vie par rapport à la vie même, peut-être fera-t'elle pour la conserver, ou par horreur de la mort, quelque action de virilité; peut-être en s'efforçant de mépriser les objets de sa crainte, tendra-t'elle à la perfection; mais cet effort n'est pas encore une Vertu. Cette Créature est tout au plus dans les avenues, sur la route: après s'être embar-

(20) On peut conclurre de cette réflexion que le Christianisme a peut-être été le seul culte établi dans le monde, qui ait proposé aux hommes des récompenses à venir dignes d'eux. Le Juif content du bonheur temporel ne connoissoit gueres d'autres espérances. L'Egyptien se promettoit à force de bien vivre, de devenir un jour Eléphant blanc. Le Payen comptoit se promener dans les Champs Elizées, boire le Nectar & se repaître d'Ambroisie. Le Mahométan privé de Vin par sa Loi, & voluptueux par tempérament, espere s'enivrer éternellement entre des Houris grises, rouges, vertes & blanches. Mais le Chrétien jouira de son Dieu. (Note du Trad.)

III. PART. §. III. quée par pur intérêt, la bassesse avouée du motif ne la met point au port; en un mot, elle ne sera vertueuse que quand ses efforts feront germer en elle quelque affection pour la bonté morale considérée comme telle, & sans égard à ses intérêts.

Tels sont les avantages & les desavantages qui reviennent à la Vertu, de ses liaisons avec les intérêts privés de la Créature. Car, quoique la multiplicité des vues intéressées soit peu propre à donner du relief aux actions, l'homme n'en sera que plus ferme dans la Vertu, s'il est une fois convaincu qu'elle ne croise jamais ses vrais intérêts.

Celui donc, qui, par un mûr examen & de solides réflexions, s'est assuré qu'on n'est heureux dans ce Monde qu'autant qu'on est vertueux, & que le vice ne peut-être que misérable, a mis sa vertu dans un abri louable & nécessaire, sans chercher dans l'intégrité morale des commodités rélatives à son état présent, à sa constitution, ou à d'autres circonstances pareilles; s'il est persuadé qu'une puissance supérieure & toujours attentive au train du monde, prête un secours immédiat à l'honnête homme contre les attentats du méchant, il ne perdra jamais rien de l'estime qu'il doit à la Vertu; estime qui s'affoibliroit peut-être en lui sans cette croyance. Mais si, peu convaincu d'une assistance actuelle de la Providence, il est dans une attente ferme & constante des récompenses à venir, sa vertu trouvera le même appui dans cette hipothese.

Remarquez cependant que dans un systême

III. PART. §. III.

où l'on feroit sonner si haut ces récompenses infinies, les cœurs en pourroient tellement être affectés, qu'ils négligeroient & peut-être oublieroient à la longue les motifs desintéressés de pratiquer la Vertu. D'ailleurs, cette merveilleuse attente des biens ineffables d'une autre vie, doit conséquemment déprimer la valeur & rallentir la poursuite des choses passageres de celle-ci. Une Créature possédée d'un intérêt si particulier & si grand, pourroit compter le reste pour rien, & toute occupée de son salut éternel, traiter quelquefois comme des distractions méprisables, & des affections viles, terrestres & momentanées, les douceurs de l'amitié, les loix du sang & les devoirs de l'humanité. Une imagination frappée de la sorte décriera peut-être les avantages temporels de la bonté & les récompenses naturelles de la Vertu, élevera jusqu'aux nues la félicité des méchans, & déclarera dans les accès d'un zele inconsidéré que „ sans l'attente des biens futurs „ & sans la crainte des peines éternelles, elle „ renonceroit à la probité pour se livrer entiérement à la débauche, au crime & à la dé„ pravation ". Ce qui démontre que rien en quelque façon ne feroit plus fatal à la Vertu qu'une croyance incertaine & vague des récompenses & des châtimens à venir. Car si ce fondement sur lequel on auroit appuyé tout l'édifice moral, vient une fois à manquer, je vois la Vertu chanceler, rester sans appui, & prête à s'écrouler.

Quant à l'Athéisme, il ne faut pas s'imaginer que ce systême, tout monstrueux qu'il est,

III. PART. §. III.

décrie & anéantiſſe tous les avantages de la Vertu (21). Pour être convaincu qu'il y a du profit à être vertueux, il n'eſt pas néceſſaire de croire en Dieu; mais le préjugé contraire une fois contracté, le mal eſt ſans remede, & il faut convenir qu'indirectement l'Athéiſme y conduit.

Il eſt preſque impoſſible de faire grand cas des avantages préſens de la Vertu, ſans concevoir une haute idée de la ſatisfaction qui naît de l'eſtime & de la bienveillance du genre humain; mais pour connoître tout le prix de cette ſatisfaction, il faut l'avoir éprouvée. C'eſt donc ſur la poſſeſſion raviſſante de l'affection généreuſe des hommes, & ſur la connoiſſance de l'énergie de ce plaiſir, que ſont fondés ceux qui placent le bonheur actuel dans la pratique des Vertus. Mais ſuppoſer qu'il n'y a ni bonté ni charmes dans la nature; que cet Etre ſuprême, qui nous preſcrit la bienveillance pour nos ſemblables, par les témoignages journaliers que nous recevons de la ſienne, eſt un Etre chimérique; ce n'eſt pas le moyen d'aiguiſer les affections ſociales & d'aquerir l'amour deſintéreſſé de la Vertu. Au contraire, un tel

(21) L'Athéiſme laiſſe la probité ſans appui. Il fait pis, il pouſſe indirectement à la dépravation. Cependant Hobbes étoit bon Citoyen, bon parent, bon ami, & ne croyoit point en Dieu. Les hommes ne ſont pas conſéquens: on offenſe un Dieu dont on admet l'exiſtence: on nie l'exiſtence d'un Dieu dont on a bien mérité; & s'il y avoit à s'étonner, ce ne ſeroit pas d'un Athée qui vit bien, mais d'un Chrétien qui vit mal. (Note du Trad.)

ſyſtême tend à confondre les idées de laideur & de beauté, & à ſupprimer ce tribut habituel d'admiration que nous rendons au deſſein, aux proportions, & à l'harmonie qui regnent dans l'ordre des choſes. Car que peut offrir l'Univers de grand & d'admirable à celui qui regarde l'Univers même, comme un modele de déſordre? Celui pour qui le Tout dénué de perfections, n'eſt qu'une vaſte difformité, remarquera-t'il quelque beauté dans les parties ſubordonnées?

Cependant quoi de plus affligeant que de penſer que l'on exiſte dans un éternel cahos? qu'on fait partie d'une machine détraquée dont on a mille deſaſtres à craindre, & où l'on n'apperçoit rien de bon, rien de ſatisfaiſant, rien qui n'excite le mépris, la haine & le dégout? Ces idées ſombres & mélancoliques doivent influer ſur le caractere, affecter les inclinations ſociales, mettre de l'aigreur dans le temperament, affoiblir l'amour de la juſtice & ſapper à la longue les principes de la Vertu.

Il n'en eſt pas de même de celui qui adore un Dieu; mais un Dieu qui ne ſoit pas vainement honoré du titre de bon, qui le ſoit en effet; un Dieu dont l'hiſtoire offre à chaque page des marques de douceur & de bonté. Un tel homme admet conſéquemment des récompenſes & des châtimens à venir: il eſt perſuadé de plus que les récompenſes ſont deſtinées au Mérite & à la Vertu, & les châtimens au vice & à la méchanceté, ſans que des qualités étrangeres à celles-là, ou des circonſtances imprévues puiſſent tromper ſon attente; autrement perdant de vue les notions de châtiment & de récompenſe, il n'admettroit qu'une diſtribution capricieuſe de biens & de maux, & tout ſon ſyſtême ſur l'autre monde, ne ſeroit dans celui-ci d'aucun avantage pour ſa Vertu. A l'aide de ces hypotheſes, il pourroit conſerver ſon intégrité dans les plus critiques circonſtances de la vie, eût-il été jetté par des événemens ſinguliers, ou des raiſonnemens ſophiſtiques dans l'opinion malheureuſe qu'il faut renoncer à ſon bonheur, pour travailler à ſon ſalut.

Toutefois ce préjugé contraire à la Vertu, me paroît incompatible avec un Théiſme épuré (22). Quoi qu'il en ſoit de l'autre vie, ou

(22) Si dès ce Monde la Vertu porte avec elle ſa récompenſe, & le Vice ſon châtiment, quel motif d'eſpérance pour le Théiſte? N'aura-t'il pas raiſon de croire que l'Être ſuprême qui exerce dans cette vie une juſtice diſtributive entre les bons & les méchans, n'abandonnera pas cette voie conſolante dans l'autre? Ne pourra-t'il pas regarder les biens paſſagers dont il jouit comme des arrhes du bonheur éternel qui l'attend? Car ſi la Vertu a des avantages actuels, toutefois il en coute pour être vertueux: ſi l'état de l'honnête homme ici bas n'eſt pas déplorable, il s'en faut bien que ſa félicité ſoit complette: il lui reſte toujours des déſirs; & ces déſirs, preuves inconteſtables de l'inſuffiſance de ſa récompenſe actuelle, ne conſpirent-ils pas avec la révélation qu'il eſt prêt d'admettre, pour l'aſſurer d'une vie à venir? Mais ſi l'on ſuppoſoit au contraire que l'honnête homme ne peut-être que malheureux en ce Monde, & que la félicité temporelle eſt incompatible avec la Vertu, l'économie ſinguliere qui regneroit dans l'Univers, ne le porteroit-elle pas à ſe méfier de l'ordre qui regnera dans l'autre vie? Décrier la Vertu, n'eſt-ce donc pas prêter main-forte à l'Athéiſme? Amplifier les déſordres appa-

des récompenses & des châtimens à venir, celui qui, comme un bon Théiste, admet un Etre souverain dans la nature, une intelligence qui gouverne tout avec sagesse & bonté, peut-il imaginer qu'elle ait attaché son malheur en ce monde à des pratiques qui lui sont ordonnées? Supposer que la Vertu soit un des maux naturels de la Créature, & que le Vice fasse constamment son bien-être, n'est-ce pas accuser l'ordonnance de l'Univers & la constitution générale des choses, d'un défaut essentiel & d'une grossiere imperfection? III. PART. §. III.

Il me reste à considérer un nouvel avantage que le Théisme fournit à la Créature pour être vertueuse, à l'exclusion de l'Athéisme. Le premier coup d'œil ne sera peut-être pas favorable à la réflexion qui suit: je crains qu'on ne la prenne pour une vaine subtilité, & qu'on ne la rejette comme un rafinement de Philosophie. Si toutefois elle peut avoir quelque poids, c'est à la suite de ce que nous venons de dire.

Toute Créature, comme nous l'avons prouvé, a naturellement quelques dégrés de malice qui lui viennent d'une aversion ou d'un panchant qui ne sera pas au ton de son intérêt pri-

rens dans la Nature, n'est-ce pas ébranler l'existence d'un Dieu, sans fortifier la croyance d'une vie à venir? Un fait vrai, c'est que ceux qui ont la meilleure opinion des avantages de la Vertu dans ce Monde, ne sont pas les moins fermes dans l'attente de l'autre. Une proposition vraisemblable, c'est qu'il est aussi naturel aux Défenseurs de la Vertu d'assurer l'immortalité de l'Ame, qu'ils ont raison de souhaiter, qu'aux Partisans du Vice de combattre ce sentiment, dont ils ont lieu de craindre la vérité. (Note du Trad.)

III. PART. §. III.

vé ou du bien général de son espece. Qu'un Etre pensant ait la mesure d'aversion nécessaire pour l'allarmer à l'approche d'une calamité, ou pour l'armer dans un péril imminent, jusques-là il n'y a rien à dire, tout est dans l'ordre. Mais si l'aversion continue, après que le malheur est arrivé; si la passion augmente, lorsque le mal est fait; si la Créature furieuse du coup qu'elle a reçu, se récrie contre le sort, s'emporte & déteste sa condition, il faut avouer que cet emportement est vicieux dans sa nature & dans ses suites; car il déprave le temperament en le tournant à la colere, & trouble dans l'accès cette économie tranquile des affections, si convenable à la Vertu: mais avouer que cet emportement est vicieux, c'est reconnoître que dans les mêmes conjonctures, une patience muette & qu'une modeste fermeté seroient des Vertus. Or, dans l'hypothese de ceux qui nient l'existence d'une Etre suprême, il est certain que la nécessité prétendue des causes ne doit amener aucun phénomene qui mérite leur haine ou leur amour, leur horreur ou leur admiration. Mais comme les plus belles réflexions du monde sur le caprice du hazard, ou sur le mouvement fortuit des Atomes n'ont rien de consolant, il est difficile que dans des circonstances fâcheuses, que dans des tems durs & malheureux, l'Athée n'entre en mauvaise humeur, & ne se déchaine contre un arrangement si détestable & si malfaisant. Mais le Théiste est persuadé que „ quelque effet que „ l'ordre qui regne dans l'Univers, ait produit, „ il ne peut être que bon." Cela suffit. Le voilà prêt à regarder ſans horreur les plus affreuſes calamités, & à ſupporter ſans murmure ces événemens qui ne ſemblent être faits que pour rendre à toute Créature ſenſible & raiſonnable, ſa condition incommode & ſon exiſtence odieuſe. Ce n'eſt pas tout. Son ſyſtême peut le conduire à une réconciliation plus entiere: il chérira ſon état actuel; car qui l'empêche, en étendant ſes idées, de ſortir de ſon eſpece & de regarder le fléau qui l'afflige, comme le bonheur d'une Patrie moins étroite dont il eſt membre, & dont il doit aimer les avantages en Citoyen généreux & fidele?

Ce tour d'affection doit produire la plus héroïque conſtance qu'une homme puiſſe montrer dans un état de ſouffrance, & le réſoudre de la façon la plus généreuſe aux entrepriſes que l'honneur & la Vertu peuvent exiger. A travers ce Téleſcope on apperçoit les accidens particuliers, les injuſtices & les méchancètés dans un jour qui diſpoſe à les tolérer, & à conſerver dans le cours de la vie toute l'égalité poſſible. Ce tour d'affection & ce Téleſcope moral ſont donc vraiment excellens, & la Créature qui les poſſede, eſt bonne & vertueuſe par excellence. Car tout ce qui tend à attacher la Créature à ſon rôle dans la ſociété, & à l'animer d'un zele plus qu'ordinaire pour le bien général de ſon eſpece, eſt ſans contredit en elle le germe d'une vertu peu commune.

Un fait conſtant, c'eſt que par une eſpece de ſimphatie le ſentiment & l'amour de l'harmonie, des proportions & de l'ordre, en quelque genre que ce puiſſe être, redreſſe le tem-

III. PART. §. III.

perament, fortifie les affections ſociales, & ſoutient la Vertu, qui n'eſt elle-même qu'un amour de l'ordre, des proportions & de l'harmonie dans les mœurs & dans la conduite. Dans les ſujets les plus frivoles, l'ordre frappe & ſe fait approuver: mais ſi c'eſt une fois l'ordre & la beauté de l'Univers qui ſoient les objets de notre admiration & de notre amour, nos affections partageront la grandeur & la magnificence du ſujet, & l'*élégante* ſenſibilité pour le beau, diſpoſition ſi favorable à la Vertu, nous conduira juſqu'à l'extaſe. (*) En effet, tandis qu'un peu d'harmonie & quelques proportions remarquées dans les productions des ſciences ou des arts, tranſportent d'admiration les maîtres & les connoiſſeurs, ſeroit-il poſſible de contempler un Chef-d'œuvre divin, ſans éprouver le raviſſement? Donc

Le Théiſme fût-il traité comme une fauſſe hypotheſe, l'ordre de l'Univers fût-il une chimere, la belle paſſion pour la Nature n'en ſe-

(*) *Eſt enim animorum ingeniorumque naturale quoddam quaſi pabulum conſideratio, contemplatioque naturæ. Erigimur, elatiores fieri videmur, humana deſpicimus; cogitanteſque ſupera atque cœleſtia, hæc noſtra ut exigua & minima, contemnimus. Indagatio ipſa rerum tum maximarum, tum occultiſſimarum habet delectationem. Si verò aliquid occurrat, quod veriſimile videatur, humaniſſimâ completur animus voluptate.* A meſure que l'Univers s'étend aux yeux d'un Philoſophe, tout ce qui l'environne ſe rappetiſſe. La Terre s'évanouit ſous ſes pieds. Lui-même que devient-il? Cependant il reſſent un doux frémiſſement dans cette contemplation qui l'anéantit; après s'être vu noyé, pour ainſi dire, & perdu dans l'immenſité des Etres, il éprouve une ſatisfaction ſecrete à ſe retrouver ſous les yeux de la Divinité.

roit pas moins favorable à la Vertu. Mais s'il est raisonnable de croire en Dieu; si la beauté de l'Univers est réelle; l'admiration devient juste, naturelle & nécessaire dans toute Créature reconnoissante & sensible. IV. PART. §. I.

Présentement, il est facile de déterminer l'analogie de la Vertu à la Piété. Celle-ci est proprement le complement de l'autre; où la piété manque, la fermeté, la douceur, l'égalité d'esprit, l'économie des affections & la Vertu sont imparfaites.

On ne peut donc atteindre à la perfection morale, arriver au suprême dégré de la Vertu, sans la connoissance du vrai Dieu.

QUATRIEME PARTIE.

SECTION I.

Nous avons déterminé dans les Parties précédentes ce que c'est que la Vertu morale, & quelle est la Créature qu'on peut appeller moralement vertueuse. Il nous reste à chercher quels motifs & quel intérêt nous avons à mériter ce titre.

Nous avons découvert que celui-là seul mérite le nom de Vertueux dont toutes les affections, tous les panchans, en un mot, toutes les dispositions d'esprit & de cœur, sont conformes au bien général de son espece, c'est-à-dire, du systême de Créatures dans lequel la Nature l'a placé, & dont il fait partie.

IV. PART. §. I. Que cette économie des affections, ce juste temperament entre les passions, cette conformité des panchans au bien général & particulier, constituoient la droiture, l'intégrité, la justice & la bonté naturelle.

Et que la corruption, le vice & la dépravation, naissoient du désordre des affections, & consistoient dans un état précisément contraire au précédent.

Nous avons démontré que les passions & les affections d'une Créature quelconque avoient un rapport constant & déterminé avec l'intérêt général de son espece. C'est une vérité que nous avons fait toucher au doigt, quant aux inclinations sociales telles que la tendresse paternelle, le panchant à la propagation, l'éducation des enfans, l'amour de la compagnie, la reconnoissance, la compassion, la conspiration mutuelle dans les dangers, & leurs semblables. De sorte qu'il faut convenir qu'il est aussi naturel à la Créature de travailler au bien général de son espece, qu'à une plante de porter son fruit, & à un organe ou à quelque autre partie de notre corps de prendre l'étendue & la conformation qui conviennent à la Machine entiere; (23) & qu'il n'est pas plus naturel à

(23) On pourroit ajouter à cela que, nous sommes, chacun, dans la Société, ce qu'est une partie rélativement à un Tout organisé. La mesure du tems est la propriété essentielle d'une Montre; le bonheur des particuliers est la fin principale de la Société. Ces effets, ou ne se produiront point, ou ne se produiront qu'imparfaitement, sans une conspiration mutuelle des parties dans la Montre, & des membres dans la Société.

l'estomac de digérer, aux poumons de respirer, aux glandes de filtrer & aux autres visceres de remplir leurs fonctions; quoique toutes ces parties puissent être troublées dans leurs opérations, par des obstructions & d'autres accidens.

Mais en distribuant les affections de la Créature, en inclinations favorables au bien général de son espece, & en panchans dirigés à ses intérêts particuliers, on en conclura que souvent elle se trouvera dans le cas de croiser & de contredire les unes pour favoriser & suivre les autres, & l'on conclura juste; car comment sans cela, l'espece pourroit-elle se perpétuer? Que signifieroit cette affection naturelle qui la précipite à travers les dangers pour la défense & la conservation de ces Êtres qui lui doivent déja la naissance & dont l'éducation lui coûtera tant de soins?

On seroit donc tenté de croire qu'il y a une opposition absolue entre ces deux especes d'affections, & l'on présumeroit que s'attacher au bien général de son espece en écoutant les unes, c'est fermer l'oreille aux autres, & renoncer à son intérêt particulier. Car en supposant que les soins, les dangers & les travaux, de quelque nature qu'ils soient, sont des maux dans le systême individuel; puisqu'il est

Si quelque roue se dérange, la mesure du tems sera suspendue, ou troublée. Si quelque particulier occupe une place qui n'étoit point faite pour lui, le bien général en souffrira, ou même s'anéantira, & la Société ne sera plus que l'image d'une Montre détraquée.

IV. PART. §. I. de l'essence des affections sociales d'y porter la Créature, on en inférera sur le champ qu'il est de son intérêt de se défaire de ces panchans.

Nous convenons que toute affection sociale, telle que la commisération, l'amitié, la reconnoissance & les autres inclinations libérales & généreuses, ne subsiste & ne s'étend qu'aux dépens des passions intéressées, que les premieres nous divisent d'avec nous-mêmes, & nous ferment les yeux sur nos aises & sur notre salut particulier. Il semble donc que pour être parfaitement à soi, & tendre à son intérêt avec toute la vigueur possible, on n'auroit rien de mieux à faire pour son propre bonheur, que de déraciner sans ménagement toute cette suite d'affections sociales, & de traiter la bonté, la douceur, la commisération, l'affabilité, & leurs semblables, comme des extravagances d'imagination ou des foiblesses de la nature.

En conséquence de ces idées singulieres, il faudroit avouer que dans chaque systême de Créatures, l'intérêt de l'individu est contradictoire à l'intérêt général, & que le bien de la Nature dans le particulier est incompatible avec celui de la commune nature. Etrange constitution ! dans laquelle il y auroit certainement un désordre & des bizarreries que nous n'appercevons point dans le reste de l'Univers. J'aimerois autant dire de quelque corps organisé, animal ou végétatif, que, pour assurer que chaque partie jouit d'une bonne santé, il faut absolument supposer que le tout est malade.

Mais

Mais pour exposer toute l'absurdité de cette hypothese, nous allons démontrer que, tandis que les hommes s'imaginant que leur avantage présent est dans le vice & leur mal réel dans la Vertu, s'étonnent d'un désordre qu'ils supposent gratuitement dans la conduite de l'Univers, la Nature fait précisément le contraire de ce qu'ils imaginent; que l'intérêt particulier de la Créature est inséparable de l'intérêt général de son espece; enfin, que son vrai bonheur consiste dans la Vertu, & que le Vice ne peut manquer de faire son malheur.

SECTION II.

PEU de gens oseroient supposer qu'une Créature en qui ils n'apperçoivent aucune affection naturelle, qui leur paroit destituée de tout sentiment social & de toute inclination communicative, jouit en elle-même de quelque satisfaction, & retire de grands avantages de sa ressemblance avec d'autres Etres: l'opinion générale, c'est qu'une pareille Créature en rompant avec le genre humain, en renonçant à la société, n'en a que moins de contentement dans la vie, & n'en peut trouver que moins de douceur dans les plaisirs des sens. Le chagrin, l'impatience & la mauvaise humeur, ne seront plus en elle des momens fâcheux; c'est un état habituel auquel tout caractere insociable ne manque pas de se fixer; c'est alors qu'une foule

IV. PART. §. II. d'idées triſtes s'emparent de l'eſprit, & que le cœur eſt en proie à mille inclinations perverſes qui l'agitent & le déchirent ſans relâche: c'eſt alors que, des noirceurs de la mélancolie & des aigreurs de l'inquiétude, naiſſent ces antipathies cruelles par qui la Créature mécontente d'elle-même, ſe révolte contre tout le monde. Le ſentiment intérieur qui lui crie qu'un Etre ſi dépravé, incommode à quiconque l'approche, ne peut qu'être odieux à ſes ſemblables, la remplit de ſoupçons & de jalouſies, la tient dans les craintes & les horreurs, & la jette dans des perplexités que la fortune la mieux établie & la plus conſtante proſpérité ſont incapables de calmer.

Tels ſont les ſimptômes de la perverſité complette, & l'on eſt d'accord ſur leur évidence. Lorſque la dépravation eſt totale; lorſque l'amitié, la candeur, l'équité, la confiance, la ſociabilité, ſont anéanties; lors enfin que l'Apoſtaſie morale eſt conſommée, tout le monde s'appèrçoit & convient de la miſere qui la ſuit. Quand le mal eſt à ſon dernier dégré, il n'y a qu'un avis. Pourquoi faut-il qu'on perde de vue les funeſtes influences de la dépravation dans ſes dégrés inférieurs? On s'imagine que la miſere n'eſt pas toujours proportionnée à l'iniquité; comme ſi la méchanceté complette pouvoit entraîner la plus grande miſere poſſible, ſans que ſes moindres dégrés partageaſſent ce châtiment. Parler ainſi, c'eſt dire qu'à la vérité, le plus grand dommage qu'un corps puiſſe ſouffrir, c'eſt d'être diſloqué, démembré, & mis en mille pieces; mais que la perte d'un bras ou d'une jambe, d'un œil, d'une oreille ou d'un doigt, c'eſt une bagatelle qui ne mérite pas qu'on y faſſe attention. IV. Part. §. II.

L'eſprit a, pour ainſi dire, ſes parties, & ſes parties ont leurs proportions. Les dépendances réciproques & le rapport mutuel de ces parties, l'ordre & la connexion des panchans, le mélange & la balance des affections qui forment le caractere, ſont des objets faciles à ſaiſir par celui qui ne juge pas cette anatomie intérieure, indigne de quelque attention. L'économie animale n'eſt ni plus exacte, ni plus réelle. Peu de gens toutefois ſe ſont occupés à anatomiſer l'ame, & c'eſt un art que perſonne ne rougit d'ignorer parfaitement. (24) Tout le monde convient que le tempérament varie, & que ſes viciſſitudes peuvent être funeſtes ; & qui que ce ſoit ne ſe met en peine d'en chercher la cauſe. On ſait que notre conſtitution intellectuelle eſt ſujette à des paraliſies qui l'accablent, & l'on n'eſt point curieux de connoî-

(24) On ſe pique de connoître les qualités d'un bon Cheval, d'un bon Chien & d'un bon Oiſeau. On eſt parfaitement inſtruit des affections, du tempérament, des humeurs & de la forme convenable à chacune de ces eſpeces. Si par hazard un Chien décele quelque défaut contraire à ſa nature ; „ cet animal, dit-on in„ continent, eſt vicieux ; " & fortement perſuadé que ce vice le rend moins propre aux ſervices qu'on en doit attendre, on met tout en œuvre pour le corriger. Il y a peu de jeunes gens qui n'entendent plus ou moins cette diſcipline. Suivons cet écervelé, qui, pour quelque ordre futile, & peut-être deshonnête, différé ou mal adroitement exécuté, feroit périr un Domeſtique ſous le bâton ; ſuivons-le dans ſes écuries, & deman-

IV. PART. §. II. tre l'origine de ces accidens. Personne ne prend le Scalpel, & ne travaille à s'éclairer dans les entrailles du Cadavre: (25) on en est à peine

dons-lui pourquoi ce Cheval est séparé de la société des autres: „ Il a la jambe fine, il porte noblement sa tête, „ il est en apparence plein d'ame & de feu: " Vous avez raison, vous répondra-t'il; „ mais il est excessi- „ vement fougueux; on n'en approche pas sans danger, „ son ombre l'effarouche; une mouche lui fait prendre „ mords aux dents; il faut que je m'en défasse." De-là passant à ses Chiens: „ Voyez-vous, ajoutera-t'il, „ tout de suite, (car vous avez touché sa corde,) voyez- „ vous cette petite Chienne noire & blanche? elle est „ assez mal coiffée; son poil & sa taille ne sont pas „ avantageux: elle paroit manquer de jarret; mais el- „ le a l'odorat exquis: pour la sagacité, je ne connois „ pas sa pareille; & de l'ardeur, helas! elle n'en a que „ trop pour sa force. Si j'avois le malheur de la per- „ dre, je donnerois pour la retrouver tous ces grands „ Chiens de parade qui m'embarrassent plus qu'ils ne „ me servent. Fainéans, lâches & gourmands, mon „ Piqueur a pris des peines infinies pour n'en rien faire „ qui vaille: ils ont tellement dégénérés; (car Finau- „ de, leur mere, étoit admirable!) qu'il faut que par „ la négligence de ces coquins à rouer à coups de bar- „ re (ce sont ses valets d'écurie) elle ait été couver- „ te par quelque Matin de ma basse-cour." C'est ainsi que ceux qui ont le moins étudié la Nature dans leur espece, distinguent à merveille & les défauts qui lui sont étrangers, & les qualités qui lui conviennent, en d'autres Créatures. C'est ainsi que la bonté qui les affecte si peu en eux-mêmes & dans leurs semblables, surprend ailleurs leur hommage: tant est naturel le sentiment que nous en avons. (Note du Trad.)

(25) Le Chirurgien habile s'exerce long-tems sur les morts avant que d'opérer sur les vivans: il s'instruit le scalpel à la main, de la situation, de la nature & de la configuration des parties: il avoit exécuté cent fois sur le Cadavre les opérations de son art avant que de les

dans cette matiere aux idées de Parties & de Tout. On ignore entiérement l'effet que doivent produire une affection réprimée, un mauvais panchant négligé, ou quelque bonne inclination relâchée. Comment une seule action a-t'elle occasionné dans l'esprit une révolution capable de le priver de tout plaisir? c'est ce qu'on voit arriver; c'est ce qu'on ne comprend pas; & dans l'indifférence de s'en instruire, on est tout prêt à supposer qu'un Homme peut violer sa foi, s'abandonner à des crimes qui ne lui sont point familiers & se plonger dans les vices, sans porter le trouble dans son ame, & sans s'exposer à des suites fatales à son bonheur. IV. PART. §. II.

On dit tous les jours: „ Un tel a fait une „ bassesse; mais en est-il moins heureux? Cependant en parlant de ces hommes sombres & farouches, ont dit encore: „ Cet homme est „ son propre bourreau." Une autre fois on conviendra „ qu'il y a des passions, des hu- „ meurs, tel tempérament capable d'empoi-

tenter sur l'Homme. C'est un exemple que nous devrions tous imiter: *Te ipsum concute.* Rien n'est plus ressemblant à ce que l'Anatomiste appelle *un Sujet*, que l'ame dans un état de tranquilité: il ne faut alors pour opérer sur elle ni la même adresse ni le même courage que, quand les passions l'échauffent & l'animent. On peut sonder ses blessures & parcourir ses replis, sans l'entendre se plaindre, gémir, soupirer; au contraire, dans le tumulte des passions, c'est un malade pusillanime & sensible que le moindre appareil effraie; c'est un Patient intraitable qu'on ne peut résoudre. Dans cet état, quel espoir de guérison, sur-tout si le Medecin est un ignorant! (Note du Trad.)

„ ſonner la condition la plus douce, & de ren-
„ dre la Créature malheureuſe dans le ſein de
„ la proſpérité." Tous ces raiſonnemens contradictoires ne prouvent-ils pas ſuffiſamment que nous n'avons pas l'habitude de traiter des ſujets moraux, & que nos idées ſont encore bien confuſes ſur cette matiere?

Si la conſtitution de l'eſprit nous paroiſſoit telle qu'elle eſt en effet; ſi nous étions bien convaincus qu'il eſt impoſſible d'étouffer une affection raiſonnable, ou de nourrir un panchant vicieux, ſans attirer ſur nous une portion de cette miſere extrême dont nous convenons que la dépravation complette eſt toujours accompagnée, ne reconnoitrions-nous pas en même-tems que toute action injuſte portant le déſordre dans le tempérament, ou augmentant celui qui y regne déja, quiconque fait mal ou préjudicie à ſa bonté, eſt plus fou, & plus cruel à lui-même que celui qui, ſans égard pour ſa ſanté, ſe nourriroit de mêts empoiſonnés, ou, qui ſe déchirant le corps de ſes propres mains, ſe plairoit à ſe couvrir de bleſſures?

SECTION III.

Nous avons fait voir que, dans l'Animal, toute action qui ne part point de ſes affections naturelles, ou de ſes paſſions, n'eſt point une action de l'Animal. Ainſi dans ces accès convulſifs où la Créature ſe frappe elle-même & s'élance ſur ceux qui la ſecourent, c'eſt une horloge détraquée qui ſonne mal-à-propos; c'eſt la machine qui agit & non l'Animal. IV. PART. §. III.

Toute action de l'Animal, conſidéré comme Animal, part d'une affection, d'un panchant, ou d'une paſſion qui le meut; telle que ſeroient, par exemple, l'amour, la crainte, ou la haine.

Des affections foibles ne peuvent l'emporter ſur des affections plus puiſſantes qu'elles; & l'Animal ſuit néceſſairement dans l'action le parti le plus fort. Si les affections inégalement partagées, forment en nombre ou en eſſence un côté ſupérieur à l'autre, c'eſt de celui-là que l'Animal inclinera. Voilà le balancier qui le met en mouvement & qui le gouverne.

Les affections qui déterminent l'Animal dans ſes actions, ſont de l'une ou de l'autre de ces trois eſpeces.

1. Ou des affections naturelles & dirigées au bien général de ſon eſpece.

2. Ou des affections naturelles & dirigées à ſon intérêt particulier.

3. Ou des affections qui ne tendent ni au bien général de ſon eſpece, ni à ſes intérêts particuliers, qui même ſont oppoſées à ſon bien privé, & que par cette raiſon nous appellerons affections dénaturées: ſelon l'eſpece & le dégré de ces affections, la Créature qu'elles dirigent, eſt bien ou mal conſtituée, bonne ou mauvaiſe.

Il eſt évident que la derniere eſpece d'affections eſt toute vicieuſe. Quant aux deux autres, elles peuvent être bonnes ou mauvaiſes ſelon leur dégré: elles maîtriſent toujours la

Créature purement ſenſible; mais la Créature ſenſible & raiſonnable peut toujours les maîtriſer, quelque puiſſantes qu'elles ſoient.

Peut-être trouvera-t'on étrange que des affections ſociales puiſſent être trop fortes, & des affections intéreſſées trop foibles. Mais pour diſſiper ce ſcrupule, on n'a qu'à ſe rappeller (ce que nous avons dit plus haut) que dans des circonſtances particulieres, les affections ſociales deviennent quelquefois exceſſives, & ſe portent à un point qui les rend vicieuſes. Lors, par exemple, que la commiſération eſt ſi vive qu'elle manque ſon but, en ſupprimant par ſon excès les ſecours qu'on a droit d'en attendre; lorſque la tendreſſe maternelle eſt ſi violente qu'elle perd la Mere & par conſéquent l'Enfant avec elle. „ Mais, dira-t'on, „ traiter de vicieux & de dénaturé, ce qui „ n'eſt que l'excès de quelque affection natu- „ relle & généreuſe, n'y auroit-il pas en cela „ un rigoriſme mal entendu? " Pour toute réponſe à cette objection, je remarquerai que la meilleure affection dans ſa nature ſuffit par ſon *intenſité* pour endommager toutes ſes compagnes, pour reſtreindre leur énergie & rallentir ou ſuſpendre leurs opérations. En accordant trop à l'une, la Créature eſt contrainte de donner trop peu à d'autres de la même claſſe, & qui ne ſont ni moins naturelles ni moins utiles. Voilà donc l'injuſtice & la partialité introduite dans le caractere : conſéquemment, quelques devoirs ſeront remplis avec négligence ; & d'autres, moins eſſentiels peut-être, ſuivis avec trop de chaleur.

On peut avouer ſans crainte, ces principes dans toute leur étendue; puiſque la Religion même, conſidérée comme une paſſion, mais de l'eſpece héroïque, peut-être pouſſée trop loin, & troubler par ſon excès toute l'économie des inclinations ſociales (*). Oui, la Religion, j'oſe le dire, ſeroit trop énergique en celui qu'une contemplation immodérée des choſes céleſtes, qu'une intempérance d'extaſe refroidiroit ſur les offices de la vie civile & les devoirs de la ſociété. Cependant „ Si l'objet de „ la dévotion eſt raiſonnable, & ſi la croyan„ ce eſt orthodoxe, quelle que ſoit la dévo„ tion, pourra-t'on dire encore: Il eſt dur de „ la traiter de ſuperſtition? Car enfin ſi la „ Créature laiſſe aller ſes affaires domeſtiques „ à l'abandon, & néglige les intérêts tempo„ rels de ſon prochain & les ſiens, c'eſt l'ex„ cès d'un zele ſaint dans ſon origine qui pro„ duit ces effets". Je répons à cela, que la vraie Religion ne commande pas une abnégation totale des ſoins d'ici bas; ce qu'elle exige, c'eſt la préférence du cœur: elle veut qu'on rende à Dieu, aux autres & à ſoi-même, tout ce qu'on leur doit, ſans remplir une de ces obligations, au préjudice d'une autre. Elle ſait les concilier entre elles par une ſubordination ſage & meſurée.

IV. PART. §. II

Mais ſi d'un côté les affections ſociales peu-

(*) *Inſani ſapiens nomen ferat, æquus iniqui,*
Ultrà quam ſatis eſt, virtutem ſi petat ipſam.

Horat. Satyr.

vent être trop énergiques; de l'autre, les passions intéressées peuvent être trop foibles. Si, par exemple, une Créature ferme les yeux sur les dangers & méprise la vie; si les inclinations utiles à sa défense, à son bien-être & à sa conservation, manquent de force; c'est assurément un vice en elle, rélativement aux desseins & au but de la Nature. Les loix & la méthode qu'elle observe dans ses opérations, en sont des preuves autentiques. Dira-t'on que le salut de l'Animal entier l'intéresse moins que celui d'un membre, d'un organe ou d'une seule de ses parties? Non, sans doute. Or, elle a donné, nous le voyons, à chaque membre, à chaque organe, à chaque partie, les propriétés nécessaires à sa sûreté; de sorte qu'à notre insçu même, ils veillent à leur bien-être & agissent pour leur défense. L'œil naturellement circonspect & timide se ferme de lui-même, & quelquefois malgré nous: ôtez-lui sa promptitude & son indocilité, & toute la prudence imaginable ne suffira pas à l'Animal pour se conserver la vue. La foiblesse dans les affections qui concernent le bien de l'Automate, est donc un vice: pourquoi le même défaut dans les affections qui concernent les intérêts d'un Tout plus important que le corps, je veux dire l'ame, l'esprit & le caractere, ne seroit-il pas une imperfection?

C'est en ce sens que les panchans intéressés deviennent essentiels à la Vertu. Quoique la Créature ne soit ni bonne ni vertueuse, précisément parce qu'elle a ces affections; comme elles concourent au bien général de l'espece, quand elle en eſt dénuée, elle ne poſſede pas toute la bonté dont elle eſt capable, & peut-être regardée comme défectueuſe & mauvaiſe dans l'ordre naturel.

C'eſt encore en ce ſens que nous diſons de quelqu'un „ qu'il eſt trop bon" lorſque des affections trop ardentes pour l'intérêt d'autrui l'entrainent au delà, ou lorſque trop d'indolence pour ſes vrais intérêts, l'arrête en deçà des bornes que la Nature & la Raiſon lui preſcrivent.

Si l'on nous objecte qu'une façon de poſſéder dans les mœurs & d'obſerver dans la conduite les proportions morales, ce feroit d'avoir les paſſions ſociales trop énergiques, lorſque les panchans intéreſſés ſont exceſſifs, & lorſque les inclinations intéreſſées ſont trop foibles, d'avoir les affections ſociales défectueuſes. Car en ce cas, celui qui compteroit ſa vie pour peu de choſe, feroit avec une doſe légere d'affection ſociale, tout ce que l'amitié la plus généreuſe peut exiger; & il n'y auroit rien de tout ce que le courage le plus héroïque inſpire, qu'à l'aide d'un excès d'affection ſociale, ne pût exécuter la Créature la plus timide.

Nous répondrons que c'eſt rélativement à la conſtitution naturelle & à la deſtination particuliere de la Créature, que nous accuſons quelques paſſions d'excès, & que nous reprochons à d'autres, la foibleſſe. Car lorſqu'un panchant dont l'objet eſt raiſonnable, n'eſt utile que dans ſa violence; ſi ce dégré, d'ailleurs n'altere point l'économie intérieure, & ne met aucune diſ-

IV. PART. §. III. proportion entre les autres affections, on ne pourra le condamner comme vicieux. Mais si la constitution naturelle de la Créature ne permet pas au reste des affections de monter à son unisson; si le ton des unes est aussi haut, & celui des autres plus bas, quelle que soit la nature des unes & des autres, elles pécheront par excès ou par défaut: car puisqu'il n'y a plus entre elles de proportion, puisque la balance qui doit les tempérer, est rompue, ce désordre jettera de l'inégalité dans la pratique & rendra la conduite vicieuse.

Mais pour donner des idées claires & distinctes de ce que j'entens par économie des affections, je descens aux especes de Créatures qui nous sont subordonnées. Celles que la Nature n'a point armées contre la violence, & qui ne sont formidables d'aucun côté, doivent être susceptibles d'une grande frayeur & ne ressentir que peu d'animosité; car cette derniere qualité feroit infailliblement la cause de leur perte, soit en les déterminant à la résistance, soit en retardant leur fuite. C'est à la crainte seule qu'elles peuvent avoir obligation de leur salut. Aussi la crainte tient-elle les sens en sentinelle, & les esprits en état de porter l'allarme.

En pareil cas, la frayeur habituelle & l'extrême timidité sont conséquemment à la constitution animale de la Créature, des affections aussi conformes à son intérêt particulier & au bien général de son espece, que le ressentiment & le courage seroient préjudiciables à l'un & à l'autre. Aussi remarque-t'on que dans un seul

& même systême, la nature a pris soin de diversifier ces passions proportionnellement au sexe, à l'âge & à la force des Créatures. Dans le systême animal, les animaux innocens se rassemblent & paissent en troupe; mais les bêtes farouches vont communément deux à deux, vivent sans société & comme il convient à leur voracité naturelle. Entre les premiers, le courage est toutefois en raison de la taille & des forces. Dans les occasions périlleuses, tandis que le reste du troupeau s'enfuit, le Bœuf présente les cornes à l'ennemi, & montre bien qu'il sent sa vigueur. La nature, qui semble prescrire à la femelle de partager le danger, n'a pas laissé son front sans défense. Pour le Daim, la Biche & leurs semblables, ils ne sont ni vicieux ni dénaturés, lorsqu'à l'approche du Lion, ils abandonnent leurs petits, & cherchent leur salut dans leur vîtesse. Quant aux Créatures capables de résistance, & à qui la nature a donné des armes offensives, depuis le Cheval & le Taureau jusqu'à l'Abeille & au Moucheron, ils entrent promptement en furie, ils fondent avec intrépidité sur tout aggresseur, & défendent leurs petits au péril de leur propre vie. C'est l'animosité de ces créatures qui fait la sûreté de leur espece. On est moins ardent à offenser, quand on sait par expérience que le lézé, quoiqu'incapable de repousser l'injure, ne la supportera pas tranquillement; mais que, pour punir l'offenseur, il s'exposera sans regret à perdre la vie. De tous les Etres vivans, l'homme est le plus formidable en ce sens. Lorsqu'il s'agira de sa propre cause ou de celle de son pays, il n'y a personne dont il ne puisse tirer une vengeance, qu'il regardera comme équitable & exemplaire; & s'il est assez intrépide pour sacrifier sa vie, il est maître de celle d'un autre, quelque bien gardé qu'il puisse être. Des exemples de ce courage ont souvent modéré le pouvoir absolu & empêché qu'il n'accablât ceux qui lui étoient soumis.

Enfin, on peut dire que les affections sont dans la constitution animale, ce que sont les cordes sur un instrument de musique. Les cordes ont beau garder entre elles les proportions requises; si la tension est trop grande, l'instrument est mal monté, & son harmonie est éteinte. Mais si tandis que les unes sont au ton qui convient, les autres ne sont pas montées en proportion, la Lire ou le Luth est mal accordé, & l'on n'exécutera rien qui vaille. Les différens systêmes de créatures répondent aux différentes especes d'instrumens; & dans le même genre d'instrumens, ainsi que dans le même systême de créatures, tous ne sont pas égaux, & ne portent pas les mêmes cordes. La tension qui convient à l'un briseroit les cordes de l'autre, & peut-être l'instrument même. Le ton qui fait sortir toute l'harmonie de celui-ci, rend sourd ou fait crier celui-là. Entre les hommes, ceux qui ont le sentiment vif & délicat, ou que les plaisirs & les peines affectent aisément, doivent pour le maintien de cette balance intérieure sans laquelle la créature mal disposée à remplir ses fonctions, troubleroit le concert de la société, posséder les autres affections, telles que la douceur, la commisération, la tendresse & l'affabilité, dans un dégré fort élevé. Ceux, au contraire, qui sont froids, & dont le tempérament est placé sur un ton plus bas, n'ont pas besoin d'un accompagnement si marqué. Aussi la nature ne les a-t'elle pas destinés, ou à ressentir, ou à exprimer les mouvemens tendres & passionnés au même point que les précédens (26). IV. PART. §. III.

Il seroit curieux de parcourir les différens tons des passions, les modes divers des affections & toutes ces mesures de sentimens qui différencient les caracteres entre eux. Point de sujet susceptible de tant de charmes & de tant de difformités. Toutes les Créatures qui nous environnent, conservent sans altération l'ordre & la régularité requises dans leurs affections. Jamais d'indolence dans les services

(26) Nous ressemblons à de vrais Instrumens dont les passions sont les cordes. Dans le fou, elles sont trop hautes, l'instrument crie; elles sont trop basses dans le stupide, l'instrument est sourd. Un homme sans passions est donc un instrument dont on a coupé les cordes ou qui n'en eut jamais. C'est ce qu'on a déja dit. Mais il y a plus. Si quand un instrument est d'accord, vous en pincez une corde, le son qu'elle rend occasionne des frémissemens, & dans les instrumens voisins, si leurs cordes ont une tension proportionnellement harmonique avec la corde pincée, & dans ses voisines sur le même instrument, si elles gardent avec elle la même proportion. Image parfaite de l'affinité, des rapports & de la conspiration mutuelle de certaines affections dans le même caractere, & des impressions gracieuses & du doux frémissement que les belles actions excitent dans les autres, sur-tout lorsqu'ils sont vertueux. Cette comparaison pourroit être poussée bien loin; car le son excité est toujours analogue à celui qui l'excite. (Note du Trad.)

IV. PART. §. III.

qu'elles doivent à leurs petits & à leurs semblables. Lorsque notre voisinage ne les a point dépravés, la prostitution, l'intempérance & les autres excès leur sont généralement inconnus. Ces petites Créatures qui vivent comme en République, les Abeilles & les Fourmis suivent dans toute la durée de leur vie, les mêmes loix, s'assujettissent au même gouvernement, & montrent dans leur conduite toujours la même harmonie. Ces affections qui les encouragent au bien de leur espece, ne se dépravent, ne s'affoiblissent, ne s'anéantissent jamais en elles. Avec le secours de la Religion & sous l'autorité des loix, l'homme vit d'une façon moins conforme à sa nature que ne font ces Insectes. Ces loix, dont le but est de l'affermir dans la pratique de la justice, sont souvent pour lui des sujets de révolte; & cette Religion qui tend à le sanctifier, le rend quelquefois la plus barbare des Créatures. On propose des questions; on se chicane sur des mots; on forme des distinctions; on passe aux dénominations odieuses; on proscrit de pures opinions sous des peines séveres. Delà naissent les antipathies, les haines & les séditions. On en vient aux mains, & l'on voit à la fin la moitié de l'espece se baigner dans le sang de l'autre moitié (27). J'oserois assurer, qu'il est pres-

(27) Les Arabes pour décider plus souverainement que dans les Ecoles, si les attributs de Dieu étoient ou réellement ou virtuellement distingués, se sont livré des batailles sanglantes †. Celles dont l'Angleterre a été quel-

† *Herbelot, Bibl. Orient.*

presque impossible de trouver sur la terre une société d'hommes qui se gouvernent par des principes humains (28). Est-il surprenant,

quelquefois déchirée, n'avoient guere de fondement plus solide. (Note du Trad.)

(28) Qui prendra la peine de lire avec soin l'Histoire du Genre humain, & d'examiner d'un œil indifférent la conduite des Peuples de la terre, se convaincra lui-même, qu'excepté les devoirs qui sont absolument nécessaires à la conservation de la Société humaine (qui ne sont même que trop souvent violés par des sociétés entieres à l'égard des autres sociétés) on ne sauroit nommer aucun principe de Morale ni imaginer aucune regle de Vertu, qui dans quelque endroit du monde ne soit méprisée ou contredite par la pratique générale de quelques Sociétés entieres qui sont gouvernées par des maximes, & dirigées par des regles tout-à-fait opposées à celles de quelque autre Société. Des Nations entieres, & même des plus policées, ont cru qu'il leur étoit aussi permis d'exposer leurs enfans & de les laisser mourir de faim, que de les mettre au monde. Il y a des contrées à présent où l'on ensevelit les enfans tout vifs, avec leurs meres, s'il arrive qu'elles meurent dans leurs couches. On les tue, si un Astrologue assure qu'ils sont nés sous une mauvaise étoile. Ailleurs, un enfant tue, ou expose son pere & sa mere, lorsqu'ils sont parvenus à un certain âge. Dans un canton de l'Asie, dès qu'on désespere de la santé d'un malade, on le met dans une fosse creusée en terre, & là exposé au vent & aux injures de l'air, on le laisse périr impitoyablement. Il est ordinaire parmi les Mingreliens qui font profession de Christianisme, d'ensevelir leurs enfans tout vifs. Les Caribes les mutilent, les engraissent & les mangent. Garcilasso de la Vega, rapporte que certains Peuples du Perou font des concubines de leurs prisonnieres, nourrissent délicieusement les enfans qu'ils en ont, & s'en repaissent ainsi que de la mere, lorsqu'elle devient stérile. Les Usages, les Religions & les Gouvernemens divers qui partagent l'Europe, nous fourniroient une multitu-

IV. PART. §. III. après cela, qu'on ait peine à trouver dans ces sociétés un homme qui soit vraiment homme, & qui vive conformément à sa nature?

Mais après avoir expliqué ce que j'entens par des passions trop foibles ou trop fortes, & démontré que, quoique les unes & les autres passent quelquefois pour des Vertus, ce sont, à proprement parler, des imperfections & des vices; je viens à ce qui constitue la malice d'une maniere plus évidente & plus avouée, & je réduis la chose à trois cas.

I. Ou les affections sociales sont foibles & défectueuses.

II. Ou les affections privées sont trop fortes.

III. Ou les affections ne tendent ni au bien particulier de la Créature, ni à l'intérêt général de son espece.

Cette énumération est complette, & la Créature ne peut-être dépravée, sans être comprise dans l'un ou l'autre de ces états, ou dans tous à la fois. Si je prouve donc que ces trois états sont contraires à ses vrais intérêts, il s'ensuivra que la vertu seule peut faire son bonheur, puisqu'elle seule suppose entre les affections tant sociales que privées, une juste balance, une sage & paisible économie.

Au reste, lorsque nous assurons que l'économie des affections sociales fait le bonheur temporel, c'est autant que la Créature peut-être

de d'actions moins barbares en apparence, mais aussi déraisonnables au fond, & peut-être plus dangereuses dans les conséquences. (Note du Trad.)

heureuse dans ce monde. Nous ne prétendons rien prouver de contraire à l'expérience: or, elle ne nous apprend que trop bien que les orages passagers qui troublent l'homme le plus heureux, sont pour le moins aussi fréquens que les fautes légeres qui échapent à l'homme le plus juste. Ajoutez à cela ces élans continuels vers l'Eternité, ces mouvemens d'une ame qui sent le vuide de son état actuel, mouvemens d'autant plus vifs que la ferveur est grande. D'où l'on peut conclurre sans aller plus loin, que s'il est vrai qu'il y ait du bonheur attaché à la pratique des Vertus, comme nous le démontrons, il ne l'est pas moins que la Créature ne peut jouir d'une félicité proportionnée à ses désirs, d'un bonheur qui la remplisse, d'un repos immuable, que dans le sein de la Divinité.

Voici donc ce qui nous reste à prouver.

I.

Que le principal moyen d'être bien avec soi & par conséquent d'être heureux, c'est d'avoir les affections sociales entieres & énergiques; & que manquer de ces affections, ou les avoir défectueuses, c'est être malheureux.

II.

Que c'est un malheur que d'avoir les affections privées trop énergiques, & par conséquent au-dessus de la subordination que les affections sociales doivent leur imprimer.

V. PART. §. I.

III.

Enfin, que d'être pourvu d'affections dénaturées, ou de ces panchans qui ne tendent ni au bien particulier de la Créature, ni à l'intérêt général de son espece, c'est le comble de la misere.

CINQUIEME PARTIE.

SECTION I.

POUR démontrer que le principal moyen d'être heureux c'est d'avoir les affections sociales, & que manquer de ces panchans, c'est être malheureux; je demande en quoi consistent ces plaisirs & ces satisfactions qui font le bonheur de la Créature. On les distingue communément en plaisirs du corps, & en satisfactions de l'esprit.

On ne disconvient pas que les satisfactions de l'esprit ne soient préférables aux plaisirs du corps. En tout cas, voici comment on pourroit le prouver. Toutes les fois que l'esprit a conçu une haute opinion du mérite d'une action, qu'il est vivement frappé de son héroïsme, & que cet objet a fait toute son impression, il n'y a ni terreurs ni promesses, ni peines ni plaisirs du corps, capables d'arrêter la Créature. On voit des Indiens, des Barbares, des malfaiteurs, & quelquefois les derniers des humains, s'expoſer pour l'intérêt d'une troupe, par reconnoiſſance, par animoſité, par des principes d'honneur ou de galanterie à des travaux incroyables, & défier la mort même; tandis que le moindre nuage d'eſprit, le plus léger chagrin, un petit contretems, empoiſonnent & anéantiſſent les plaiſirs du corps; & cela, lorſque placé d'ailleurs dans les circonſtances les plus avantageuſes, au centre de tout ce qui pouvoit exciter & entretenir l'enchantement des ſens, on étoit ſur le point de s'y abandonner. C'eſt en vain qu'on eſſayeroit de les rappeller: tant que l'eſprit ſera dans la même aſſiette, les efforts, ou ſeront inutiles, ou ne produiront qu'impatience & dégout. V. Part. §. I.

Mais ſi les ſatisfactions de l'eſprit ſont ſupérieures aux plaiſirs du corps, comme on n'en peut douter, il ſuit delà, que tout ce qui peut occaſionner dans un Etre intelligent une ſucceſſion conſtante de plaiſirs intellectuels, importe plus à ſon bonheur que ce que lui offriroit une pareille chaîne de plaiſirs corporels.

Or, les ſatisfactions intellectuelles conſiſtent ou dans l'exercice même des affections ſociales, ou découlent de cet exercice en qualité d'effets.

Donc, l'économie des affections ſociales étant la ſource des plaiſirs intellectuels, ces affections ſociales ſeront ſeules capables de procurer à la Créature un bonheur conſtant & réel.

Pour déveloper maintenant comment les affections ſociales ſont par elles-mêmes les plaiſirs les plus vifs de la Créature, (travail ſuper-

V. PART. §. I.

flu pour celui qui a éprouvé la condition de l'efprit fous l'empire de l'amitié, de la reconnoiffance, de la bonté, de la commifération, de la générofité, & des autres affections fociales;) celui qui a quelques fentimens naturels, n'ignore point la douceur de ces panchans généreux; mais la différence que nous trouvons, tous tant que nous fommes, entre la folitude & la compagnie, entre la compagnie d'un indifférent & celle d'un ami, la liaifon de prefque tous nos plaifirs avec le commerce de nos femblables, & l'influence qu'une fociété préfente ou imaginaire exerce fur eux, décident la queftion.

Sans en croire le fentiment intérieur, la fupériorité des plaifirs qui naiffent des affections fociales fur ceux qui viennent des fenfations, fe reconnoit encore à des fignes extérieurs, & fe manifefte au dehors par des fymptômes merveilleux. On la lit fur les vifages; elle s'y peint en des caracteres indicatifs d'une joie plus vive, plus complette, plus abondante, que celle qui accompagne le foulagement de la faim, de la foif & des plus preffans appetits. Mais l'afcendant actuel de cette efpece d'affection fur les autres, ne permet pas de douter de leur énergie. Lorfque les affections fociales fe font entendre, leur voix fufpend tout autre fentiment, & le refte des panchans garde le filence. L'enchantement des fens n'a rien de comparable: quiconque éprouvera fucceffivement l'une & l'autre volupté, donnera fans balancer la préférence à la premiere. Mais pour prononcer avec équité, il faut les avoir éprouvées dans toute leur *intensité*. L'honnête homme peut connoître toute la vivacité des plaisirs sensuels ; l'usage modéré qu'il en fait, répond de la sensibilité de ses organes & de la délicatesse de son gout: mais le méchant, étranger par son état aux affections sociales, est absolument incapable de juger des plaisirs qu'elles causent. V. PART. §. I.

Objecter que ces affections ne déterminent pas toujours la Créature qui les possede, c'est ne rien dire. Car si la Créature ne les ressent pas dans leur énergie naturelle, c'est comme si elle en étoit actuellement privée, & qu'elle l'eût toujours été. Mais en attendant la démonstration de cette proposition, nous remarquerons que moins une Créature aura d'affection sociale, plus il sera surprenant qu'elle prédomine: toutefois ce prodige n'est pas inouï. Or, si l'affection sociale, telle quelle, a pu dans une occasion surmonter la scélératesse, il reste incontestable que, fortifiée par un exercice assidu, elle auroit toujours prévalu.

Telle est la puissance & le charme de l'affection sociale, qu'elle arrache la Créature à tout autre plaisir. Lorsqu'il est question des intérêts du sang, & dans cent autres occasions, cette passion maitrise souverainement, & sa présence triomphe presque sans effort des tentations les plus séduisantes.

Ceux qui ont fait quelque progrès dans les Sciences, & à qui les premiers principes des Mathématiques ne sont pas inconnus, assurent que l'esprit trouve dans ces vérités, quoique purement spéculatives, une sorte de volupté

V. PART. §. I.

ſupérieure à celle des ſens: or, on a beau creuſer la Nature de ce plaiſir de contemplation, on n'y découvre pas le moindre rapport avec les intérêts particuliers de la Créature. Le bien de ſon ſyſtême individuel eſt ici pour zéro. L'admiration & la joie qu'elle reſſent, tombent ſur des choſes extérieures & étrangeres au Mathématicien; & quoique le ſentiment des premiers plaiſirs qu'il éprouve, & qui lui rendent habituelle l'étude de ces Sciences abſtraites & pénibles, puiſſe devenir en lui une raiſon d'intérêt, ces premieres voluptés, ces ſatisfactions originelles qui l'ont déterminé à ce genre d'occupation, ne peuvent avoir d'autre cauſe que l'amour de la vérité, la beauté de l'ordre & le charme des proportions; & cette paſſion conſidérée dans ce point de vue, eſt du genre des affections naturelles. Car puiſque ſon objet n'eſt point dans l'étendue du ſyſtême individuel de la Créature, il faut ou la traiter d'inutile, de ſuperflue, & conſéquemment d'inclination dénaturée; ou la prenant pour ce qu'elle eſt, l'approuver comme une délectation raiſonnable, engendrée par la contemplation des nombres, de l'harmonie, des proportions & des accords qui ſont obſervés dans la conſtitution des Etres, qui fixent l'ordre des choſes & qui ſoutiennent l'Univers.

Or, ſi ce plaiſir de contemplation eſt ſi grand, que les voluptés corporelles n'ont rien qui l'égale, quel ſera donc celui qui naît de l'exercice de la Vertu, qui ſuit une action héroïque? Car c'eſt alors que pour combler le bonheur de la Créature, une flatteuſe approbation de l'eſprit ſe réunit à des mouvemens du cœur délicieux & preſque divins. En effet, quel plus beau ſujet de réflexions dans l'Univers, quelle plus raviſſante matiere à contempler qu'une action grande, noble & vertueuſe? Eſt-il quelque choſe dont la connoiſſance intérieure & la mémoire puiſſent cauſer une ſatisfaction plus pure, plus douce, plus complette & plus durable?

Dans cette paſſion qui rapproche les ſexes, ſi la tendreſſe du cœur ſe mêle à l'ardeur des ſens, ſi l'amour de la perſonne accompagne celui du plaiſir, quel ſurcroit de délectation! auſſi quelle différence d'énergie entre le ſentiment & l'appetit! Le premier a fait entreprendre des travaux incroyables, & braver la mort même, ſans autre intérêt que celui de l'objet aimé, ſans aucune vue de récompenſe: car où feroit le fondement de cet eſpoir? En ce monde? La mort finit tout. Dans l'autre vie? Je ne connois point de Légiſlateur qui ait ouvert le Ciel aux héros amoureux, & deſtiné des récompenſes à leurs glorieux travaux.

Les ſatisfactions intellectuelles qui naiſſent des affections ſociales, ſont donc ſupérieures aux plaiſirs corporels; mais ce n'eſt pas tout, elles ſont encore indépendantes de la ſanté, de l'aiſance, de la gaieté & de tous les avantages de la fortune & de la proſpérité. Si dans les périls, les craintes, les chagrins, les pertes & les infirmités, on conſerve les affections ſociales, le bonheur eſt en ſûreté. Les coups qui frappent la Vertu, ne détruiſent point le con-

V. PART. §. I.

tentement qui l'accompagne. Je dis plus. C'est une beauté qui a quelque chose de plus doux & de plus touchant dans la tristesse & dans les larmes qu'au milieu des plaisirs. Sa mélancolie a des charmes particuliers: ce n'est que dans l'adversité qu'elle s'abandonne à ces épanchemens si tendres & si consolans. Si l'adversité n'empoisonne point ses douceurs, elle semble accroître sa force & relever son éclat. La Vertu ne paroît avec toute sa splendeur que dans la tempête & sous le nuage; les affections sociales ne montrent toute leur valeur que dans les grandes afflictions. Si ce genre de passions est adroitement remué, comme il arrive à la représentation d'une bonne Tragédie, il n'y a aucun plaisir, à égalité de durée, qu'on puisse comparer à ce plaisir d'illusion. Celui qui sait nous intéresser au destin du Mérite & de la Vertu, nous attendrir sur le sort des bons, & soulever en leur faveur tout ce que nous avons d'humanité; celui-là, dis-je, nous jette dans un ravissement, & nous procure une satisfaction d'esprit & de cœur supérieure à tout ce que les sens ou les appetits causent de plaisirs. Nous conclurrons delà que l'exercice actuel des affections sociales est une source des voluptés intellectuelles.

Démontrons à présent qu'elles dérivent encore de cet exercice, en qualité d'effets.

Nous remarquerons d'abord que le but des affections sociales rélativement à l'esprit, c'est de communiquer aux autres les plaisirs qu'on ressent, de partager ceux dont ils jouissent, & de se flatter de leur estime & de leur approbation.

La ſatisfaction de communiquer ſes plaiſirs, ne peut-être ignorée que d'une Créature affligée d'une dépravation originelle & totale. Je paſſe donc à la ſatisfaction de partager le bonheur des autres, & de le reſſentir avec eux, à ces plaiſirs que nous recueillons de la félicité des Créatures qui nous environnent, ſoit par les récits que nous entendons, ſoit par l'air, les geſtes, & les ſons qui nous en inſtruiſent; ces Créatures, fuſſent-elles d'une eſpece différente, pourvu que les ſignes caractériſtiques de leur joie ſoient à notre portée. Les plaiſirs de participation ſont ſi fréquens & ſi doux, qu'en parcourant de bonne foi tous les quarts d'heure amuſans de la vie, on conviendra que ces plaiſirs en ont rempli la plus grande & la plus délicieuſe partie. V. PART. §. I.

Quant au témoignage qu'on ſe rend à ſoi-même, de mériter l'eſtime & l'amitié de ſes ſemblables, rien ne contribue davantage à la ſatisfaction de l'eſprit & au bonheur de ceux même à qui l'on donne le nom de voluptueux, dans la ſignification la plus vile. Les Créatures qui ſe piquent le moins de bien mériter de leur eſpece, font parade dans l'occaſion d'un caractere droit & moral. Elles ſe complaiſent dans l'idée de valoir quelque choſe. Idée chimérique à la vérité, mais qui les flatte, & qu'elles s'efforcent d'étayer en elles-mêmes, en ſe dérobant, à la faveur de quelques ſervices rendus à un ou deux amis, une conduite pleine d'indignités.

Quel Tyran, quel Voleur de grands chemins, quel infracteur déclaré des loix de la ſociété n'a

V. PART. §. I.

pas un compagnon, une ſociété de gens de ſon eſpece, une troupe de ſcélérats comme lui, dont les ſuccès le réjouiſſent, à qui il fait part de ſes proſpérités; qu'il traite d'amis, & dont il épouſe les intérêts comme les ſiens propres? Quel homme au monde eſt inſenſible aux careſſes & à la louange de ſes connoiſſances intimes? Toutes nos actions n'ont-elles pas quelque rapport à ce tribut? Les applaudiſſemens de l'amitié n'influent-ils pas ſur toute notre conduite? n'en ſommes-nous pas même jaloux pour nos vices; n'entrent-ils pour rien dans la perſpective de l'ambition, dans les fanfaronades de la vanité, dans les profuſions de la ſomptuoſité, & même dans les excès de l'amour deshonnête? En un mot, ſi les plaiſirs ſe calculoient, comme beaucoup d'autres choſes, on pourroit aſſurer que ces deux ſources, la participation au bonheur des autres, & le déſir de leur eſtime, fourniſſent au moins neuf dixiemes de tout ce que nous en goutons dans la vie. De ſorte que de la ſomme entiere de nos joies, il en reſteroit à peine un dixieme qui ne découlât point de l'affection ſociale, & qui ne dépendît pas immédiatement de nos inclinations naturelles. Or les effets ſont proportionnés à leurs cauſes; Le degré des affections ſociales regle celui du contentement & du bonheur qu'elles procurent.

De peur donc qu'on n'attende de quelque portion d'inclination naturelle l'entier & plein effet d'une affection ſincere, complette & vraiment morale; de peur qu'on ne s'imagine qu'une doſe légere d'affection ſociale eſt capable de procurer tous les avantages de la ſociété, & d'initier profondément à la participation au bonheur des autres; nous obſerverons que tout panchant tronqué, que toute inclination rétrécie, ſe bornant ſans ſujet à quelque partie d'un tout qui doit intéreſſer, ſera ſans fondement réel & ſolide. L'amour de ſes ſemblables, ainſi que tout autre panchant dont le bien privé de la Créature n'eſt pas l'objet immédiat, peut-être naturel ou dénaturé: s'il eſt dénaturé, il ne manquera pas de croiſer les vrais intérêts de la ſociété, & conſéquemment d'anéantir les plaiſirs qu'on en peut attendre; s'il eſt naturel, mais concentré, il ſe changera en une paſſion ſinguliere, bizarre, capricieuſe & qui n'eſt d'aucun prix. La Créature qu'il anime n'en a ni plus de Vertu ni plus de Mérite. Ceux pour qui ce vent ſouffle, n'ont aucun gage de ſa durée: il s'eſt élevé ſans raiſon; il peut changer ou ceſſer de même. La viciſſitude continuelle de ces panchans que le caprice fait éclorre, & qui entrainent l'ame de l'amour à l'indifférence & de l'indifférence à l'averſion, doit la tenir dans des troubles interminables, la priver peu à peu du ſentiment des plaiſirs de l'amitié, & la conduire enfin à une haine parfaite du genre humain. Au contraire, l'affection entiere (d'où l'on a fait le nom d'*intégrité*,) comme elle eſt complette en elle-même, réfléchie dans ſon objet & pouſſée à ſa juſte étendue, eſt conſtante, ſolide & durable. Dans ce cas le témoignage que la Créature ſe rend à elle-même, d'une diſpoſition équitable pour les hommes en général, juſtifie ſes inclinations particulieres,

V. PART. §. I.

& ne la rend que plus propre à la participation des plaisirs d'autrui. Mais dans le cas d'une affection mutilée, ce panchant sans ordre, sans fondement raisonnable & sans loi, perd sans cesse à la réflexion; la conscience le desapprouve & le bonheur s'évanouit.

Si l'affection partielle ruine la jouissance des plaisirs de simpathie & de participation, ce n'est pas tout; elle tarit encore la troisieme source des satisfactions intellectuelles; je veux dire, le témoignage qu'on se rend à soi-même de bien mériter de tous ses semblables. Car d'où naitroit ce sentiment présomptueux? Quel mérite solide peut-on se reconnoître? quel droit a-t'on sur l'estime des autres, quand l'affection qu'on a pour eux est si mal fondée? Quelle confiance exiger, lorsque l'inclination est si capricieuse? Qui comptera sur une tendresse qui peche par la base, qui manque de principes? Sur une amitié que la même fantaisie, qui l'a bornée à quelques personnes, à une petite partie du genre humain, peut resserrer encore & exclurre celui qui en jouit actuellement, comme elle en a privé une infinité d'autres qui méritoient de la partager.

D'ailleurs, on ne doit point espérer que ceux dont la Vertu ne dirige ni l'estime ni l'affection, aient le bonheur de placer l'une & l'autre en des sujets qui les méritent. Ils auroient peine à trouver dans la multitude de ces amis de cœur dont ils se vantent, un seul homme dont ils prisassent les sentimens, dont ils chérissent la confiance, sur la tendresse duquel ils osassent jurer, & en qui ils pussent se complaire sincérement. Car on a beau repousser les soupçons, & se flatter de l'attachement de gens incapables d'en former; l'illusion qu'on se fait, ne peut fournir que des plaisirs aussi frivoles qu'elle: quel est donc dans la Société le desavantage de ces gens à passions mutilées? La seconde source des plaisirs intellectuels ne fournit presque rien pour eux.

L'affection entiere jouit de toutes les prérogatives dont l'inclination partielle est privée: elle est constante, uniforme, toujours satisfaite d'elle-même, & toujours satisfaisante. La bienveillance & les applaudissemens des bons lui sont tout aquis; & dans les cas desintéressés, elle obtiendra le même tribut des méchans. C'est d'elle que nous dirons avec vérité, que la satisfaction intérieure de mériter l'amour & l'approbation de toute Société, de toute Créature intelligente, & du principe éternel de toute Intelligence, ne l'abandonne jamais. Or, ce principe une fois admis, le Théisme adopté, les plaisirs qui naitront de l'affection héroïque dont Dieu sera l'objet final, partageront son excellence & seront grands, nobles & parfaits comme lui. Avoir les affections sociales entieres, ou l'intégrité de cœur & d'esprit, c'est suivre pas à pas la Nature, c'est imiter, c'est représenter l'Etre suprême, sous une forme humaine; & c'est en cela que consiste la Justice, la Piété, la Morale & toute la Religion naturelle.

Mais de peur qu'on ne relegue dans l'Ecole ce raisonnement hérissé de phrases & de termes de l'art, & qu'une partie de cet Essai ne

V. PART. §. I.

demeure ſans fondement & ſans fruit pour les gens du monde, eſſayons de démontrer les mêmes vérités d'une façon plus familiere.

Si l'on examine un peu la nature des plaiſirs, ſoit qu'on les obſerve dans la retraite, dans l'étude & dans la contemplation, ſoit qu'on les conſidere dans les réjouiſſances publiques, dans les parties amuſantes, & d'autres divertiſſemens ſemblables, on conviendra qu'ils ſuppoſent eſſentiellement un tempérament libre d'inquiétude, d'aigreur & de dégout; un eſprit tranquile, ſatisfait de lui-même, & capable d'enviſager ſa condition propre ſans chagrin. Mais cette diſpoſition de tempérament & d'eſprit, ſi néceſſaire à la jouiſſance des plaiſirs, eſt une ſuite de l'économie des affections.

Quant au tempérament, nous ſavons par expérience qu'il n'y a point de fortune ſi brillante, de proſpérité ſi ſuivie, d'état ſi parfait que l'inclination & les déſirs ne puiſſent corrompre, & dont l'humeur & les caprices n'épuiſaſſent bientôt les reſſources, & ne reſſentiſſent l'inſuffiſance. Les appetits deſordonnés ſement la vie d'épines. Les paſſions effrénées ſont troublées dans leur cours par une infinité d'obſtacles, quelquefois impoſſibles, mais toujours pénibles à ſurmonter. Les chagrins naiſſent ſous les pas de qui vit au hazard; il en trouve au-dedans, au-dehors, par-tout. Le cœur de certaines Créatures reſſemble à ces enfans mauſſades & maladifs; ils demandent ſans ceſſe, & on a beau leur donner tout ce qu'ils demandent, ils ne finiſſent point de crier. C'eſt un fonds inépuiſable de peines & de de troubles, qu'un dessein pris de satisfaire à toutes les fantaisies qu'il produit. Mais sans ces inconvéniens qui ne sont pas généraux, les lassitudes, la mesaisance, l'embarras des filtrations, l'engorgement des liqueurs, le dérangement des esprits animaux, & toutes ces incommodités accidentelles dont les corps les mieux constitués ne sont pas exempts, ne suffisent-elles pas pour engendrer la mauvaise humeur & le dégout? Et ces vices ne deviendront-ils pas habituels, si l'on n'écarte leur influence, ou si l'on n'arrête leur progrès dans le tempérament? Or, l'exercice des affections sociales est l'émétique du dégout; c'est le seul contre-poison de la mauvaise humeur. Car nous avons remarqué que lorsque la Créature prend son parti & se résoud à guérir de ces maladies de tempérament, elle a recours aux plaisirs de la Société, elle se prête au commerce de ses semblables, & ne trouve de soulagement à sa tristesse & à ses aigreurs, que dans les distractions & les amusemens de la compagnie.

Dans ces dispositions fâcheuses, dira-t'on peut être, la Religion est d'un puissant secours. Sans doute; mais qu'elle espece de Religion? Si sa nature est consolante & benigne; si la dévotion qu'elle inspire est douce, tranquile & gaie; c'est une affection naturelle, qui ne peut-être que salutaire: mais les Ministres en l'altérant, la rendent-ils sombre & farouche; les craintes & l'effroi l'accompagnent-ils; combat-elle la fermeté, le courage & la liberté de l'esprit, c'est entre leurs mains un dangereux to-

V. PART. §. I.

pique, & l'on remarque à la longue que ce précieux remede mal-à-propos administré, est pire que le mal. La considération effrayante de l'étendue de nos devoirs, un examen austere des mortifications qui nous sont prescrites, & la vue des gouffres ouverts pour les infracteurs de la Loi, ne sont pas toujours, & en tout tems, ni pour toutes sortes de personnes indistinctement des objets propres à calmer les agitations de l'esprit. (29) Le tempérament ne peut qu'empirer, & ses aigreurs fermenter & s'accroître par la noirceur de ces réflexions. Si par avis, par crainte ou par besoin, la victime de ces idées mélancoliques cherche quelque diversion à leur obsession; si elle affecte le repos & la joie, qu'importe au fond? Tant qu'elle ne se désistera point de sa pratique, son cœur sera toujours le même; elle n'aura que changé de grimace. Le Tigre est enchaîné pour un moment, ses actions ne décelent pas actuellement sa férocité; mais en est-il plus soumis? Si vous brisez sa chaine, en sera-t'il moins cruel? Non, certes. Qu'a donc opéré la Religion si mal-adroitement présen-

(29) Toute cette Doctrine répond exactement à la conduite de nos Directeurs éclairés, qui savent parfaitement, selon les tempéramens & les dispositions diverses des Fideles, leur présenter un Dieu vengeur ou miséricordieux. Faut-il effrayer un Scélérat? ils ouvrent sous ses pieds les gouffres infernaux. Est-il question de rassurer une ame timorée? c'est un Dieu mourant pour son salut, qu'ils exposent à ses yeux. Une conduite opposée achemineroit l'un à l'impénitence, & l'autre à la folie. (Note du Trad.)

tée? La Créature a le même fonds de tristesse ; ses aigreurs n'en sont que plus abondantes & plus importunes, & ses plaisirs intellectuels que plus languissans & plus rares. Le Chien est donc revenu à son vomissement ; mais plus maladif & plus dépravé.

Si l'on objecte qu'à la vérité dans des conjonctures désespérantes, dans un délabrement d'affaires domestiques, dans un cours inaltérable d'adversités, les chagrins & la mauvaise humeur peuvent saisir & troubler le tempérament ; mais que ce désastre n'est pas à craindre dans l'aisance & la prospérité, & que les commodités journalieres de la vie, & les faveurs habituelles de la fortune, sont une barriere assez puissante contre les attaques que le tempérament peut avoir à soutenir ; nous répondrons que plus la condition d'une Créature est gracieuse, tranquile & douce, plus les moindres contretems, les accidens les plus légers, & les plus frivoles chagrins sont impatientans, desagréables & cuisans pour elle ; que plus elle est indépendante & libre, plus il est aisé de la mécontenter, de l'offenser & de l'irriter, & que par conséquent plus elle a besoin du secours des affections sociales pour se garantir de la férocité. C'est ce que l'exemple des tyrans dont le pouvoir fondé sur le crime, ne se soutient que par la terreur, prouve suffisamment.

Quant à la tranquilité d'esprit ; voici comment on peut se convaincre qu'il n'y a que les affections sociales qui puissent procurer ce bonheur. On conviendra, sans doute, qu'une Créature telle que l'Homme, qui ne parvient

V. PART. §. I.

que par un assez long exercice, à la maturité d'entendement & de raison, a appuyé ou appuie actuellement sur ce qui se passe au-dedans d'elle-même, connoit son caractere, n'ignore point ses sentimens habituels, approuve ou desapprouve sa conduite, & a *jugé* ses affections. On sait encore que, si par elle même elle étoit incapable de cette recherche critique, on ne manque pas dans la Société de gens charitables, tout prêts à l'aider de leurs lumieres; que les faiseurs de remontrances & les donneurs d'avis ne sont pas rares, & qu'on en trouve autant & plus qu'on n'en veut. D'ailleurs, les Maîtres du Monde & les Mignons de la Fortune ne sont pas exempts de cette inspection domestique. Toutes les impostures de la flatterie se réduisent la plupart du tems à leur en familiariser l'usage, & ses faux portraits à les rappeller à ce qu'ils sont en effet. Ajoutez à cela que plus on a de vanité & moins on se perd de vue: l'amour-propre est grand contemplateur de lui-même; mais quand une indifférence parfaite sur ce qu'on peut valoir, rendroit paresseux à s'examiner, les feints égards pour autrui & les désirs inquiets & jaloux de réputation, exposeroient encore assez souvent notre conduite & notre caractere à nos réflexions. D'une ou d'autre façon, toute Créature qui pense, est nécessitée par sa nature à souffrir la vue d'elle-même, & à avoir à chaque instant sous ses yeux les images errantes de ses actions, de sa conduite & de son caractere: ces objets qui lui sont individuellement attachés, qui la suivent par-tout, doivent pasſer & repaſſer ſans ceſſe dans ſon eſprit: or, ſi rien n'eſt plus importun, plus fatiguant & plus fâcheux que leur préſence à celui qui manque d'affections ſociales, rien n'eſt plus ſatisfaiſant, plus agréable & plus doux pour celui qui les a ſoigneuſement conſervées.

Deux choſes qui doivent horriblement tourmenter toute Créature raiſonnable; c'eſt le ſentiment intérieur d'une action injuſte, ou d'une conduite odieuſe à ſes ſemblables; ou le ſouvenir d'une action extravagante, ou d'une conduite préjudiciable à ſes intérêts & à ſon bonheur.

De ces tourmens, c'eſt le premier qu'on appelle proprement en Morale ou Théologie, Conſcience. Craindre un Dieu, ce n'eſt pas avoir pour cela de la Conſcience. Pour s'effrayer des malins eſprits, des ſortileges, des enchantemens, des poſſeſſions, des conjurations & de tous les maux qu'une nature injuſte, méchante & diabolique peut infliger, ce n'eſt pas en être plus conſciencieux. Craindre un Dieu, ſans être ni ſe ſentir coupable de quelque action digne de blâme & de punition; c'eſt l'accuſer d'injuſtice, de méchanceté, de caprice, (30) & par

(30) Cette propoſition ne contredit point l'*omnis homo mendax;* elle ne ſignifie autre choſe que s'il y avoit quelque homme aſſez juſte pour n'avoir aucun reproche à ſe faire, ſes frayeurs ſeroient injurieuſes à la Divinité. Quoiqu'il en ſoit, je demanderois volontiers, ſi les inégalités dans la dévotion peuvent s'accorder avec des notions conſtantes de la Divinité. Si votre Dieu ne change point, pourquoi n'êtes-vous pas ferme dans la même aſſiette d'eſprit? Je ne ſais, dites-vous, s'il me pardonnera les fautes paſſées, & j'en fais tous les jours

V. PART. §. I.

conſéquent, c'eſt craindre un Diable & non pas un Dieu. La crainte de l'Enfer & toutes les terreurs de l'autre monde ne marquent de la Conſcience, que quand elles ſont occaſionnées par un aveu intérieur des crimes que l'on a commis: mais ſi la Créature fait intérieurement cet aveu, à l'inſtant la Conſcience agit, elle indique le châtiment, & la Créature s'en effraie, quoique la Conſcience ne le lui rende pas évident.

La Conſcience religieuſe ſuppoſe donc la Conſcience naturelle & morale. La crainte de Dieu accompagne toujours celle-là; mais elle tire toute ſa force de la connoiſſance du mal commis & de l'injure faite à l'Etre ſuprême, en préſence duquel, ſans égard pour la vénération que nous lui devons, nous avons oſé le commettre. Car la honte d'avoir failli aux yeux d'un Etre ſi reſpectable, doit travailler en nous,

de nouvelles. Etes-vous encore méchant? j'approuve vos allarmes, & je ſuis étonné qu'elles ne ſoient pas continuelles. Mais n'êtes-vous plus injuſte, menteur, fourbe, avare, médiſant, calomniateur? qu'avez-vous donc à craindre? Si quelque ami comblé de vos bienfaits, vous avoit offenſé, la ſincérité de ſon retour vous laiſſeroit-elle des ſentimens de vengeance? Point du tout. Or, celui que vous adorez eſt-il moins bon que vous? votre Dieu eſt-il rancunier? Non... Mais je vois à votre peu de confiance que vous n'avez pas encore une juſte idée de ce qui eſt moralement excellent: vous ne connoiſſez pas ce qui convient ou ne convient pas à un Etre parfait. Vous lui prêtez des défauts dont l'honnête homme tâche de ſe défaire, & dont il ſe défait effectivement à meſure qu'il devient meilleur; & vous riſquez de l'injurier dans l'inſtant même où vous avez deſſein de lui rendre hommage. (Note du Trad.)

même en faiſant abſtraction des notions particulieres de ſa juſtice, de ſa toute-puiſſance, & de la diſtribution future des récompenſes & des châtimens.

V. PART. §. I.

Nous avons dit qu'aucune Créature ne fait le mal méchamment & de propos délibéré, ſans s'avouer intérieurement digne de châtiment; & nous pouvons ajouter en ce ſens que toute Créature ſenſible a de la Conſcience. Ainſi le méchant doit attendre & craindre de tous, ce qu'il reconnoit avoir mérité de chacun en particulier. De la frayeur de Dieu & des hommes, naitront donc les allarmes & les ſoupçons. Mais le terme de Conſcience, emporte quelque choſe de plus dans toute Créature raiſonnable. Il indique une connoiſſance de la laideur des actions puniſſables & une honte ſecrete de les avoir commiſes.

Il n'y a peut-être pas une Créature parfaitement inſenſible à la honte des crimes qu'elle a commis; pas une qui ſe reconnoiſſe intérieurement digne de l'opprobre & de la haine de ſes ſemblables, ſans regret & ſans émotion; (*) pas une qui parcoure ſa turpitude d'un œil indifférent. En tout cas, ſi ce monſtre exiſte, ſans paſſion pour le bien & ſans averſion pour le mal, il ſera d'un côté dénué de toute affection naturelle, & par conſéquent dans une indigence parfaite des plaiſirs intellectuels; de l'autre, il aura tous les panchans dénatu-

(*) Le crime.... eſt le premier Bourreau
Qui dans un ſein coupable enfonce le couteau.

Racin. Poëm. ſur la Relig.

V. PART. §. I. rés dont une Créature peut-être infectée. Manquer de Confcience, ou n'avoir aucun fentiment de la difformité du vice, c'eft donc être fouverainement miférable. Mais avoir de la Confcience & pécher contre elle, c'eft s'expofer même ici bas, comme nous l'avons démontré, aux regrets & à des peines continuelles.

Un homme qui dans un premier mouvement, a le malheur de tuer fon femblable, revient fubitement à la vue de ce qu'il a fait; fa haine fe change en pitié, & fa fureur fe tourne conre lui-même. Tel eft le pouvoir de l'objet. Mais il n'eft pas au bout de fes peines: il ne retrouve pas fa tranquilité en perdant de vue le cadavre: il entre enfuite en agonie; le fang du mort coule derechef à fes yeux: il eft tranfi d'horreur, & le fouvenir cruel de fon action le pourfuit en tout lieu. Mais fi l'on fuppofoit que cet Affaffin a vu expirer fon compagnon fans frémir, & qu'aucun trouble, qu'aucun remords, qu'aucune émotion n'a fuivi le coup, je dirois, ou qu'il ne refte à ce Scélérat aucun fentiment de la difformité du crime, qu'il eft fans affection naturelle, & par conféquent fans paix au-dedans de lui-même, & fans félicité; ou que s'il a quelque notion de beauté morale, c'eft un affemblage capricieux d'idées monftrueufes & contradictoires, un compofé d'opinions fantafques, une ombre défigurée de la Vertu; que ce font des préjugés extravagans qu'il prend pour le grand, l'héroïque & le beau des fentimens: or, que ne fouffre point un homme dans cet état! Le fantôme qu'il idolâtre, n'a point de forme conftante; c'eft un

Prothée d'honneur qu'il ne ſait par où ſaiſir, & dont la pourſuite le jette dans une infinité de perplexités, de travaux & de dangers. Nous avons démontré que la Vertu ſeule, digne en tout tems de notre eſtime & de notre approbation, peut nous procurer des ſatisfactions réelles. Nous avons fait voir que celui, qui, ſéduit par une Religion abſurde, ou entraîné par la force d'un uſage barbare, a proſtitué ſon hommage à des Etres qui n'ont de la Vertu que le nom, doit, ou par l'inconſtance d'une eſtime ſi mal placée, ou par les actions horribles qu'il ſera forcé de commettre, perdre tout amour de la juſtice, & devenir parfaitement miſérable; ou ſi la Conſcience n'eſt pas encore muette, paſſer des ſoupçons aux allarmes, marcher de trouble en trouble, & vivre en déſeſpéré. Il eſt impoſſible qu'un Enthouſiaſte furieux, un Perſécuteur plein de rage, un Meurtrier, un Duéliſte, un Voleur, un Pirate, ou tout autre ennemi des affections ſociales & du genre humain, ſuive quelques principes conſtans, quelques loix invariables dans la diſtribution qu'il fait de ſon eſtime, & dans le jugement qu'il porte des actions. Ainſi plus il attiſe ſon zele, plus il eſt entêté d'honneur, plus il dégrade ſa nature, plus ſon caractere eſt dépravé; plus il prend d'eſtime & s'extaſie d'admiration pour quelque pratique vicieuſe & déteſtable, mais qu'il imagine grande, vertueuſe & belle, plus il s'engage en contradictions, & plus inſupportable de jour en jour lui deviendra ſon état. Car il eſt certain qu'on ne peut affoiblir une inclination naturelle ou for-

V. PART. §. I.

V. PART. §. I.

tifier un panchant dénaturé, ſans altérer l'économie générale des affections. Mais la dépravation du caractere étant toujours proportionnelle à la foibleſſe des affections naturelles & à l'*intenſité* des panchans dénaturés, je conclus que, plus on aura de faux principes d'honneur & de Religion, plus on ſera mécontent de ſoi-même, & plus par conſéquent on ſera miſérable.

Ainſi toutes notions marquées au coin de la ſuperſtition, tout caractere oppoſé à la juſtice & tendant à l'inhumanité; notions chéries, caractere affecté, ſoit par une fauſſe Conſcience, ſoit par un point d'honneur mal-entendu, ne feront qu'irriter cette autre Conſcience honnête & vraie, qui ne nous paſſe rien, auſſi prompte à nous punir de toute action mauvaiſe, par ſes reproches, qu'à nous récompenſer des actes vertueux, par ſon approbation & ſes éloges. Si celui, qui, ſous quelque autorité que ce ſoit, commet un ſeul crime, étoit excuſable de l'avoir commis, il pourroit ſe plonger en ſûreté de Conſcience, dans des abominations telles qu'il ne les imagine peut-être pas ſans horreur, toutes les fois qu'il aura les mêmes garans de ſon obéiſſance. Voilà ce qu'un moment de réflexion ne manquera pas d'apprendre à quiconque entraîné par l'exemple de ſes ſemblables, ou bien effrayé par des ordres ſupérieurs, ſera tenté de prêter ſa main à des actions que ſon cœur deſapprouvera.

Quant au ſouvenir du tort fait aux vrais intérêts & au bonheur préſent par une conduite extravagante & déraiſonnable; c'eſt la ſeconde branche de la Conſcience. Le ſentiment d'une difformité morale contractée par les crimes & par les injuſtices, n'affoiblit, ni ne ſuſpend l'effet de cette importune réflexion; car quand le méchant ne rougiroit pas en lui-même de ſa dépravation, il n'en reconnoitroit pas moins, que par elle il a mérité la haine de Dieu & des Hommes. Mais une Créature dépravée, n'eût-elle pas le moindre ſoupçon de l'exiſtence d'un Etre ſuprême, en conſidérant toutefois que l'inſenſibilité pour le Vice & pour la Vertu ſuppoſe un déſordre complet dans les affections naturelles; déſordre que la diſſimulation la plus profonde ne peut dérober, on conçoit qu'avec ce malheureux caractere, elle n'aura pas grande part dans l'eſtime, l'amitié & la confiance de ſes ſemblables, & que par conſéquent elle aura fait un préjudice conſidérable à ſes intérêts temporels & à ſon bonheur actuel. Qu'on ne diſe pas que la connoiſſance de ce préjudice lui échappera; elle verra tous les jours avec regret & jalouſie les manieres obligeantes, affectueuſes, honorables, dont les honnêtes gens ſe comblent réciproquement. Mais puiſque par-tout où l'affection ſociale eſt éteinte, il y a néceſſairement dépravation, le trouble & les aigreurs doivent accompagner cette conſcience intéreſſée, ou le ſentiment intérieur du tort qu'une conduite fole & dépravée a porté aux vrais intérêts & à la félicité temporelle.

V. PART. §. I.

Par tout ce que nous avons dit, il eſt aiſé de comprendre combien le bonheur dépend de l'économie des affections naturelles. Car ſi la

V. PART. §. I.

meilleure partie de la félicité consiste dans les plaisirs intellectuels, & si les plaisirs intellectuels découlent de l'intégrité des affections sociales, il est évident que quiconque jouit de cette intégrité, possede les sources de la satisfaction intérieure; satisfaction qui fait tout le bonheur de la vie.

Quant aux plaisirs du corps & des sens, c'est bien peu de chose; c'est une foible satisfaction, si les affections sociales ne la relevent & ne l'animent.

Bien vivre, ne signifie chez certaines gens que bien boire & bien manger. Il me semble que c'est faire beaucoup d'honneur à ces Messieurs que de convenir avec eux que vivre ainsi, c'est se presser de vivre; comme si c'étoit se presser de vivre que de prendre des précautions exactes pour ne jouir presque point de la vie. Car si notre calcul est juste, cette sorte de voluptueux glisse sur les grands plaisirs avec une rapidité qui leur permet à peine de les effleurer.

Mais quelque piquans que soient les plaisirs de la table, quelque utile que le palais soit au bonheur, & quelque profonde que soit la science des bons repas, il est à présumer que je ne sais quelle ostentation d'élégance dans la façon d'être servi, & que la gloire d'exceller dans l'art de bien traiter son monde, font dans les gens de plaisir la haute idée qu'ils ont de leurs voluptés; car l'ordonnance des services, l'assortiment des mêts, la richesse du buffet, & l'intelligence du Cuisinier mis à part, le reste ne vaut presque pas la peine d'entrer en ligne de compte, de l'aveu même de ces Epicuriens. V. PART. §. I.

La débauche, qui n'eſt autre choſe qu'un goût trop vif pour les plaiſirs des ſens, emporte avec elle idée de ſociété. Celui qui s'enferme pour s'enivrer, paſſera pour un ſot, mais non pour un débauché. On traitera ſes excès de crapule, mais non de libertinage. Les femmes débauchées; je dis plus, les dernieres des Proſtituées n'ignorent pas combien il importe à leur commerce de perſuader ceux à qui elles livrent ou vendent leurs charmes, que le plaiſir eſt réciproque, & qu'elles n'en reçoivent pas moins qu'elles en donnent. Sans cette imagination qui ſoutient, le reſte ſeroit miſérable, même pour les plus groſſiers libertins.

Y a-t'il quelqu'un, qui ſeul & ſéparé de tout commerce, puiſſe ſe procurer, concevoir même quelque ſatisfaction durable? Quel eſt le plaiſir des ſens capable de tenir contre les ennuis de la ſolitude? Quelque exquis qu'on le ſuppoſe, y a-t'il homme qui ne s'en dégoûte, s'il ne peut s'en rendre la poſſeſſion agréable en le communiquant à un autre? Qu'on faſſe des ſyſtêmes tant qu'on voudra; qu'on affecte pour l'approbation de ſes ſemblables, tout le mépris imaginable; que pour aſſujettir la nature à des principes d'intérêt injurieux & nuiſibles à la Société, on ſe tourmente de toute ſa force; ſes vrais ſentimens éclateront: à travers les chagrins, les troubles & les dégouts, on dévoilera tôt ou tard les ſuites funeſtes de cette violence, le ridicule d'un pareil projet, & le châtiment qui convient à d'auſſi monſtrueux efforts.

V. PART. §. I. Les plaisirs des sens, ainsi que les plaisirs de l'esprit, dépendent donc des affections sociales: où manquent ces inclinations, ils sont sans vigueur & sans force, & quelquefois même ils excitent l'impatience & le dégout: ces sensations, sources fécondes de douceurs & de joie, sans eux ne rendent qu'aigreurs & que mauvaise humeur, & n'apportent que satiété & qu'indifférence. L'inconstance des appetits & la bizarrerie des gouts si remarquables en tous ceux dont le sentiment n'assaisonne pas les plaisirs, en sont des preuves suffisantes. La communication soutient la gayeté, le partage anime l'amour. La passion la plus vive ne tarde pas à s'éteindre, si je ne sais quoi de réciproque, de généreux & de tendre, ne l'entretient: sans cet assaisonnement la plus ravissante beauté seroit bientôt délaissée. Tout amour qui n'a de fondement que dans la jouissance de l'objet aimé, se tourne bientôt en aversion: l'effervescence des désirs commence, & la satiété que suivent les dégouts, acheve de tourmenter ceux qui se livrent aux plaisirs avec emportement. Leurs plus grandes douceurs sont reservées pour ceux qui savent se modérer. Toutefois ils sont les premiers à convenir du vuide qu'ils y trouvent. Les hommes sobres goutent les plaisirs des sens dans toute leur excellence, & ils sont tous d'accord que, sans une forte teinture d'affection sociale, ils ne donnent aucune satisfaction réelle.

Mais avant que de finir cet Article, nous allons remettre pour la derniere fois le panchant social dans la balance, & peser en gros les avantages de l'intégrité & les ſuites fâcheuſes du défaut de poids dans cette affection. V. PART. §. I.

On eſt ſuffiſamment inſtruit des ſoins néceſſaires au bien-être de l'animal, pour ſavoir que ſans l'action, ſans le mouvement & les exercices, le corps languit & ſuccombe ſous les humeurs qui l'oppreſſent; que les nourritures ne font alors qu'augmenter ſon infirmité; que les eſprits qui manquent d'occupation au-dehors, ſe jettent ſur les parties intérieures & les conſument; enfin, que la Nature devient elle-même ſa propre proie & ſe dévore. La ſanté de l'âme demande les mêmes attentions; cette partie de nous-mêmes a des exercices qui lui ſont propres & néceſſaires: ſi vous l'en privez, elle s'appeſantit & ſe détraque. Détournez les affections & les penſées de leurs objets naturels, elles reviendront ſur l'eſprit, & le rempliront de déſordre & de trouble.

Dans les animaux & les autres Créatures, à qui la Nature n'a pas accordé la faculté de penſer dans ce dégré de perfection que l'homme poſſede; telle a du moins été ſa prévoyance, que la quête journaliere de leur vie, leurs occupations domeſtiques, & l'intérêt de leur eſpece conſument tout leur tems, & qu'en ſatisfaiſant à ces fonctions différentes, la paſſion les met toujours dans une agitation proportionnée à leur conſtitution. Qu'on tire ces Créatures de leur état laborieux & naturel, & qu'on les place dans une abondance qui ſatisfaſſe ſans peine & avec profuſion à tous leurs beſoins, leur tempérament ne tardera pas à ſe reſſentir de cette luxurieuſe oiſiveté, & leurs facultés

V. PART. §. I.

à se dépraver dans cette commode inaction. Si on leur accorde la nourriture à meilleur marché que la Nature ne l'avoit entendu, elles rachèteront bien ce petit avantage par la perte de leur sagacité naturelle, & de presque toutes les vertus de leur espece.

Il n'est pas nécessaire de démontrer cet effet par des exemples. Quiconque a la moindre teinture d'histoire naturelle, quiconque n'a pas dédaigné tout-à-fait d'observer la conduite des animaux, & de s'instruire de leur façon de vivre & de conserver leur espece, a dû remarquer, sans sortir du même systême, une grande différence entre l'adresse des animaux sauvages & celle des animaux apprivoisés. On peut dire que ceux-ci ne sont que des bêtes en comparaison de ceux-là. Ils n'ont ni la même industrie, ni le même instinct. Ces qualités seront foibles en eux, tant qu'ils resteront dans un esclavage aisé : mais leur rend-t'on la liberté? rentrent-ils dans la nécessité de pourvoir à leurs besoins? ils recouvrent toutes leurs affections naturelles, & avec elles, toute la sagacité de leur espece. Ils reprennent dans la peine toutes les vertus qu'ils avoient oubliées dans l'aisance; ils s'unissent entr'eux plus étroitement; ils montrent plus de tendresse pour leurs petits; ils prévoient les saisons; ils mettent en usage toutes les ressources que la Nature leur suggere pour la conservation de leur espece, contre l'incommodité des tems & les ruses de leurs ennemis. Enfin, l'occupation & le travail les remettent dans leur bonté naturelle ; & la nonchalance & les autres vices les

les abandonnent avec l'abondance & l'oisiveté. V. PART. §. I.

Entre les Hommes, l'indigence condamne les uns au travail ; tandis que d'autres dans une abondance complette s'engraissent de la peine & de la sueur des premiers.* Si ces opulens ne suppléent par quelque exercice convenable aux fatigues du corps dont ils sont dispensés par état ; si loin de se livrer à quelque fonction honnête par elle-même & profitable à la Société, telles que la littérature, les sciences, les arts, l'agriculture, l'économie domestique, ou les affaires publiques, ils regardent avec mépris toute occupation en général ; s'ils trouvent qu'il est beau de s'ensevelir dans une oisiveté profonde, & de s'assoupir dans une molesse ennemie de toute affaire, il n'est pas possible qu'à la faveur de cette nonchalance habituelle les passions n'exercent tous leurs caprices, & que dans ce sommeil des affections sociales, l'esprit qui conserve toute son activité, ne produise mille monstres divers.

A quel excès la débauche n'est-elle pas portée dans ces villes qui sont depuis longtems le siege de quelque Empire ? Ces endroits peuplés d'une infinité de riches fainéans & d'une multitude d'ignorans illustres, sont plongés dans le dernier débordement. Par-tout ailleurs où les hommes assujettis au travail dès la jeunesse, se font honneur d'exercer dans un âge plus avancé des fonctions utiles à la Société, il n'en est pas ainsi. Les désordres habitans des grandes Villes, des Cours, des Palais, de ces Communautés opulentes de Dervis oiseux, & de

V. PART. §. I.

toute Société dans laquelle la richesse a introduit la fainéantise, sont presque inconnus dans les Provinces éloignées, dans les petites Villes, dans les familles laborieuses, & chez l'espece de peuple qui vit de son industrie.

Mais si nous n'avons rien avancé jusqu'à présent sur notre constitution intérieure qui ne soit dans la vérité; si l'on convient que la Nature a des loix qu'elle observe avec autant d'exactitude dans l'ordonnance de nos affections, que dans la production de nos membres & de nos organes; s'il est démontré que l'exercice est essentiel à la santé de l'ame, & que l'ame n'a point d'exercice plus salutaire que celui des affections sociales; on ne pourra nier que, si ces affections sont paresseuses ou létargiques, la constitution intérieure ne doive souffrir & se déranger. On aura beau faire un art de l'indolence, de l'insensibilité & de l'indifférence, s'enveloper dans une oisiveté systématique & raisonnée, les passions n'en auront que plus de facilité pour forcer leur prison, se mettre en pleine liberté, & semer dans l'esprit le désordre, le trouble & les inquiétudes. Privées de tout emploi naturel & honnête, elles se répandront en actions capricieuses, foles, monstrueuses & dénaturées. La balance qui les tempéroit sera bientôt détruite, & l'architecture intérieure s'écroulera de fond en comble.

Ce seroit avoir des idées bien imparfaites de la méthode que la Nature observe dans l'organisation des animaux, que d'imaginer qu'un aussi grand appui, qu'une colonne aussi considérable dans l'édifice intérieur, que l'est l'écohomie des affections, peut-être abattue ou ébranlée ſans entraîner l'édifice avec elle, ou le menacer d'une ruine totale. V. PART. §. I.

Ceux qui ſeront initiés dans cette architecture morale, y remarqueront un ordre, des parties, des liaiſons, des proportions & un édifice, tel qu'une paſſion ſeule trop étendue ou trop pouſſée affoiblit ou ſurcharge le reſte, & tend à la ruine du Tout. C'eſt ce qui arrive dans le cas de la phréneſie & de l'aliénation. L'eſprit trop violemment affecté d'un objet triſte ou gai, ſuccombe ſous ſon effort, & ſa chute ne prouve que trop bien la néceſſité du contrepoids & de la balance dans les affections. Ils diſtingueront dans les Créatures différens ordres de paſſions, pluſieurs eſpeces d'inclinations, & des panchans variés ſelon la différence des ſexes, des organes & des fonctions de chacune. Ils s'appercevront que, dans chaque ſyſtême, l'énergie & la diverſité des cauſes répondent toujours exactement à la grandeur & à la diverſité des effets à produire, & que la conſtitution & les forces extérieures déterminent abſolument l'économie intérieure des affections. De ſorte que partout où l'excès ou la foibleſſe des affections, l'indolence ou l'impétuoſité des panchans, l'abſence des ſentimens naturels ou la préſence de quelques paſſions étrangeres, caractériſeront deux eſpeces raſſemblées & confondues dans le même individu, il doit y avoir imperfection & déſordre.

Rien de plus propre à confirmer notre ſyſtême, que la comparaiſon des Etres parfaits avec ces Créatures originellement imparfaites, eſtro-

V. PART. §. I.

piées entre les mains de la Nature, & défigurées par quelque accident qu'elles ont essuyé dans la matrice qui les a produites. Nous appellons production monstrueuse, le mélange de deux especes, un composé de deux sexes. Pourquoi donc celui dont la constitution intérieure est défigurée, & dont les affections sont étrangeres à sa nature, ne seroit-il pas un monstre? Un animal ordinaire nous paroît monstrueux & dénaturé, quand il a perdu son instinct, quand il fuit ses semblables, lorsqu'il néglige ses petits & pervertit la destination des talens ou des organes qu'il a reçus. De quel œil devons-nous donc regarder, de quel nom appeller un homme qui manque des affections convenables à l'espece humaine, & qui décele un génie & un caractere contraire à la nature de l'homme?

Mais quel malheur n'est-ce pas pour une Créature destinée à la Société, plus particuliérement qu'aucune autre, d'être dénuée de ces panchans qui la porteroient au bien & à l'intérêt général de son espece? car il faut convenir qu'il n'y en a point de plus ennemie de la solitude que l'homme dans son état naturel. Il est entraîné, malgré qu'il en ait, à rechercher la connoissance, la familiarité & l'estime de ses semblables; telle est en lui la force de l'affection sociale, qu'il n'y a ni résolution, ni combat, ni violence, ni précepte qui le retiennent; il faut ou céder à l'énergie de cette passion, ou tomber dans un abattement affreux & dans une mélancolie qui peut-être mortelle.

L'Homme insociable, ou celui qui s'exile volontairement du monde, & qui rompant tout commerce avec la Société, en abjure entiérement les devoirs, doit être sombre, triste, chagrin & mal constitué. V. PART. §. I.

L'Homme séquestré, ou celui qui est séparé des hommes & de la Société, par accident ou par force, doit éprouver dans son tempérament, de funestes effets de cette séparation. La tristesse & la mauvaise humeur s'engendrent par-tout où l'affection sociale est éteinte ou réprimée: mais a-t'elle occasion d'agir en pleine liberté, & de se manifester dans toute son énergie, elle transporte la Créature. Celui dont on a brisé les liens, qui renait à la lumiere au sortir d'un cachot où il a été long-tems détenu, n'est pas plus heureux dans les premiers momens de sa liberté. Il y a peu de personnes qui n'aient éprouvé la joie dont on est pénétré, lorsqu'après une longue retraite, une absence considérable, on ouvre son esprit, on décharge son cœur, on épanche son ame dans le sein d'un ami.

Cette passion se manifeste encore bien clairement dans les personnes qui remplissent des postes éminens, dans les Princes, dans les Monarques & dans tous ceux que leur condition met au-dessus du commerce ordinaire des hommes, & qui pour se conserver leurs respects, trouvent à propos de leur dérober leur personne, & de laisser entre les hommages & leur trône, une vaste distance. Ils ne (31) sont

(31) Les Potentats Orientaux renfermés dans l'inté-

V. PART. §. I.

pas toujours les mêmes: cette affectation se dément dans le domestique. Ces ténébreux Monarques de l'Orient, ces fiers Sultans, se rapprochent de ceux qui les environnent, se livrent & se communiquent: on remarque, à la vérité, qu'ils ne s'adressent pas ordinairement aux plus honnêtes gens; mais qu'importe à la certitude de nos propositions? Il suffit que, soumis à la commune loi, ils aient besoin de confidens & d'amis. Que des gens sans aucun mérite, que des esclaves, que des hommes tronqués, que les mortels quelquefois les plus vils & les plus méprisables, remplissent ces places d'honneur & soient érigés en favoris; l'énergie de l'affection sociale n'en sera que plus marquée. C'est pour des monstres que ces Princes sont hommes: ils s'inquietent pour eux; c'est avec eux qu'ils se déploient, qu'ils sont ouverts, libres, sinceres & généreux: c'est en leurs mains qu'ils se plaisent quelquefois à déposer leur Sceptre. Plaisir franc & desintéressé,

rieur de leur Serrail, se montrent rarement à leurs Sujets, & jamais qu'avec une suite & un appareil propres à imprimer la terreur. Plongés dans les voluptés, à qui livrent-ils leur confiance? à un Eunuque, ministre de leurs plaisirs, à un flatteur, à un vil Officier que la bassesse de sa naissance ou de son emploi dispense d'avoir des sentimens. Il n'est pas rare de voir un Valet du Serrail passer de dignités en dignités, jusqu'à celle de Visir, devenir le fléau des Peuples, & finir par une mort tragique dans ces révoltes ordinaires à Constantinople, où le Ministre est aussi lâchement abandonné par son Maître & sacrifié à la fureur des rebelles, qu'il en fut aveuglément élevé à une place où l'on ne devroit jamais faire asseoir que le Mérite & la Vertu. (Note du Trad.)

& même en bonne politique, la plupart du tems opposé à leurs vrais intérêts; mais toujours au bonheur de leurs Sujets. C'est dans ces contrées où l'amour des Peuples ne dispose point du Monarque, mais la foiblesse pour quelque vile Créature; c'est dans ces contrées, dis-je, qu'on voit l'étendart de la tyrannie arboré dans toutes ses couleurs: le Prince devient sombre, méfiant & cruel; ses Sujets ressentent l'effet de ces passions, horribles, mais nécessaires supports d'une Couronne environnée de nuages épais & couverte d'une obscurité qui la dérobe éternellement aux yeux, à l'accès & à la tendresse. Il est inutile d'appuyer cette réflexion du témoignage de l'Histoire.

D'où l'on voit quelle est la force de l'affection sociale, à quelle profondeur elle est enracinée dans notre nature, par combien de branches elle est entrelassée avec les autres passions, & jusqu'à quel point elle est nécessaire à l'économie des panchans & à notre félicité.

Il est donc vrai que le grand & principal moyen d'être bien avec soi, c'est d'avoir les affections sociales, & que manquer de ces panchans, c'est être misérable; ce que j'avois à démontrer.

SECTION II.

V. PART. §. II. NOUS avons maintenant à prouver que la violence des affections privées rend la Créature malheureuse.

Pour procéder avec quelque méthode, nous remarquerons d'abord que toutes les passions relatives à l'intérêt particulier & à l'économie privée de la Créature, se réduisent à celles-ci: L'amour de la vie; le ressentiment des injures; l'amour des femmes & des autres plaisirs des sens; le désir des commodités de la vie; l'émulation ou l'amour de la gloire & des applaudissemens; l'indolence ou l'amour des aises & du repos. C'est dans ces panchans relatifs au systême individuel que consistent l'intérêt & l'amour-propre.

Ces affections modérées & retenues dans de certaines bornes, ne sont par elles-mêmes ni injurieuses à la Société, ni contraires à la Vertu morale; c'est leur excès qui les rend vicieuses. Estimer la vie plus qu'elle ne vaut, c'est être lâche. Ressentir trop vivement une injure, c'est être vindicatif. Aimer le sexe & les autres plaisirs des sens, avec excès, c'est être luxurieux. Poursuivre avec avidité les richesses, c'est être avare. S'immoler aveuglément à l'honneur & aux applaudissemens, c'est être ambitieux & vain. Languir dans l'aisance, & s'abandonner sans réserve au repos, c'est être paresseux. Voilà le point où les passions privées deviennent nuisibles au bien général; & c'est aussi dans ce dégré d'*intensité* qu'elles sont pernicieuſes à la Créature elle-même; comme on va voir en les parcourant chacune en particulier.

Si quelque affection privée pouvoit balancer les panchans généraux, ſans préjudicier au bonheur particulier de la Créature, ce ſeroit, ſans contredit, l'amour de la vie. Qui croiroit cependant qu'il n'y en a aucune dont l'excès produiſe de ſi grands déſordres, & ſoit plus fatal à la félicité?

Que la vie ſoit quelquefois un malheur; c'eſt un fait généralement avoué. Quand une Créature en eſt réduite à déſirer ſincérement la mort; c'eſt la traiter avec rigueur que de lui commander de vivre. Dans ces conjonctures, quoique la Religion & la raiſon retiennent le bras, & ne permettent pas de finir ſes maux en terminant ſes jours, s'il ſe préſente quelque honnête & plauſible occaſion de périr, on peut l'embraſſer ſans ſcrupule. C'eſt dans ces circonſtances que les parens & les amis ſe réjouiſſent avec raiſon de la mort d'une perſonne qui leur étoit chere, quoiqu'elle ait eu peut-être la foibleſſe de ſe refuſer au danger, & de prolonger ſon malheur autant qu'il étoit en elle.

Puiſque la néceſſité de vivre eſt quelquefois un malheur; puiſque les infirmités de la vieilleſſe rendent communément la vie importune; puiſqu'à tout âge, c'eſt un bien que la Créature eſt ſujette à ſurfaire & à conſerver à plus haut prix qu'il ne vaut; il eſt évident que l'amour de la vie ou l'horreur de la mort peut l'écarter de ſes vrais intérêts, & la contraindre par ſon excès à devenir la plus cruelle ennemie d'elle-même.

V. PART. §. II.

Mais quand on conviendroit qu'il est de l'intérêt de la Créature de conserver sa vie, dans quelque conjoncture & à quelque prix que ce puisse être, on pourroit encore nier qu'il fût de son bonheur d'avoir cette passion dans un dégré violent. L'excès est capable de l'écarter de son but, & de la rendre inefficace: cela n'a presque pas besoin de preuve. Car quoi de plus commun que d'être conduit par la frayeur dans le péril que l'on fuyoit? que peut faire pour sa défense & pour son salut, celui qui a perdu la tête? Or, il est certain que l'excès de la crainte ôte la présence d'esprit. Dans les grandes & périlleuses occasions, c'est le courage, c'est la fermeté qui sauve. Le brave échape à un danger qu'il voit; mais le lâche sans jugement & sans défense, se hâte vers le précipice que son trouble lui dérobe, & se jette tête baissée dans un malheur qui peut-être ne venoit point à lui.

Quand les suites de cette passion ne seroient pas aussi fâcheuses que nous les avons représentées, il faudroit toujours convenir qu'elle est pernicieuse en elle-même, si c'est un malheur que d'être lâche, & si rien n'est plus triste que d'être agité par ces spectres & ces horreurs qui suivent par-tout ceux qui redoutent la mort. Car ce n'est pas seulement dans les périls & les hazards que cette crainte importune: lorsque le tempérament en est dominé, elle ne fait point de quartier: on frémit dans la retraite la plus assurée; dans le réduit le plus tranquile on s'éveille en sursaut. Tout sert à ses fins; aux yeux qu'elle fascine, tout objet est un monstre: elle agit dans le moment où les autres s'en apperçoivent le moins; elle se fait sentir dans les occasions les plus imprévues; il n'y a point de divertissemens si bien préparés, de parties si délicieuses, de quarts d'heure si voluptueux qu'elle ne puisse déranger, troubler, empoisonner. On pourroit avancer qu'en estimant le bonheur, non par la possession de tous les avantages auxquels il est attaché; mais par la satisfaction intérieure que l'on ressent, rien n'est plus malheureux qu'une Créature lâche & peureuse. Mais si l'on ajoute à tous ces inconvéniens, les foiblesses occasionnées & les bassesses exigées par un amour excessif de la vie; si l'on met en compte toutes ces actions sur lesquelles on ne revient jamais qu'avec chagrin, quand on les a commises, & qu'on ne manque jamais de commettre, quand on est lâche; si l'on considere la triste nécessité de sortir perpétuellement de son assiette naturelle, & de passer de perplexité en perplexité, il n'y aura point de Créature assez vile pour trouver quelque satisfaction à vivre à ce prix. Et quelle satisfaction pourroit-elle y trouver? Après avoir sacrifié la Vertu, l'honneur, la tranquilité & tout ce qui fait le bonheur de la vie.

Un amour excessif de la vie est donc contraire aux intérêts réels & au bonheur de la Créature.

Le ressentiment est une passion fort différente de la crainte; mais qui dans un degré modéré n'est ni moins nécessaire à notre sûreté, ni moins utile à notre conservation. La

V. PART. §. II. crainte nous porte à fuir le danger; le ressentiment nous rassure contre lui, & nous dispose à repousser l'injure qu'on nous fait ou à résister à la violence qu'on nous prépare. Il est vrai que dans un caractere vertueux, que dans une parfaite économie des affections, les mouvemens de la crainte & du ressentiment sont trop foibles pour former des passions. Le brave est circonspect sans avoir peur, & le sage résiste ou punit sans s'irriter. Mais dans les tempéramens ordinaires, la prudence & le courage peuvent s'allier avec une teinture légere d'indignation & de crainte, sans rompre la balance des affections. C'est en ce sens qu'on peut regarder la colere comme une passion nécessaire. C'est elle qui, par les simptômes extérieurs dont ses premiers accès sont accompagnés, fait présumer à quiconque est tenté d'en offenser un autre, que sa conduite ne sera pas impunie, & le détourne par la crainte qu'elle imprime, de ses mauvais desseins. C'est elle qui souleve la Créature outragée & lui conseille les représailles. Plus elle est voisine de la rage & du désespoir, plus elle est terrible. Dans ces extrêmités, elle donne des forces & une intrépidité dont on ne se croyoit pas capable. Quoique le châtiment & le mal d'autrui soient sa fin principale, elle tend aussi à l'intérêt particulier de la Créature, & même au bien général de son espece. Mais seroit-il nécessaire d'exposer combien est funeste à son bonheur, ce qu'on entend communément par colere, soit qu'on la considere comme un mouvement furieux qui transporte la Créature, ou comme une impreſſion profonde qui ſuit l'offenſe, & que le déſir de la vengeance accompagne toujours?

On ne ſera point ſurpris des ſuites affreuſes du reſſentiment & des effets terribles de la colere, ſi l'on conçoit qu'en ſatisfaiſant ces paſſions cruelles, on ſe délivre d'un tourment violent, on ſe décharge d'un poids accablant, & l'on appaiſe un ſentiment importun de miſere. Le vindicatif ſe hâte de noyer toutes ſes peines dans le mal d'autrui: l'accompliſſement de ſes déſirs lui promet un torrent de volupté. Mais qu'eſt-ce que cette volupté? C'eſt le premier quart d'heure d'un Criminel qui ſort de la queſtion; c'eſt la ſuſpenſion ſubite de ſes tourmens, ou le répit qu'il obtient de l'indulgence de ſes Juges, ou plutôt de la laſſitude de ſes Bourreaux. Cette perverſité, ce rafinement d'inhumanité, ces cruautés capricieuſes qu'on remarque dans certaines vengeances, ne ſont autre choſe que les efforts continuels d'un malheureux qui tente de ſe détacher de la roue, c'eſt un aſſouviſſement de rage perpétuellement renouvellé.

Il y a des Créatures en qui cette paſſion s'allume avec peine, & s'éteint plus difficilement encore, quand elle eſt une fois allumée. Dans ces Créatures, l'eſprit de vengeance eſt une furie qui dort; mais qui, quand elle eſt éveillée, ne ſe repoſe point qu'elle ne ſoit ſatisfaite: alors, ſon ſommeil eſt d'autant plus doux que le tourment dont elle s'eſt délivrée, étoit grand, & que le poids dont elle s'eſt déchargée, étoit lourd. Si en langage de galanterie,

V. PART. §. II. la jouissance de l'objet aimé s'appelle avec raison, la fin des peines de l'amant; cette façon de parler convient tout autrement encore au vindicatif. Les peines de l'amour sont agréables & flatteuses; mais celles de la vengeance ne sont que cruelles. Cet état ne se conçoit que comme une profonde misere, une sensation amere dont le fiel n'est tempéré d'aucune douceur.

Quant aux influences de cette passion sur l'esprit & sur le corps, & à ses funestes suites dans les différentes conjonctures de la vie, c'est un détail qui nous meneroit trop loin. D'ailleurs, nos Ministres se sont emparés de ces moralités analogues à la Religion, & nos sacrés Rhéteurs en font retentir depuis si long-tems leurs Chaires & nos Temples, que pour ne rien ajouter à la satiété du genre humain, en anticipant sur leurs droits, nous n'en dirons pas davantage. Aussi-bien, ce qui précede suffit pour démontrer qu'on se rend malheureux en se livrant à la colere, & que l'habitude de ce mouvement est une de ces maladies de tempérament, inséparables du malheur de la Créature.

Passons à la volupté & à ce qu'on appelle les plaisirs. S'il étoit aussi vrai, que nous avons démontré qu'il est faux, que la meilleure partie des joies de la vie consiste dans la satisfaction des sens; si de plus, cette satisfaction est attachée à des objets extérieurs capables de procurer par eux-mêmes, & en tout tems des plaisirs proportionnés à leur quantité & à leur valeur; un moyen infaillible d'être heureux, ce seroit de se pourvoir abondamment de ces choſes précieuſes qui ſont néceſſairement la félicité. Mais qu'on étende tant qu'on voudra l'idée d'une vie délicieuſe, toutes les reſſources de l'opulence ne fourniront jamais à notre eſprit un bonheur uniforme & conſtant. Quelque facilité qu'on ait de multiplier les agrémens, en aquérant tout ce que peut exiger le caprice des ſens; c'eſt autant de bien perdu, ſi quelque vice dans les facultés intérieures ſi quelque défaut dans les diſpoſitions naturelles en altere la jouiſſance.

V. PART. §. II.

On remarque que ceux dont l'intempérance & les excès ont ruiné l'eſtomac, n'en ont pas moins d'appétit; mais c'eſt un appétit faux & qui n'eſt point naturel. Telle eſt la ſoif d'un ivrogne ou d'un fiévreux. Cependant la ſatisfaction de l'appétit naturel; en un mot, le ſoulagement de la ſoif & de la faim, eſt infiniment ſupérieur à la ſenſualité des repas ſuperflus de nos Petrones les plus érudits & de nos plus rafinés voluptueux. C'eſt une différence qu'ils ont eux mêmes quelquefois éprouvée: que ce Peuple Epicurien accoutumé à prévenir l'appétit, ſe trouve forcé par quelque circonſtance particuliere, de l'attendre & de pratiquer la ſobriété; qu'il arrive à ces délicats de ne trouver dans un ſoupé de voyageur ou dans un déjeûné de chaſſe que quelques mêts communs & groſſiers pour ces palais friands, mais aſſaiſonnés par la diette & par l'exercice; après avoir mangé d'appétit, ils conviendront avec franchiſe, que la table la mieux ſervie ne leur a jamais fait tant de plaiſir.

D'un autre côté, il n'eſt pas extraordinaire

V. PART. §. II.

d'entendre des perſonnes qui ont eſſayé d'une vie laborieuſe & pénible, & d'une table ſimple & frugale, regretter dans l'oiſiveté des richeſſes & au milieu des profuſions de la ſomptuoſité, l'appétit & la ſanté dont ils jouiſſoient dans leur premiere condition. Il eſt conſtant qu'en violentant la nature, en forçant l'appétit, & en provoquant les ſens, la délicateſſe des organes ſe perd. Ce défaut corrompt enſuite les mêts les plus exquis, & l'habitude acheve bien-tôt d'ôter aux choſes toute leur excellence. Qu'arrive-t'il delà? que la privation en devient plus cuiſante & la poſſeſſion moins douce. Les nauſées, de toutes les ſenſations les plus diſgracieuſes, ne quittent point les intempérans: une réplétion apoplectique & des ſentations uſées répandent les aigreurs & le dégout ſur tout ce qu'on leur préſente. De ſorte qu'au lieu de l'éternité de délices qu'ils attendoient de leurs ſomptuoſités, ils n'en recueillent qu'infirmités, maladies, inſenſibilité d'organes & inaptitude aux plaiſirs. Tant il eſt faux que vivre en Epicurien, ce ſoit uſer du tems & tirer bon parti de la vie.

Il eſt inutile de s'étendre ſur les ſuites fâcheuſes de la ſomptuoſité: on peut concevoir par ce que nous en avons dit, qu'elle eſt pernicieuſe au corps qu'elle accable d'infirmités, & fatale à l'eſprit qu'elle conduit à la ſtupidité.

Quant à l'intérêt particulier de la Créature, il eſt évident que ce cours effréné de déſirs augmentera ſa dépendance, en multipliant ſes beſoins; qu'elle ne tardera pas à trouver ſes fonds, quelque conſidérables qu'ils ſoient, inſuffiſans pour

pour les dépenſes qu'ils exigeront; que, pour ſatisfaire à cette impérieuſe ſomptuoſité, il en faudra venir aux expédiens, ſacrifier peut-être ſon honneur à l'accroiſſement de ſes revenus, & s'abaiſſer à mille infâmes manœuvres pour augmenter ſa fortune. Mais à quoi bon m'occuper à démontrer le tort que le voluptueux ſe fait à lui-même? Laiſſons-le s'expliquer là-deſſus. (*) Dans l'impoſſibilité de réſiſter au torrent qui l'entraîne, il déclarera en s'y abandonnant, qu'il s'apperçoit bien qu'il court à une ruine certaine. On a tous les jours l'occaſion d'entendre ces diſcours. J'en ai donc aſſez dit pour conclurre que la volupté, la débauche & tout excès ſont contraires aux vrais intérêts & au bonheur préſent de la Créature.

V. PART. §. II.

Il y a une eſpece de luxure d'un ordre fort ſupérieur à celle dont nous avons parlé. La conſervation de l'eſpece eſt ſon but. Dans la rigueur, on ne peut la traiter de paſſion privée. Animée par l'amour & par la tendreſſe, ainſi que toute autre affection ſociale; aux plaiſirs d'eſprit qu'elle eſt en état de procurer comme elles, elle réunit encore l'enchantement des ſens. Telle eſt l'attention de la Nature à l'entretien de chaque ſyſtême, que par une eſpece de beſoin animal, & par je ne ſais quel ſentiment intérieur d'indigence, qu'elle a placé dans les Créatures qui les compoſent, elle convie les ſexes à s'approcher & à s'occuper enſemble

(*) *Nam veræ voces tùm demùm pectore ab imo Eliciuntur.* Lucr.

V. PART. §. II. de la perpétuité de leur espece. Mais est-il de l'intérêt de la Créature d'éprouver cette indigence dans un dégré violent? C'est le point que nous avons à discuter.

Nous en avons assez dit, & sur les appétits naturels, & sur les panchans dénaturés, pour glisser ici sans scrupule sur cet article. Si l'on convient qu'il y a dans la poursuite de tout autre plaisir, une dose d'ardeur qu'on ne peut excéder, sans en altérer la jouissance & sans préjudicier ainsi à ses vrais intérêts, par quelle singularité celui-ci sortiroit-il de la loi générale, & ne reconnoitroit-il point de limites? Nous connoissons d'autres sensations ardentes, & qui, éprouvées dans un certain dégré, sont toujours voluptueuses, mais dont l'excès est une peine insupportable. Tel est le ris que le chatouillement excite: ce mouvement, *avec l'air de famille* & tous les traits du plaisir, n'en est pas moins un tourment. C'est la même chose dans l'espece de luxure dont nous parlons. Il y a des tempéramens pétris de salpêtre & de soufre, dans une fermentation continuelle & d'une chaleur qui produit dans le corps des mouvemens dont la fréquence & la durée constituent une maladie qui a son rang & son nom dans la Médecine. Quand quelques grossiers voluptueux se féliciteroient de cet état, & s'y complairoient, je doute que les délicats, que ceux qui font du plaisir & leur souverain bien & leur étude principale, s'accordassent avec eux sur ce point.

Mais s'il y a dans toute sensation voluptueuse un point où le plaisir finit & la fureur com-

mence ; si la passion a des limites qu'elle ne peut franchir sans nuire aux intérêts de la Créature, qui déterminera ces limites ? qui fixera ce point ? „ La Nature, seule arbitre des cho- V. PART. §. II.
„ ses. Mais où prendre la Nature ?.. „ Où ?
„ dans l'état originel des Créatures, dans l'hom-
„ me dont une éducation vicieuse n'aura point
„ encore altéré les affections.

Celui qui a eu le bonheur d'être plié dès sa jeunesse à un genre de vie naturel, d'être instruit à la sobriété, pourvu d'un talent honnête & garanti des excès & de la débauche, exerce sur ses appétits un pouvoir absolu. Mais ces esclaves, pour être soumis, n'en sont pas moins propres à ses plaisirs : au contraire, sains, vigoureux & pleins d'une force & d'une activité que l'intempérance & l'abus ne leur ont point ôtées, ils n'en remplissent que mieux leurs fonctions. Et si en ne supposant en deux Créatures d'autre différence dans les organes & les sensations, que celle qu'un régime de vie intempérant ou frugal peut y avoir produite, il étoit possible de comparer par expérience la somme des plaisirs de part & d'autre ; je ne doute point que, sans égard pour les suites, en ne mettant en compte que la satisfaction seule des sens, on ne prononçât en faveur de l'homme sobre & vertueux.

Sans s'arrêter aux coups que cette phrénésie porte à la vigueur des membres & à la santé du corps, le tort qu'elle fait à l'esprit est plus grand encore, quoique moins redouté. Une indifférence pour tout avancement, une consommation misérable du tems, l'indolence, la

V. PART. §. II.

molleſſe, la fainéantiſe & la révolte d'une multitude d'autres paſſions que l'eſprit énervé, ſtupide, abruti, n'a ni la force, ni le courage de maitriſer. Voilà les effets palpables de cet excès.

Les deſavantages que cette ſorte d'intempérance fait ſupporter à la ſociété, & les avantages qui reviennent au monde de la ſobriété contraire, ne ſont pas moins évidens. De toutes les paſſions, aucune n'exerce un plus ſévere deſpotiſme ſur ſes eſclaves. Les tributs n'adouciſſent point ſon empire: plus on lui accorde, plus elle exige. La modeſtie & l'ingénuité naturelles, l'honneur & la fidélité ſont ſes premieres victimes. Il n'y a point d'affections déréglées dont les caprices impétueux ſoulevent tant d'orages, & pouſſent la Créature plus directement au malheur.

Quant à cette paſſion qui mérite particuliérement le titre d'intéreſſée; puiſqu'elle a pour but la poſſeſſion des richeſſes, les faveurs de la fortune & ce qu'on appelle un Etat dans le monde: pour être avantageuſe à la ſociété & compatible avec la Vertu, elle ne doit exciter aucun déſir inquiet. L'induſtrie qui fait l'opulence des Familles & la puiſſance des Etats, eſt fille de l'intérêt. Mais ſi l'intérêt domine dans la Créature, ſon bonheur particulier & le bien public en ſouffriront. La miſere qui la rongera, vengera continuellement l'injure faite à la ſociété: car plus cruel encore à lui-même qu'au genre humain, l'avare eſt la propre victime de ſon avarice.

Tout le monde convient que l'avarice & l'avidité sont deux fléaux de la Créature. On sait d'ailleurs que peu de choses suffisent à l'usage & à la subsistance, & que le nombre des besoins seroit court, si l'on permettoit à la frugalité de les réduire, & si l'on s'exerçoit à la tempérance, à la sobriété & à un train de vie naturel, avec la moitié de l'application, des soins & de l'industrie qu'on donne à la luxure & à la somptuosité. Mais si la tempérance est avantageuse; si la modération conspire au bonheur; si les fruits en sont doux, comme nous l'avons démontré plus haut; quelle misere n'entraineront point à leur suite les passions contraires? quel tourment n'éprouvera point une Créature rongée de désirs qui ne connoissent de bornes ni dans leur essence, ni dans la nature de leur objet? Car où s'arrêter? Y a-t'il dans cette immensité de choses qui peuvent exercer la cupidité, un point inaccessible à l'effort & à l'étendue des souhaits? Quelle digue opposer à la maniere d'entasser, à la fureur d'accumuler revenus sur revenus & richesses sur richesses?

V. PART. §. II.

Delà nait dans les avares cette inquiétude que rien n'appaise; jamais enrichis par leurs trésors, & toujours appauvris par leurs désirs, ils ne trouvent aucune satisfaction en ce qu'ils possedent, & sechent, les yeux attachés sur ce qui leur manque. Mais quel contentement réel pourroit éclorre d'un appétit si déréglé? Etre dévoré de la soif d'aquerir soit honneurs, soit richesses; c'est avarice, c'est ambition, ce n'est point en jouir. Mais abandonnons ce vice à la haine & aux déclamations des hommes, chez

V. PART. §. II.

qui avare & miſérable, ſont des mots ſinonimes, & paſſons à l'ambition.

Tout retentit dans le monde des déſordres de cette paſſion. En effet, lorſque l'amour de la louange excede une honnête émulation; quand cet enthouſiaſme franchit les bornes même de la vanité; lorſque le déſir de ſe diſtinguer entre ſes égaux dégénere en un orgueil énorme; il n'y a point de maux que cette paſſion ne puiſſe produire. Si nous conſidérons les prérogatives des caracteres modeſtes & des eſprits tranquiles; ſi nous appuyons ſur le repos, le bonheur & la ſécurité qui n'abandonnent jamais celui qui ſait ſe borner dans ſon état, ſe contenter du rang qu'il occupe dans la ſociété, & ſe prêter à toutes les incommodités inhérentes à ſa condition; rien ne nous paroîtra ni plus raiſonnable, ni plus avantageux que ces diſpoſitions. Je pourrois placer ici l'éloge de la modération, & relever ſon excellence en dévelopant les déſordres & les peines de l'ambition, en expoſant le ridicule & le vuide de l'entêtement des titres, des honneurs, des prééminences, de la renommée, de la gloire, de l'eſtime du vulgaire, des applaudiſſemens populaires, & de tout ce qu'on entend par avantages perſonnels. Mais c'eſt un lieu commun auquel nous avons ſuppléé par la réflexion précédente.

Il eſt impoſſible que le déſir des grandeurs s'éleve dans une ame, devienne impétueux & domine la Créature, ſans qu'elle ſoit en même-tems agitée d'une proportionnelle averſion pour la médiocrité. La voilà donc en proie aux ſoupçons & aux jaloufies, foumife aux appréhenfions d'un contretems ou d'un revers, & expofée aux dangers & à toute la mortification des refus. La paffion defordonnée de la gloire, des emplois & d'un état brillant, anéantit donc tout repos & toute fécurité pour l'avenir, & empoifonne toute fatisfaction & toute commodité préfente. V. PART. §. II.

Aux agitations de l'ambitieux, on oppofe ordinairement l'indolence & fes langueurs : toutefois ce caractere n'exclut ni l'avarice ni l'ambition; mais l'une dort en lui, & l'autre eft fans effet. Cette paffion léthargique eft un amour defordonné du repos qui décourage l'ame, engourdit l'efprit, & rend la Créature incapable d'efforts, en groffiffant à fes yeux les difficultés dont les routes de l'opulence & des honneurs font parfemées. Le panchant au repos & à la tranquilité n'eft ni moins naturel, ni moins utile que l'envie de dormir; mais un affoupiffement continuel ne feroit pas plus funefte au corps qu'une averfion générale pour les affaires le feroit à l'efprit.

Or, que le mouvement foit néceffaire à la fanté, on en peut juger par les tempéramens de l'homme fait à l'exercice, & de celui qui n'en a jamais pris; ou par la conftitution mâle & robufte de ces corps endurcis au travail, & la complexion efféminée de ces automates nourris fur le duvet. Mais la fainéantife ne borne pas fes influences au corps: en dépravant les organes, elle amortit les plaifirs fenfuels: des fens, la corruption fe tranfmet à l'efprit, & c'eft là qu'elle excite bien un autre ra-

V. PART. §. II. vage. Ce n'eſt qu'à la longue que la machine éprouve des effets ſenſibles de l'oiſiveté; mais l'indolence afflige l'ame, tout en l'occupant: elle s'en empare avec les anxiétés, l'accablement, les ennuis, les aigreurs, les dégouts & la mauvaiſe humeur: c'eſt à ces mélancoliques compagnes qu'elle abandonne le tempérament: état dont nous avons parlé & expoſé la miſere, en établiſſant combien l'économie des affections eſt néceſſaire au bonheur.

Nous avons remarqué que dans l'inaction du corps, les eſprits animaux privés de leurs fonctions naturelles, ſe jettent ſur la conſtitution, & détruiſent leurs canaux en exerçant leur activité. Image fidele de ce qui ſe paſſe dans l'ame de l'indolent. Les affections & les penſées détournées de leurs objets, & contraintes dans leur action, s'irritent & engendrent l'aigreur, la mélancolie, les inquiétudes & cent autres peſtes du tempérament. Alors le Phlegme s'exhale, la Créature devient ſenſible, colere, impétueuſe; & dans ces diſpoſitions inflammables, la moindre étincelle ſuffit pour mettre tout en feu.

Quant aux intérêts particuliers de la Créature, que ne riſque-t'elle pas? Etre environnée d'objets & d'affaires qui demandent de l'attention & des ſoins, & ſe trouver dans l'incapacité d'y pourvoir, quel état! quelle foule d'inconvéniens de ne pouvoir s'aider ſoi-même, & de manquer ſouvent de ſecours étrangers! C'eſt le cas de l'indolent qui n'a jamais cultivé perſonne, & à qui les autres ſont d'autant plus néceſſaires, que dans l'ignorance de tous les devoirs de la ſociété où ſon vice l'a retenu, il eſt plus inutile à lui-même. Ce panchant décidé pour la pareſſe, ce mépris du travail, cette oiſiveté raiſonnée eſt donc une ſource intariſſable de chagrins, & par conſéquent un puiſſant obſtacle au bonheur.

V. PART. §. II.

Nous avons parcouru les affections privées, & remarqué les inconvéniens de leur véhémence. Nous avons prouvé que leur excès étoit contraire à la félicité, & qu'elles précipitoient dans une miſere actuelle la Créature qu'elles dépravoient; que leur empire ne s'accroiſſoit jamais qu'aux dépens de notre liberté, & que par leurs vûes étroites & bornées, elles nous expoſoient à contracter ces diſpoſitions viles & ſordides ſi généralement déteſtées. Rien n'eſt donc & plus fâcheux en ſoi, & plus funeſte dans les conſéquences, que de les écouter, que d'en être l'eſclave, & que d'abandonner ſon tempérament à leur diſcrétion, & ſa conduite à leurs conſeils.

D'ailleurs, ce dévouement parfait de la Créature à ſes intérêts particuliers, ſuppoſe une certaine aſtuce dans le commerce, & je ne ſais quoi de fourbe & de diſſimulé dans la conduite & dans les actions: & que deviennent alors la candeur & l'intégrité naturelle? que deviennent la ſincérité, la franchiſe & la droiture? La confiance & la bonne foi s'anéantiſſent; les envies, les ſoupçons & les jalouſies vont ſe multiplier à l'infini; de jour en jour les deſſeins particuliers s'étendront, & les vues générales ſe rétréciront: on rompra inſenſiblement avec ſes ſemblables, & dans cet éloignement de la société, où l'on sera jetté par l'intérêt, ou n'appercevra qu'avec mépris les liens qui nous y tiennent attachés. C'est alors qu'on travaillera à réduire au silence, & bientôt à extirper ces affections importunes qui ne cesseront de crier au fond de l'ame & de rappeller au bien général de l'espece, comme aux vrais intérêts; c'est-à-dire, qu'on s'appliquera de toute sa force à se rendre parfaitement malheureux.

Or, laissant à part les autres accidens que l'excès des affections privées doit occasionner, si leur but est d'anéantir les affections générales, il est évident qu'elles tendent à nous priver de la source de nos plaisirs, & à nous inspirer les panchans monstrueux & dénaturés qui mettroient le sceau à notre misere, comme on verra dans l'Article suivant & dernier.

SECTION III.

Il nous reste à examiner ces passions qui ne tendent ni au bien général, ni à l'intérêt particulier, & qui ne sont ni avantageuses à la Société, ni à la Créature. Nous avons marqué leur opposition aux affections sociales & naturelles, en les nommant panchans superflus & dénaturés.

De cette espece est le plaisir cruel que l'on prend à voir des exécutions, des tourmens, des désastres, des calamités, le sang, le massacre & la destruction: ç'a été la passion dominante de plusieurs Tyrans & de quelques Nations barbares. Les hommes qui ont renoncé à cette politesse de mœurs & de manieres qui prévient la rudesse & la brutalité, & retient dans un certain respect pour le genre humain, y sont un peu sujets. Elle perce encore où manquent la douceur & l'affabilité. Telle est la nature de ce que nous appellons bonne éducation, qu'entre autres défauts elle proscrit absolument l'inhumanité & les plaisirs barbares. Se complaire dans le malheur d'un ennemi; c'est un effet d'animosité, de haine, de crainte ou de quelque autre passion intéressée: mais s'amuser de la gêne & des tourmens d'une Créature indifférente, étrangere ou naturelle, de la même espece ou d'une autre, amie ou ennemie, connue ou inconnue; se repaître curieusement les yeux de son sang, & s'extasier dans ses agonies; cette satisfaction ne suppose aucun intérêt; aussi ce panchant est-il monstrueux, horrible & totalement dénaturé.

V. PART. §. III.

Une teinte affoiblie de cette affection, c'est la satisfaction maligne que l'on trouve dans l'embarras d'autrui; espece de méchanceté brouillonne & folâtre qui consiste à se plaire dans le désordre; disposition qu'on semble cultiver dans les enfans, & qu'en eux on appelle Espiéglerie. (*) Ceux qui connoîtront un peu la nature de cette passion, ne s'étonneront point de ses suites fâcheuses; ils seroient peut-être plus embarrasses à expliquer par quel prodige un enfant exercé entre les mains des femmes à se réjouir dans le désordre & le trouble, perd

(*) *Hæ nugæ in seria ducent mala.* Horat.

V. PART. § III. ce goût dans un âge plus avancé, & ne s'occupe pas à semer la dissension dans sa famille, à engendrer des querelles entre ses amis, & même à exciter des révoltes dans la Société. Mais heureusement cette inclination manque de fondement dans la nature, comme nous l'avons remarqué.

La malice, la malignité ou la mauvaise volonté seront des passions dénaturées, si le désir de mal faire qu'elles inspirent, n'est excité ni par la colere, ni par la jalousie, ni par aucun autre motif d'intérêt.

L'envie qui naît de la prospérité d'une autre Créature, dont les intérêts ne croisent point les nôtres, est une passion de l'espece des précédentes.

Mettez au même nombre la misantropie; espece d'aversion qui a dominé dans quelques personnes: elle agit puissamment chez ceux en qui la mauvaise humeur est habituelle, & qui par une nature mauvaise, aidée d'une plus mauvaise éducation, ont contracté tant de rusticité dans les manieres & de dureté dans les mœurs, que la vue d'un étranger les offense. Le genre humain est à charge à ces atrabilaires; la haine est toujours leur premier mouvement. Cette maladie de tempérament est quelquefois épidémique: elle est ordinaire aux Nations sauvages, & c'est un des principaux caracteres de la barbarie. On peut la regarder comme le revers de cette affection généreuse exercée & connue chez les Anciens sous le nom d'hospitalité; Vertu qui n'étoit proprement qu'un amour général du genre humain qui se manifestoit dans l'affabilité pour les étrangers.

A ces passions ajoutez toutes celles que les superstitions & des usages barbares font éclorre: les actions qu'elles prescrivent sont trop horribles, pour ne pas occasionner le malheur de ceux qui les réverent.

Je nommerois ici les amours dénaturés tant dans l'espece humaine que de celle-ci à une autre, avec la foule d'abominations qui les accompagnent; mais sans souiller ces feuilles de cet infâme détail, il est aisé de juger de ces appétits par les principes que nous avons posés.

Outre ces passions, qui n'ont aucun fondement dans les avantages particuliers de la Créature, & qu'on peut nommer strictement panchans dénaturés, il y en a quelques autres qui tendent à son intérêt, mais d'une façon si démesurée, si injurieuse au genre humain, & si généralement détestée, que les précédentes ne paroissent gueres plus monstrueuses.

Telle est cette ambitieuse arrogance, cette fierté tyrannique qui en veut à toute liberté, & qui regarde toute prospérité d'un œil chagrin & jaloux; telle est cette (32) sombre fureur

(32) On trouve dans la vie de Caligula des exemples presque uniques de cette passion. Jaloux d'immortaliser sa mémoire par de vastes calamités, il envioit à Auguste le bonheur d'une Armée entiere massacrée sous son regne, & à Tibere la chute de l'amphithéâtre sous lequel cinquante mille ames périrent. S'étant avisé à la représentation de quelque Piece de Théâtre, d'applaudir mal-à-propos un Acteur que le Peuple siffla: Ah! si tous ces

V. PART. §. III.

qui s'immoleroit volontiers la Nature entiere; cette noirceur qui se repaît de sang & de cruautés rafinées; cette humeur fâcheuse qui ne cherche qu'à s'exercer, & qui saisit avec acharnement la moindre occasion pour écraser des objets quelquefois dignes de pitié.

Quant à l'ingratitude & à la trahison, ce sont, à proprement parler, des vices purement négatifs: ils ne caractérisent aucun panchant; leur cause est indéterminée; ils dérivent de l'inconsistance & du désordre des affections en général. Lorsque ces tâches sont sensibles dans un caractere; lorsque ces ulceres s'ouvrent sans sujet; quand la Créature favorise par de fréquentes rechutes les progrès de cette gangrene, on peut conjecturer à ces symptômes qu'elle est infectée de quelque levain dénaturé, tel que l'envie, la malignité, la vengeance & les autres.

On peut objecter que ces affections, toutes dénaturées qu'elles sont, ne vont point sans plaisir; & qu'un plaisir quelque inhumain qu'il soit, est toujours un plaisir, fût-il placé dans la vengeance, dans la malignité & dans l'exercice même de la tyrannie. Cette difficulté seroit sans réponse, si, comme dans les joies cruelles & barbares, on ne pouvoit arriver au plaisir qu'en passant par le tourment; mais aimer les hommes, traiter avec humanité, exercer la complaisance, la douceur, la bien-

gosiers, s'écria-t'il, étoient sous une tête! . . . Voilà ce qu'on pourroit appeller le sublime de la cruauté. (Note du Trad.)

veillance, & les autres affections sociales; c'est jouir d'une satisfaction immédiate à l'action & qui n'est payée d'aucune peine antérieure; satisfaction originelle & pure, qui n'est prévenue d'aucune amertume. Au contraire, l'animosité, la haine, la malignité, sont des tourmens réels dont la suspension occasionnée par l'accomplissement du désir, est comptée pour un plaisir. Plus ce moment de relâche est doux, plus il suppose de rigueur dans l'état précédent; plus les peines de corps sont aiguës, plus le patient est sensible aux intervalles de repos: telle est la cessation momentanée des tourmens de l'esprit, pour le scélérat qui ne peut connoître d'autres plaisirs.

Les meilleurs caracteres, les hommes les plus doux ont des momens fâcheux; alors une bagatelle est capable de les irriter. Dans ces orages légers, l'inquiétude & la mauvaise humeur leur ont causé des peines dont ils conviennent tous. Que ne souffrent donc point ces malheureux qui ne connoissent presque pas d'autre état; ces furies, ces ames infernales au fond desquelles le fiel, l'animosité, la rage & la cruauté ne cessent de bouillonner? A quel excès d'impatience ne les portera point un accident imprévu? Que ne ressentiront-ils pas d'un contretems qui surviendra, d'un affront qu'ils essuyeront, & d'une foule d'antipathies cruelles que des offenses journalieres ne cesseront de multiplier en eux? Faut-il s'étonner que dans cet état violent, ils trouvent une satisfaction souveraine à rallentir par le ravage & les désordres, les mouvemens furieux dont ils sont déchirés?

V. PART. §. III. Quant aux ſuites de cet état dénaturé rélativement au bien de la Créature & aux circonſtances ordinaires de la vie, je laiſſe à penſer quelle figure doit faire entre les hommes un monſtre qui n'a plus rien de commun avec eux; quel gout pour la ſociété peut reſter à celui en qui toute affection ſociale eſt éteinte; quelle opinion concevra-t'il des diſpoſitions des autres pour lui, avec le ſentiment de ſes diſpoſitions réciproques pour eux.

Quelle tranquilité, quel repos y a-t-il pour un homme qui ne peut ſe cacher, je ne dis pas, qu'il eſt indigne de l'amour & de l'affection du genre humain, mais qu'il en mérite toute l'averſion? Dans quel effroi de Dieu & des hommes ne vivra-t'il pas? dans quelle mélancolie ne ſera-t'il pas plongé? mélancolie incurable par le défaut d'un ami dans la compagnie duquel il puiſſe s'étourdir, ſur le ſein duquel il puiſſe ſe repoſer: quelque part qu'il aille, de quelque côté qu'il ſe tourne, en quelque endroit qu'il jette les yeux, tout ce qui s'offre à lui, tout ce qu'il voit, tout ce qui l'environne; à ſes côtés, ſur ſa tête, ſous ſes pieds, tout ſe préſente à lui ſous une forme effroyable & menaçante. Séparé de la chaine des Etres, & ſeul contre la Nature entiere, il ne peut qu'imaginer toutes les Créatures réunies par une ligue générale, & prêtes à le traiter en ennemi commun.

Cet homme eſt donc en lui-même, comme dans un déſert affreux & ſauvage où ſa vue ne rencontre que des ruines. S'il eſt dur d'être banni de ſa patrie, exilé dans une terre étrangere,

gere, ou confiné dans une retraite, que sera-ce donc que ce bannissement intérieur & que cet abandon de toute Créature? que ne souffrira point celui qui porte dans son cœur la solitude la plus triste, & qui trouve au centre de la société le plus affreux désert? Etre en guerre perpétuelle avec l'Univers, vivre dans un divorce irréconciliable avec la Nature: quelle condition!

D'où je conclus que la perte des affections naturelles & sociales entraine à sa suite une affreuse misere (33), & que les affections déna-

(33) Je ne crois pas qu'on trouve jamais l'Histoire en contradiction avec cette conclusion de notre Philosophie. Ouvrons les Annales de Tacite, ces fastes de la méchanceté des hommes; parcourons les regnes de Tibere, de Claude, de Caligula, de Néron, de Galba, & le destin rapide de tous leurs Courtisans, & renonçons à nos principes, si dans la foule de ces Scélérats insignes qui déchirerent les entrailles de leur patrie, & dont les fureurs ont ensanglanté toutes les pages, toutes les lignes de cette histoire, nous rencontrons un heureux. Choisissons entre eux tous. Les délices de Caprée nous font-elles envier la condition de Tibere? Remontons à l'origine de sa grandeur, suivons sa fortune, considérons-le dans sa retraite, appuyons sur sa fin; & tout bien examiné, demandons-nous, si nous voudrions être à présent ce qu'il fut autrefois, le tyran de son pays, le meurtrier des siens, l'esclave d'une troupe de prostituées, & le protecteur d'une troupe d'esclaves? . . . Point de milieu, il faut ou accepter le sort de ce Prince, s'il fut heureux, ou conclurre avec son Historien. „ Qu'en sondant l'ame des Tyrans, on y découvre des „ blessures incurables, & que le corps n'est pas déchiré „ plus cruellement dans la torture, que l'esprit des mé„ chans par les reproches continuels du crime. *Si re„ cludantur tyrannorum mentes, posse aspici laniatus & „ ictus; quando ut corpora vulneribus, ita sævitiâ, libidi„ ne, malis consultis animus dilaceretur*". Ce n'est pas

V. Part. §. III.

turées rendent souverainement malheureux. Ce qui me restoit à prouver.

tout. Si l'on parcourt les différens ordres de méchans qui remplissent la distance morale de Séneque à Néron, on distinguera de plus la misere actuelle dans une proportion constante avec la dépravation. Je m'attacherai seulement aux deux extrêmités. Néron fait périr Britannicus son frere, Agrippine sa mere, sa femme Octavie, sa femme Poppée, Antonia sa belle-sœur, le Consul Vestinus, Rufus-Crispinus son beau-fils, & ses instituteurs Séneque, & Burrhus; ajoutez à ces assassinats, une multitude d'autres crimes de toute espece; voilà sa vie. Aussi n'y rencontre-t'on pas un moment de bonheur: on le voit dans d'éternelles horreurs: ses transes vont quelquefois jusqu'à l'aliénation d'esprit; alors il apperçoit le Ténare entr'ouvert, il se croit poursuivi des furies; il ne sait où, ni comment échaper à leurs flambeaux vengeurs; & toutes ces fêtes monstrueusement somptueuses qu'il ordonne, sont moins des amusemens qu'il se procure, que des distractions qu'il cherche. Séneque chargé par état de braver la mort, en présentant à son Pupile les remontrances de la Vertu; le sage Séneque, plus attentif à entasser des richesses qu'à remplir ce périlleux devoir, se contente de faire diversion à la cruauté du Tyran en favorisant sa luxure: il souscrit par un honteux silence à la mort de quelques braves Citoyens qu'il auroit dû défendre: lui-même, présageant sa chute prochaine par celle de ses amis, moins intrépide avec tout son stoïcisme que l'Epicurien Pétrone, ennuyé d'échaper au poison en vivant des fruits de son jardin & de l'eau d'un ruisseau, va misérablement proposer l'échange de ses richesses pour une vie qu'il n'eût pas été fâché de conserver, & qu'il ne put racheter par elles; châtiment digne des soins avec lesquels il les avoit accumulées. On trouvera que je traite ce Philosophe un peu durement: mais il n'est pas possible sur le récit de Tacite, d'en penser plus favorablement; & pour dire ma pensée en deux mots, ni lui ni Burrhus, ne sont pas aussi honnêtes gens qu'on les fait. Voyez l'Historien. (Note du Trad.)

V. PART. §. III.

CONCLUSION.

Nous avons donc établi dans ces deux dernieres Parties ce que nous nous étions proposé. Or, puisqu'en suivant les idées reçues de dépravation & de vice, on ne peut être méchant & dépravé que

1. Par l'absence ou la foiblesse des affections générales.

2. Par la violence des inclinations privées.

3. Ou par la présence des affections dénaturées.

Si ces trois états sont pernicieux à la Créature, & contraires à sa félicité présente, être méchant & dépravé, c'est être malheureux.

Mais toute action vicieuse occasionne le malheur de la Créature proportionnellement à sa malice; donc toute action vicieuse est contraire à ses vrais intérêts: il n'y a que du plus ou du moins.

D'ailleurs, en dévelopant l'effet des affections supposées dans un dégré conforme à la Nature & à la constitution de l'homme, nous avons calculé les biens & les avantages actuels de la Vertu; nous avons estimé par voie d'addition & de soustraction toutes les circonstances qui augmentent ou diminuent la somme de nos plaisirs; & si rien ne s'est soustrait par sa nature, ou n'est échapé par inadvertence à cette Arithmétique morale, nous pouvons nous flatter d'avoir donné à cet essai toute l'évidence des choses géométriques. Car qu'on pousse le Scepticisme si loin qu'on voudra (34); qu'on

(34) „ A quoi bon me prescrire des regles de condui„ te, dira peut-être un Pirrhonien, si je ne suis pas sûr

V. PART. §. III.

aille jusqu'à douter de l'existence des Etres qui nous environnent, on n'en viendra jamais jusqu'à balancer sur ce qui se passe au-dedans de soi même. Nos affections & nos panchans nous sont intimement connus: nous les sentons: ils existent, quels que soient les objets qui les exercent, imaginaires ou réels. La condition de ces Etres est indifférente à la vérité de nos conclusions. Leur certitude est même indépendante de notre état. Que je dorme ou que je veille, j'ai bien raisonné; car qu'importe que ce qui me trouble, soit rêves fâcheux ou passions desordonnées, en suis-je moins troublé? Si par hazard la vie n'est qu'un songe, il sera question de le faire bon; & cela supposé, voilà l'éco-

„ de *la succession de mon existence.* Peut-on me démontrer quelque chose pour l'avenir, sans supposer que je „ continue d'être *moi?* Or, c'est ce que je nie. *Moi* „ qui pense à présent, est-ce *moi* qui pensoit il y a quatre jours? Le souvenir est la seule preuve que j'en „ aie. Mais cent fois, j'ai cru me souvenir de ce que „ je n'avois jamais pensé: *j'ai pris* pour fait constant ce „ que j'avois rêvé: que sais-je encore si j'avois rêvé? „ *Me l'a-t'on dit? d'où cela me vient-il? l'ai-je rêvé?* ce „ sont des discours que je tiens & que j'entens tous les „ jours: quelle certitude ai-je donc de mon *identité?* „ *Je pense, donc je suis.* Cela est vrai. *J'ai pensé, donc* „ *j'étois.* C'est supposer ce qui est en question. *Vous* „ *étiez sans doute, si vous avez pensé*; mais quelle dé„ monstration avez-vous, *que vous ayez pensé?...* aucune, il faut en convenir": cependant on agit, on se pourvoit, comme si rien n'étoit plus vrai: le Pirrhonien même laisse ces subtilités à la porte de l'école & suit le train commun. S'il perd au jeu; il paie comme si c'étoit lui qui eût perdu. Sans avoir plus de foi à ses raisonnemens que lui, je tiendrai donc pour assuré que *j'étois*, que *je suis* & que *je continuerai d'être moi*; & conséquemment qu'il est possible de me démontrer *quel je dois être* pour mon bonheur. (Note du Trad.)

nomie des paſſions qui devient néceſſaire; nous voilà dans la même obligation d'être vertueux, pour rêver à notre aiſe; & nos démonſtrations ſubſiſtent dans toute leur force. V. PART. §. III.

Enfin, nous avons donné, ce me ſemble, toute la certitude poſſible à ce que nous avons avancé ſur la préférence des ſatisfactions de l'eſprit, aux plaiſirs du corps; & de ceux-ci, lorſqu'ils ſont accompagnés d'affections vertueuſes, & goûtés avec modération, à eux-mêmes, lorſqu'on s'y livre avec excès, & qu'ils ne ſont animés d'aucun ſentiment raiſonnable.

Ce que nous avons dit de la conſtitution de l'eſprit & de l'économie des affections, qui forment le caractere & décident du bonheur ou du malheur de la Créature, n'eſt pas moins évident. Nous avons déduit du rapport & de la connexion des parties que dans cette eſpece d'architecture, affoiblir un côté, c'étoit les ébranler tous, & conduire l'édifice à ſa ruine. Nous avons démontré que les paſſions qui rendent l'homme vicieux, étoient pour lui autant de tourmens; que toute action mauvaiſe étoit ſujette aux remords; que la deſtruction des affections ſociales, l'affoibliſſement des plaiſirs intellectuels & la connoiſſance intérieure qu'on n'en mérite point, ſont des ſuites néceſſaires de la dépravation. D'où nous avons conclu que le méchant n'avoit ni en réalité ni en imagination le bonheur d'être aimé des autres, ni celui de partager leurs plaiſirs; c'eſt-à-dire, que la ſource la plus féconde de nos joies étoit fermée pour lui.

Mais ſi telle eſt la condition du méchant; ſi ſon état contraire à la nature, eſt miſérable,

V. PART. §. III.

horrible, accablant, c'eſt donc pécher contre ſes vrais intérêts, & s'acheminer au malheur, que d'enfreindre les principes de la morale. Au contraire, tempérer ſes affections & s'exercer à la Vertu, c'eſt tendre à ſon bien privé, & travailler à ſon bonheur.

C'eſt ainſi que la Sageſſe éternelle qui gouverne cet Univers, a lié l'intérêt particulier de la Créature au bien général de ſon ſyſtême; de ſorte qu'elle ne peut croiſer l'un, ſans s'écarter de l'autre, ni manquer à ſes ſemblables, ſans ſe nuire à elle-même. C'eſt en ce ſens qu'on peut dire de l'homme qu'il eſt ſon plus grand ennemi; puiſque ſon bonheur eſt en ſa main, & qu'il n'en peut être fruſtré qu'en perdant de vue celui de la Société & du Tout dont il eſt partie. La Vertu, la plus attrayante de toutes les beautés, la beauté par excellence, l'ornement & la baſe des affaires humaines, le ſoutien des communautés, le lien du commerce & des amitiés, la félicité des familles, l'honneur des contrées; la Vertu ſans laquelle tout ce qu'il y a de doux, d'agréable, de grand, d'éclatant & de beau, tombe & s'évanouit; la Vertu, cette qualité avantageuſe à toute Société, & plus généralement officieuſe, à tout le genre humain, fait donc auſſi l'intérêt réel & le bonheur préſent de chaque Créature en particulier.

L'Homme ne peut donc être heureux que par la Vertu, & que malheureux ſans elle. La Vertu eſt donc le bien, le Vice eſt donc le mal de la Société & de chaque membre qui la compoſe.

SOLILOQUE

OU

AVIS

A UN AUTEUR,

IMPRIMÉ

POUR LA PREMIERE FOIS

EN L'ANNÉE M DCC X.

——— *Nec te quæsiveris extra.*

PERS. Satyr. I.

SOLILOQUE
OU
AVIS
A UN AUTEUR.

PREMIERE PARTIE.

SECTION I.

J'ai souvent oui dire à des gens sensés que, quant à ce qui regarde la conduite particuliere, *Jamais avis n'avoit corrigé personne*; & cette maxime m'a paru d'abord injurieuse à la Nature Humaine. Mais après l'avoir examinée de plus près, j'ai conclu en moi-même qu'elle pouvoit s'admettre sans faire beaucoup de tort à notre espece; car si l'on fait attention à la maniere dont on donne généralement des avis, il me semble qu'on n'a pas lieu d'être surpris qu'ils soient si mal reçus. Il y a un certain, je ne sais quoi qui change un peu la question, & qui fait que le donneur d'avis est le seul qui gagne. En effet j'ai observé en mille circonstances que ce que l'on appelle *donner un avis*, n'étoit, à proprement parler, que saisir l'occasion d'étaler notre sagesse aux dépens d'un autre; & que de l'autre côté recevoir un avis ou une instruction, n'étoit guere autre chose que fournir à un autre l'occasion de s'élever sur nos défauts.

I. PART. §. I.

Dans la réalité, quelque talent, ou quelque bonne volonté qu'ait un homme pour s'ériger en donneur d'avis, il n'eſt pas facile de faire d'un avis un *don gratuit*: car un don gratuit ſuppoſe que l'on donne ſans rien prendre ou recevoir en retour. En tout autre cas, *donner* & *diſpenſer*, c'eſt généroſité & bienveillance: mais diſtribuer la ſageſſe, c'eſt prendre un ton de maître qu'on a de la peine à ſupporter. Les hommes apprennent volontiers toute autre choſe qu'on leur enſeigne; ils peuvent ſouffrir un Maître de Mathématiques, un Maître de Muſique &c; mais ils ne veulent pas qu'on les forme au bon ſens d'un ton doctoral.

Il eſt preſque impoſſible à un Auteur d'éviter cet air magiſtral; car tous les Auteurs ſont en quelque ſorte des Maîtres d'intelligence pour leur ſiecle; & c'eſt pour cela que les premiers Poëtes furent regardés comme des *Sages* de profeſſion, parce qu'ils dictoient des regles de conduite, & qu'ils formoient les mœurs & le bon-ſens. Comment ont-ils pu perdre leurs prérogatives; c'eſt ce que je ne puis déterminer. Le bonheur & l'avantage particulier de leur état, c'eſt qu'ils ne ſont pas obligés de faire ouvertement parade de leurs droits. Si tandis qu'ils ſe propoſent uniquement de *plaire*, ils donnent indirectement des avis & des inſtructions, ils pourront, comme autrefois, ſe concilier l'eſtime publique, & paſſer avec raiſon pour les meilleurs & les plus honnêtes gens d'entre les Auteurs.

Cependant ſi la préſomption de dicter des loix, & de preſcrire des regles, eſt ſi dangereuſe dans les Auteurs, que ſera-t-elle dans celui qui prétend inſtruire les Auteurs mêmes?

Voici ma réponſe. Mon objet eſt moins de donner des avis, que de conſidérer de la maniere dont il faut s'y prendre pour en donner d'utiles & qui ſoient bien reçus. Toute ma ſcience, ſi j'en ai quelqu'une, n'eſt guere ſupérieure à celle d'un Maître de Langue, ou d'un Logicien; car je me ſuis fortement mis dans la tête, que, par certains tours de gibeciere, on peut impunément jouer le rôle périlleux de donneur d'avis, & avoir le bonheur de réuſſir.

Je traiterai cette matiere comme un cas de Chirurgie: c'eſt la pratique, à ce qu'on dit généralement, qui rend habile. Mais qui voudra me ſervir de ſujet dans cette occaſion? Qui s'offrira de bonne grace à l'épreuve. Voilà la difficulté; car en ſuppoſant que nous euſſions des hôpitaux pour cette *ſorte de Chirurgie*, & des malades dociles qui vouluſſent ſouffrir toutes inciſions quelconques, en un mot ſe livrer aux différentes expériences que nous jugerions à propos de faire; il eſt certain que ce nouvel art en tireroit de grands avantages. Avec le tems on s'inſtruiroit de cette pratique difficile, on ſe formeroit la main; une main groſſiere & peſante ne rempliroit nullement l'objet de cette nouvelle eſpece de Chirurgie; elle exige ſur tout une délicateſſe extrême. Un opérateur qui n'a point d'entrailles n'eſt pas un Chirurgien mais un bourreau. Où trouver un ſujet ſur lequel on puiſſe travailler avec la plus grande délicateſſe, & cependant opérer avec une réſolution & une hardieſſe extrêmes? C'eſt là certainement une choſe qui n'eſt pas facile.

Je conçois qu'il y a, dans tous les projets de quelque importance, un certain air de caprice & d'oſtentation chimérique, qui expoſe un peu leurs Auteurs au ridicule. Je voudrois donc prévenir mon Lecteur contre ce préjugé, en l'aſſurant que dans l'*opération* ſuſdite, il n'y a pas le mot pour rire; ou qu'en tout cas, le perſifflage retombera ſur lui, avec ſon agrément & par ſon imprudence; c'eſt ce qui forme une *ébauche* de l'Art que je me propoſe d'éclaircir.

En conſéquence, ſi l'on objecte, contre la *Pratique* en queſtion, qu'il n'eſt pas poſſible de trouver un malade débonnaire qui ſouffre qu'on le traite librement, & pour lequel on auroit d'ailleurs tous les menagemens poſſibles; je ſoutiens le contraire, j'avance, pour preuve, que *nous pouvons chacun opérer ſur nous-mêmes.* „ Quelle ſubtilité; direz-vous? Qui „ peut ſe partager ainſi en *deux perſonnes*, & „ devenir *ſon propre ſujet*? Qui peut convena„ blement rire de ſoi-même, & déterminer ſon „ cœur à ſe réjouir ou à gronder en pareil „ cas?" Voyez les Poëtes; ils vous en offriront plus d'un exemple. Rien de plus commun chez eux que cette eſpece de *Soliloque*. Un homme d'un profond génie, ou peut-être d'une capacité ordinaire, commet, je ſuppoſe, une faute: il en eſt touché; il ſe rend ſeul ſur la ſcene, & regarde au tour de lui pour voir ſi personne ne l'observe: alors il s'accuse lui-même, & se traite sans pitié. Vous seriez étonné de voir comment il s'examine de près, & jusqu'où il pousse l'anatomie de son cœur. Il forme, par ce *Soliloque*, deux personnes distinctes; il est l'Eleve & le Pédagogue; il enseigne, & il apprend. Sérieusement, si je manquois de raisons pour justifier la Morale de nos Dramatiques modernes, j'opposerois à leurs accusateurs cette pratique, qu'ils ont conservée dans toute sa premiere vigueur; car qu'elle soit *naturelle* ou non relativement à l'usage ordinaire, j'ose soutenir qu'elle est honnête & louable; & que si elle a déja cessé de nous être *naturelle*, nous devons la rendre telle par l'étude & l'application.

„ Faut-il donc aller au Théâtre pour s'édi-
„ fier? Est-ce des Poëtes que nous appren-
„ drons le Cathéchisme? Devons-nous, com-
„ me les Comédiens, publier tout haut les dé-
„ mêlés que nous avons quelquefois avec nous
„ mêmes?" Peut-être pas tout-à-fait; quoique, je ne voie point où seroit le mal, de faire les frais de quelque discours, & *élever la voix contre nous-mêmes*? Nous pourrions, par avanture, être moins bruyans, & nous rendre plus utiles en compagnie, si nous savions *nous parler* à propos de vive voix dans la solitude; car la compagnie excite extrêmement l'imagination; telle qu'une serre chaude, elle est capable de précipiter la naissance de nos idées. Mais par le spécifique préalable du *Soliloque*, on préviendra cet inconvénient.

L'Histoire parle d'un certain peuple, qui

I. PART. §. I. paroît avoir très-bien conçu les effets des discours frivoles, & du vain babil: c'est pourquoi il se détermina à les prévenir efficacement. Il porta si loin l'usage de notre remede, que par une loi de la Religion & de l'Etat, on devoit parler, rire, agir, gesticuler, en un mot faire tout, quand on étoit seul de la même maniere qu'en compagnie. Si vous aviez surpris à l'improviste un homme de cette nation, lorsqu'il se trouvoit seul, vous l'auriez vu disputer, se faire des objections, des reproches, se donner des avis, s'adresser des harangues, en un mot se tenir compagnie avec toute la dignité imaginable. Il y a toute apparence que ce peuple étoit originairement fort babillard & infecté d'orateurs & de sophistes; il devoit être singuliérement sujet à cette maladie, que l'on nomma ensuite la *lépre de l'Eloquence*: mais il s'éleva sans doute un sage Législateur, qui, ne pouvant arrêter la loquacité de ses concitoyens, par quelque topique immédiat, trouva moyen de conjurer cette manie en l'éludant.

Nos mœurs présentes, je l'avoue, ne sont pas assez adaptées à cette méthode du *Soliloque*, pour qu'elle devienne un usage national. Je voudrois seulement me servir un peu de ce *régime* dans certains cas particuliers, & spécialement au sujet des Auteurs. Je sens combien une pareille habitude pourroit être funeste à quantité d'honnêtes gens, s'ils venoient à l'acquérir, ou s'ils pratiquoient cet art à la portée de toute oreille humaine. En effet, nous ne ressemblons guere à ce Romain qui souhaitoit qu'il y eut des fenêtres à ſon cœur, afin qu'il fût auſſi éclairé que ſa maiſon. Je conſeillerois donc à mon Candidat, lors de ſon début, de ſe retirer dans une épaiſſe forêt, ou ſur la cime d'une haute montagne: là, outre l'avantage de n'avoir à craindre aucun indiſcret, il trouveroit peut-être que l'air eſt plus rarefié, & plus analogue à la tranſpiration, ſurtout s'il eſt Poëte.

I. PART. §. I.

Scriptorum chorus omnis amat nemus, & fugit urbes (*).

On remarquera que tous les grands génies ont adopté notre méthode, & qu'ils ſe ſont qualifiés eux-mêmes de gens paſſablement ridicules par leur impitoyable babil avec eux-mêmes, & leur ſilence taciturne en compagnie. Ce n'étoient pas ſeulement les Poëtes & les Philoſophes, mais les Orateurs même, qui ſuivoient notre pratique; & l'on peut prouver que le Prince de ces derniers fréquentoit beaucoup les bois & les bords des rivieres; là, il ſe donnoit carriere; ſon imagination s'exhaloit en liberté; & il domptoit, par un exercice violent, la véhémence de ſon eſprit & de ſa voix. Si les autres Auteurs ne trouvent rien d'attrayant, qui les invite à la retraite, c'eſt la faute de leur génie qui eſt trop foible, ou parce qu'ils craignent de compromettre leur réputation; car j'avoue que ce ſeroit une fâcheuſe avanture pour un homme du bon ton, ſi on le ſurprenoit à agir & à geſticuler comme ces Aſ-

(*) Horat. L. 2. Ep. 2.

I. PART. §. I.

cetiques. Mais pour les Poëtes & les Philosophes, il faut ou faire des vers ou déraisonner.

Aut insanit homo, aut versus facit (*).

Composer & extravaguer, ce sont deux choses qui sont nécessairement à peu près les mêmes. Quant à ceux qui font des systêmes, ou qui s'égarent dans des spéculations chimériques, on les a regardés comme une espece de *Poëtes-Prosateurs*, & l'on n'a pas moins noté leurs exercices secrets :

Murmura cùm secum & rabiosa silentia rodunt (†).

Notre méthode d'évacuation est très-propre à ces personnages. Ils passent pour agir naturellement, & à leur maniere, lorsqu'ils se livrent à ces extravagances : mais on s'attend que les autres Auteurs seront mieux nés ; ils doivent être plus sociables, ce qui n'est pas un petit inconvénient pour eux. En effet si leurs méditations & leurs rêveries sont interrompues par la crainte de ne pas se conformer au ton de la conversation, il peut se faire que plus ils sont *aimables*, plus ils sont *mauvais Auteurs*. L'ardeur de leur imagination est peut-être aussi impétueuse que celle du Poëte ou du Philosophe : mais comme ils n'ont pas la précaution en s'évacuant d'évacuer en secret le superflu d'une abon-

(*) Horat. L. 2. Sat. 7.
(†) Pers. Sat. 3.

abondance qui doit avoir son cours, il ne faut pas être surpris qu'ils n'étalent en public que du jargon & de la crême fouettée. I. PART. §. I.

Le Lecteur observera que les faiseurs de *Mémoires* & d'*Essais* sont principalement sujets à cette maladie; & je ne doute point que ce ne soit la vraie raison, pourquoi ces Messieurs regalent le public avec tant de complaisance de ce qui les regarde personnellement. Comme ils n'ont pas eu d'occasion de s'entretenir avec eux-mêmes, ni d'exercer leur génie pour le bien connoître & en éprouver la force, ils commencent par travailler à contre-sens, & ils exposent sur la scene une *pratique* qu'ils auroient dû se réserver, s'ils eussent voulu que le monde profitât de leurs réflexions, ou qu'ils en devinssent eux mêmes meilleurs. En effet, qui peut souffrir un *Empirique* qui parle de sa propre constitution, qui explique comment il la gouverne, quel régime lui convient le mieux, & de quelle maniere il se traite lui-même? L'Adage est certainement très-juste: *Médecin, gueris-toi toi-même.* Il me semble que ce seroit perdre son tems, que d'assister à ces opérations: le Lecteur ne s'amuse guere davantage lorsqu'il est obligé de suivre le cours d'expériences de son Auteur, qui, dans la réalité, ne fait, à bien dire, que *prendre médecine en public.*

Aussi je trouve qu'il est très-indécent à tout homme quelconque de publier ses *Méditations*, *Réflexions*, *Pensées*, ou tout autre *Exercice*, qui rentre dans la classe de nos *Soliloques*. Le plus modeste titre qu'on pourroit donner à de pareilles productions, seroit celui de *Crudités* dont un certain Auteur qualifia ses rêveries. Le malheur de ces Beaux-Esprits qui conçoivent brusquement, mais sans pouvoir conduire leur ouvrage à terme, c'est qu'après une infinité de fausses couches & d'avortemens, tout ce qu'ils mettent au monde est informe & manqué. Ils ne sont pas moins épris de leurs enfans, qu'ils font pour ainsi dire en public; car ils sont tellement occupés du monde, qu'ils n'ont jamais le tems de penser en secret pour leur propre profit. Aussi, quoiqu'ils soient souvent seuls, ils ne sont jamais avec eux-mêmes: le public leur tient toujours compagnie. ils ne perdent point de vue leur caractere d'Auteur, & ils examinent continuellement comment cette pensée ou cette autre, pourra s'intercaler dans un Volume de Réflexions, ou dans ce précieux Répertoire de Lieux communs d'où sortiront ces richesses qu'on étalera aux yeux du monde indigent.

Mais si nos Auteurs candidats sont de l'*espece sacrée*, on ne sauroit concevoir jusqu'où leur charité est capable de s'étendre. Leur indulgence, leur tendresse pour le genre humain, est si excessive, qu'ils seroient bien fâchés que le monde perdît le moindre trait de leurs pieux exercices. Quoique nous soyons déja innondés d'un si grand nombre de Formulaires & de Rituels, destinés à ce genre de *Soliloques*, ils ne peuvent souffrir que le public ignore le plus petit détail de ce saint commerce entr'eux & leur ame.

On peut appeller ceux-ci une sorte de faux

Ascétiques, qui ne peuvent réellement s'entretenir ni avec eux, ni avec le ciel, puisqu'ils jettent un coup-d'œil détourné sur le monde, & qu'ils affichent les titres & les Editions de leurs pensées. Quoique les Livres de ce genre s'appellent vulgairement de *bons Livres*, il est certain, que leurs Auteurs forment une fâcheuse race; car les *indigestions* de piété sont les pires de toutes. Un *saint* Auteur est celui de tous les hommes, qui fait le moins de cas de la politesse. Il dédaigne de soumettre l'Esprit, dans lequel il écrit, aux regles de la Critique & de la Litterature profane. Il n'est nullement disposé à se juger sévérement lui-même, ou à former son stile sur celui des honnêtes gens, & des bons Ecrivains; il ne connoît d'autres *fautes* que ce qu'il appelle des *péchés*, quoiqu'un homme qui peche contre l'éducation polie & les loix de la décence, ne passe pas pour meilleur Auteur que celui qui peche contre la Grammaire, la Logique ou le bon-sens. Lorsqu'un Ecrivain manque de modération, je doute, quelle que soit la bonté de sa cause, qu'il puisse l'exposer avec avantage aux yeux du public.

I. PART. §. I.

En conséquence, je recommande l'exercice de la *conversation avec soi-même* à toutes personnes quelconques qui écrivent dans le goût des *pieux donneurs d'avis*, & surtout s'ils sont indispensablement obligés de pérorer ou de haranguer dans le même genre; car de s'épancher souvent & avec violence en public, c'est un grand obstacle à mon *exercice particulier*, qui consiste principalement à s'examiner soi-même.

I. PART. §. I. Mais lorſqu'au lieu de cet examen ſecret, l'eſprit ne s'exerce qu'à faire des ſermons ou des homélies qui paſſent ſans objection & ſans contradiction, il doit craindre les indigeſtions, les crudités, des épanchemens de bile ou même certaines *flatuoſités* ou vaines tumeurs, qui à la longue le rendront abſolument incapable de ſupporter mon régime. Il n'eſt pas étonnant que ces Orateurs s'enflent prodigieuſement, & deviennent ridicules, puiſqu'ils prennent le contrepied de ma pratique, qui peut ſeule corriger la ſurabondance d'humeurs, & réprimer les écarts de la vanité & de l'imagination.

Ce qui prouve d'une maniere frappante l'importance de mon ſpécifique, c'eſt l'exemple de ces *grands parleurs* qui s'emparent de toute la converſation dans les cercles, & qui ſont les premiers à bavarder dans les Aſſemblées publiques. Ils ont, pour la plupart, un génie plein de feu, une chaleur merveilleuſe & une imagination bouillante. Mais un principe de notre ſyſtême, c'eſt que ces gens qui parlent beaucoup en public, ne ſe ſont jamais *entretenus avec eux-mêmes*; faute d'avoir uſé, de ces monologues que nous preſcrivons, tout ce qu'ils *évacuent* n'eſt qu'une *vaine écume*. C'eſt bien pis lorſqu'ils ſe hazardent de s'élever juſqu'au rang d'Auteurs: leurs Ecrits ne ſont point ſoutenus par l'extérieur avantageux de leur perſonne; ils ne ſauroient mettre ſur le papier ces airs qu'ils ſe donnent dans la tribune aux harangues; ils ne peuvent y tranſporter ces ſons de voix, cette action, dont ils étayent maintes réflexions informes, & leurs ſentences incohérentes, ou dépece leurs discours; on en controle toutes les parties, & on en examine févérement l'ensemble. Qu'un pauvre Ecrivain doit se juger avec févérité s'il veut être en état de soutenir la critique des autres. Ses pensées ne paroîtront jamais correctes, s'il ne les a revues & rectifiées avec la plus grande attention: en un mot il faut qu'il soit armé de toutes pieces avant que de se présenter à l'ennemi. La chose la plus difficile du monde est d'être *bon penseur*; on n'en viendra jamais à bout, à moins qu'on ne s'examine impitoyablement, & qu'on ne raisonne avec soi-même dans la solitude.

SECTION II.

MAIS rapprochons un peu notre Systême des idées reçues. Je pourrois, à cette occasion, m'engager dans la vaste carriere de l'érudition, pour faire voir l'antiquité de mon sentiment. Je montrerois que *nous avons chacun un* Demon, *un* Génie, *un* Ange, *ou un* Esprit tutelaire, *auquel nous sommes étroitement unis depuis l'instant de notre naissance.* Si cette opinon étoit vraie à la rigueur, elle favoriseroit extrêmement ma doctrine; car on prouveroit alors sans replique qu'en dédaignant la compagnie de cet *hôte divin*, on se rend coupable d'impiété & de sacrilege; c'est en quelque maniere le chasser de notre cœur, que de refuser d'entrer avec lui dans ces entretiens secrets, qui peuvent seuls le mettre en état de nous servir de *guide* & de *conseil.* Mais

I. PART. §. II. il ne feroit pas galant de s'étayer d'une pareille hypothefe. Lorfque le plus fage des Anciens a parlé de fon *Demon familier*, je m'imagine que c'étoit un emblême, & qu'il vouloit feulement dire, „ Que nous avions chacun un malade en nous-mêmes; que nous étions proprement les fujets qu'il falloit traiter, & que nous devenions de bons Médecins, quand, par la vertu d'un recueillement intime, nous pouvions découvrir une certaine duplicité d'ame, & nous partager en deux parties." L'une de ces ames, à ce qu'il fuppofoit, fait auffitôt le rôle d'un grave Pédagogue qui nous inftruit utilement, tandis que l'autre, qui n'a rien en elle-même que de bas & de fervile, fe contente de fuivre & d'obéir.

C'eft pourquoi, plus ce recueillement étoit profond, lorfque l'on s'étoit pour ainfi dire, partagés en deux Etres différens, & plus l'on étoit cenfé avancer dans la vraie fageffe. Voilà, au jugement des Anciens, la feule difpofition intérieure propre à établir cette fubordination qui met l'homme, pour ainfi dire, à l'uniffon de lui-même. Cet important ouvrage paffoit chez eux pour plus faint que toutes les prieres, ou autres vœux qu'on pouvoit former dans les Temples; auffi exhortoient-ils les hommes à s'en acquitter, comme de la meilleure offrande qu'ils puffent faire aux Dieux.

Compofitum jus, fasque animi, fantosque receffus Mentis. . . . . . (*).

(*) Pers. Sat. 2.

Cette fameuse Inscription du Temple de Delphes; *Connois-toi, toi-même*, étoit la même chose que si l'on eut dit: *Divise-toi*, ou *Sois double*; car les Anciens pensoient que si ce partage se faisoit exactement, tout l'intérieur seroit en conséquence bien ordonné & sagement conduit; tant ils comptoient sur l'efficace du *Soliloque*. On regardoit comme la prérogative particuliere des Philosophes & des Sages, de pouvoir toujours s'entretenir avec eux-mêmes. Aussi se vantoient-ils qu'*ils n'étoient jamais moins seuls que quand ils étoient seuls*. Ils pensoient qu'un méchant ne pouvoit jamais se tenir compagnie; non que sa conscience dût toujours le troubler, mais parce qu'il ne s'intéressoit pas assez à lui-même, pour exercer cette généreuse faculté, & se faire un ami intérieur qui le corrigeât & rétablît l'ordre dans son ame. I. PART. §. II.

On s'imagineroit que rien n'est plus aisé que de connoître notre propre esprit, & de discerner quel est notre principal but dans les différentes circonstances de la vie. Mais notre cœur parle en général un langage si obscur, & si couvert, que rien n'est plus difficile que de lui arracher des expressions distinctes: aussi la vraie méthode est-elle de lui donner de la voix & de l'accent; c'est ce que les Philosophes & les Moralistes tâchent de nous faciliter, en nous présentant une espece de miroir *vocal*, en tirant des sons de notre poitrine, & en nous apprenant à faire parler nos pensées de la maniere la plus claire.

Illa sibi introrsum, & sub Lingua immurmurat: ô si Ebullit Patrui præclarum funus! (*)

(*) Ibid.

I. PART. §. II. Un certain ton de plaiſanterie & d'enjouement, qui regne aujourd'hui parmi le beau monde, inſpire à un fils aſſez d'aſſurance pour dire à ſon pere qu'il a vécu trop longtems; & à un époux le privilege de parler de ſa ſeconde femme devant la premiere. Mais que cet homme à la mode, qui traite ſi leſtement les autres, quitte pour un inſtant la compagnie, & à peine oſera-t'il s'avouer à lui-même ſes ſouhaits. Il pourra encore moins ſuivre le fil de ſes réflexions, comme il faut qu'il le faſſe, s'il rentre une fois en lui-même, & s'il s'interroge dans l'intention de ſe connoître familiérement. En effet, ſuppoſons qu'après quelque réſiſtance, il s'apoſtrophe ainſi: „ Dis-moi, mon „ Cœur, ſi j'ai réellement quelque honnêteté, „ & ſi je vaux quelque choſe, ou ſi cet extérieur briliant qui en impoſe ne cache pas au „ fond un miſérable? Suis-je auſſi bon ami, „ auſſi bon patriote, auſſi bon parent, que je „ le parois aux yeux du public, ou que je „ voudrois peut-être me le faire accroire? Ne „ ſerois-je pas réellement bien aiſe de perdre „ tout fâcheux qui s'oppoſe à la moindre de „ mes entrepriſes, quand il ne s'agiroit que „ du plus petit intérêt?.... *Pourquoi pas? Un* „ *intérêt, quelque foible qu'il ſoit eſt toujours un* „ *bien....* Ne ſerois-je donc pas charmé de „ pouſſer mes avantages auſſi loin qu'il ſeroit „ poſſible?.... *Sans doute, pourvu que je fuſſe* „ *ſûr de n'être pas puni....* Mais quelle raiſon „ le plus grand fripon du monde a-t'il pour ne „ pas ſe conduire ſur cette maxime?... *Celle-* „ *là même, & point d'autre....* Ne lui reſſem- „ ble-je donc pas dans le fond?.... *Oui, je*

„ *suis un maître coquin, quoique peut-être plus* I.
„ *poltron que lui, & bien moins parfait dans mon* PART.
„ *espece*.... Si donc l'intérêt me montre cet- §. II.
„ te route, où l'humanité & la compassion
„ voudroient-elles me mener?.... *Tout à re-*
„ *bours*.... Qu'ai-je donc à faire de pareilles
„ foiblesses? Pourquoi sympatiser avec les au-
„ tres? Pourquoi chérir ces idées de *mérite*
„ & d'*honneur*? Qu'ai-je besoin d'un *caracte-*
„ *re*, d'une *postérité*, d'une *réputation*, ou d'un
„ nom?.... Ce ne sont là que de petits scru-
„ pules.... Pourquoi donc trahir ainsi mon
„ *intérêt*, rester *demi-coquin*, & un *sot com-*
„ *plet*?"

Voilà un langage que nous ne saurions absolument tenir avec nous-mêmes, quelque ton railleur que nous prenions avec les autres. Nous pouvons défendre le vice, ou vanter la folie devant le monde. Mais passer à nos propres yeux pour des fous, des enragés ou des misérables; en un mot, nous prouver en face que nous sommes réellement tels, c'est une chose insupportable. Chaque mortel a tant de vénération pour son individu, lorsqu'il s'agit de s'examiner de près, qu'il aimeroit mieux s'avilir en pleine compagnie, que d'entendre en secret de sa propre bouche la description de son caractere; de sorte que nous pouvons conclure que le principal intérêt de l'Ambition, de l'Avarice, de la Corruption & de tout autre vice de ce genre, est d'éluder cette espece d'entrevue, ce *soliloque* familier, qui sont des suites naturelles de la solitude. Le grand artifice du Crime & de la Débauche, aussi bien

I. PART. §. II.

que de la Superſtition & du Bigotiſme, eſt de nous rendre extrêmement formaliſtes avec nous-mêmes, de nous éloigner de notre cœur, & de cette méthode ſalutaire du *Soliloque.* C'eſt pour cela que quelque ſpécieuſe que puiſſe être la doctrine des Formaliſtes, leur ſeule méthode eſt un ſuffiſant obſtacle dans la route de l'honneur & du bon ſens.

Je ſens que, ſi mon Lecteur étoit par avanture du nombre des amans, il pourroit conclure après avoir traité ſa paſſion avec toute la dignité qu'elle exige, qu'il n'eſt pas tout-à-fait neuf dans la pratique dont je parle: ſon cœur lui rappelleroit toutes les excurſions qu'il a faites dans ces lieux ſolitaires, dont j'ai parlé plus haut, & où le *Soliloque* ſe ſoutient avec le plus d'avantage. Il ſe ſouviendroit peut-être des diſcours qu'il a adreſſés aux bois & aux rochers, & des reproches qu'il s'eſt faits à lui-même, comme s'il fût réellement devenu *double.* Au reſte, il y a toute apparence que quoique tout ceci ſoit vrai en ſoi-même, on ne peut l'appliquer au cas dont il s'agit; car un amant paſſionné, quoiqu'il s'enfonce dans la ſolitude, n'eſt jamais, à bien dire, ſeul avec lui-même. Il reſſemble à un Auteur qui a commencé à cajoler le public, & qui eſt embarqué dans une intrigue qui l'amuſe ſuffiſamment, & l'éloigne de lui-même. Quelles que ſoient ſes méditations ſolitaires, elles ſont toujours interrompues par l'image de la maîtreſſe de ſon cœur. Il ne lui échappe pas une ſeule penſée, une ſeule expreſſion, un ſeul ſoupir qui ſoit uniquement pour lui. Tout ſe rapporte & s'adresse à l'objet de sa passion, de sorte qu'il n'est aucun incident si trivial de ce genre, dont il ne desire de rendre témoin celle dont il sollicite la faveur.

I. PART. §. II.

C'est par la même raison qu'un saint Visionnaire, ou un *Mystique* est incapable de goûter notre exercice. Au lieu de se borner à la connoissance de sa nature & de son esprit, il s'égare dans la contemplation d'autres Essences mystérieuses, qu'il ne peut jamais expliquer ni comprendre. Il a toujours les fantômes de son zele devant les yeux : il est aussi familier avec les Modes, Essences, Personnes & apparitions de la Divinité, qu'un Magicien avec les formes, les especes & les différens ordres de *Génies* ou de *Démons*. C'est pourquoi j'assure hardiment que jamais Reclus, ou Hermite, ne fut vraiment seul avec lui-même. Ainsi donc, puisque ni l'Amant, ni l'Auteur, ni le Mystique, ni le Magicien (qui sont les seuls prétendans) ne peuvent être censés s'occuper réellement avec eux-mêmes, il ne reste que l'Homme de sens, le Sage, ou le Philosophe, qui soit dans ce cas. Cependant, comme entre tous les caracteres, on préfere généralement de favoriser un Amant, on nous permettra, à ce que j'espere, de raconter l'Histoire d'un Amour.

Un jeune Prince vertueux, dont l'ame noble étoit susceptible d'amour & d'amitié, fit la guerre à un Tyran qui étoit, à tous égards, son contraste. Notre Prince avoit le bonheur & l'avantage de faire autant de conquêtes par sa clémence & sa bonté, que par ses armes &

I. PART. §. II.

ses talens militaires. Il avoit déja attiré à son parti nombre de grands & de Seigneurs, auparavant sujets du Tyran. Entre ceux qui restoient attachés à l'ennemi, il y avoit un Prince aussi distingué par son mérite que par les avantages de sa personne, & que la plus belle Princesse de l'univers venoit de rendre heureux en lui donnant son cœur & sa main. La circonstance de la guerre l'arracha d'entre les bras de sa tendre épouse, & il crut la mettre en sureté dans un Château situé fort avant dans le pays: mais dans son absence, il fut forcé par surprise, & la Princesse fut amenée au quartier de notre jeune Héros.

Il y avoit dans le camp un jeune Seigneur, favori du Prince, avec qui il avoit été élevé. Comme notre Héros vivoit familiérement avec lui, il le fit appeller, & commit à sa garde l'illustre Captive, en lui ordonnant de la traiter avec tout le respect qui étoit dû à son rang & à son mérite. C'étoit le même Seigneur qui l'avoit découverte parmi les prisonniers, malgré son déguisement, & qui avoit appris ses avantures, qu'il raconta alors en détail à son Prince. Il en parloit avec transport, & vantoit l'éclat de sa beauté; quoiqu'elle fût en proie à ses chagrins, & déguisée sous les vêtemens les plus vils, son air & ses manieres l'avoient aussitôt fait reconnoître, parmi les autres belles captives. Mais ce qui parut étrange au jeune favori, c'est que le Prince, pendant toute sa narration, ne témoigna pas la moindre envie de voir la Dame, ou de satisfaire cette curiosité qui semble si naturelle en pareille occaſion. Il le preſſa, mais ſans ſuccès. *Quoi, Seigneur, ne pas la voir!* s'écria-t'il dans ſon raviſſement, *ne pas contempler la plus belle femme que vous ayez jamais vue!* I. PART. §. II.

„ C'eſt pour cela même, répliqua le Prince, „ que je voudrois éviter de la voir: car ſi le „ ſimple récit de ſa beauté m'enchantoit aſſez „ pour me porter à lui faire une viſite dans la „ circonſtance préſente, où je ſuis accablé „ d'affaires, je devrois craindre qu'à plus for- „ te raiſon je ne vouluſſe la voir lorſque j'au- „ rois plus de loiſir; & je craindrois que bien- „ tôt mon amour ne m'empêchât de remplir „ mes devoirs.

„ Voudriez-vous donc me perſuader, Sei- „ gneur, répliqua le Favori en ſouriant, qu'un „ beau viſage ait aſſez de pouvoir pour forcer „ la *volonté* même, & contraindre un homme „ à agir d'une maniere qu'il juge indigne de „ lui? En croirons-nous les Poëtes dans ce „ qu'ils nous rapportent de l'Amour, & de ſes „ feux irréſiſtibles. Nous voyons qu'un feu „ réel brûle tout ſans diſtinction: mais cette „ flamme imaginaire qu'inſpire la beauté, n'at- „ taque que ceux qui le veulent bien. Elle ne „ nous affecte qu'autant que nous la laiſſons „ faire. Nous lui commandons abſolument en „ pluſieurs cas, lorſque les liens du ſang, par „ exemple, nous défendent de la ſentir. Nous „ obſervons qu'en pareil cas, l'autorité & la „ loi peuvent la dompter. Mais il ſeroit auſſi „ vain qu'injuſte que quelque loi ſe mêlât de „ l'interdire, lorſque notre volonté eſt entié- „ rement libre.

„ Comment arrive-t'il donc, reprit le Prin„ ce, qu'étant ainsi maîtres de notre choix, & „ libres d'admirer & d'aimer ce que nous ap„ prouvons à la premiere vue, nous ne puis„ sions ensuite cesser d'aimer quand nous „ voyons l'objet de cette passion? Vous au„ rez de la peine à défendre votre systême „ dans ce dernier cas; car vous n'ignorez pas „ sans doute que bien des gens qui mettoient „ leur liberté au plus haut prix avant qu'ils ai„ massent, ont été ensuite obligés de servir „ de la maniere la plus basse, parce qu'ils se „ trouvoient engagés dans des nœuds plus „ forts que le fer, ou le diamant.

„ J'ai souvent entendu les plaintes de ces „ *malheureux*, dit le jeune homme: si vous „ voulez les croire, ils sont en effet bien à „ plaindre: leur mal est sans remede. La vie „ leur est fort insupportable: mais quoiqu'il y „ ait bien des portes pour en sortir, ils jugent „ cependant à propos d'y rester. Ce sont ces „ personnages, qui, en vertu de leur jargon „ de *nécessité irrésistible*, usent librement des „ femmes des autres; la Loi les punit comme „ violateurs du droit de propriété; & vous „ n'avez pas coutume, Seigneur, de pardon„ ner de telles offenses. Convenez donc que „ la Beauté est innocente & incapable de nui„ re; elle ne peut forcer personne à s'écarter „ de ses devoirs. Les Débauchés se tentent „ eux-mêmes, & rejettent injustement leur „ crime sur l'amour. Ceux qui sont honnêtes „ & justes peuvent admirer & aimer tout ce „ qui est beau, sans jamais aller au de-là de

„ ce qui eſt permis. Comment ſe peut-il donc, „ Seigneur, qu'un Prince auſſi vertueux que „ vous s'inquiete à ce ſujet, ou craigne une „ pareille tentation? Vous voyez que je ſuis „ libre & le même après avoir vu la Princeſſe. „ J'ai converſé avec elle: j'ai conçu pour elle „ la plus vive admiration. Cependant je ſuis „ toujours moi-même, & occupé de mes de- „ voirs; en un mot je ſerai toujours à vos or- „ dres, ſans que l'amour puiſſe me faire faire „ un faux pas. I. Part. §. II.

„ Fort bien, interrompit le Prince: conſer- „ vez cette liberté; ſoyez conſtamment le mê- „ me homme, & acquittez-vous de votre *char-* „ *ge*, d'une maniere digne de vous; car il „ pourroit arriver, dans la ſituation actuelle „ de nos affaires, que cette belle captive nous „ fût utile."

A ces mots le jeune Courtiſan quitta le Prince pour remplir ſa commiſſion; & dès ce moment il prit tant de ſoin de l'illuſtre priſonniere & de toute ſa ſuite, qu'elle paroîſſoit autant obéie, & ſervie avec autant d'éclat que dans le palais de ſon époux. Bientôt il ſentit qu'elle méritoit tous ces égards, & il diſcerna chez elle une beauté d'ame qui l'emportoit ſur tous ces autres agrémens. L'empreſſement qu'il avoit à l'obliger, & à adoucir ſes chagrins, arracha à la Princeſſe des ſentimens de reconnoiſſance, qu'elle tâchoit de lui témoigner, & dont il s'apperçut aiſément. Elle s'intéreſſoit en toute occaſion à ce qui le regardoit, & quand il avoit quelque indiſpoſition, elle lui marquoit tant de zele & de ſoins, qu'il paroiſ-

I. PART. §. II.

soit devoir le retour de sa santé à l'amitié de la belle captive.

Tels furent les commencemens d'une passion qui ne connut point de bornes; Notre jeune Courtisan devint insensiblement & par dégrés éperdûment amoureux. Il se proposoit d'abord de ne pas laisser échapper ce tendre secret, & de n'en pas toucher le moindre mot à la Princesse; car à peine se l'osoit-il avouer *à lui-même*: mais il s'enhardit dans la suite. Elle en ressentit une peine extrême & sincere: elle trembla, dès le début de sa déclaration; elle tenta de le guérir: tout fut inutile. Mais lorsqu'il parla de lui faire violence, elle envoya aussitôt un domestique fidele au Prince pour réclamer sa protection. Le Prince apprit cette nouvelle avec un vif intérêt, & ayant fait appeller un de ses Ministres, il lui ordonna d'aller trouver ce jeune téméraire, & de lui dire qu'il lui défendoit la violence, mais qu'il pouvoit user de la voie honnête de la persuasion.

Le Ministre, qui n'aimoit pas le favori, passa les ordres de son Roi; il éclata publiquement en reproches: il traita le jeune amant de *Traitre & d'opprobre de la Nation*; il l'accusa de perfidie & de sacrilege, de sorte que ce jeune Seigneur regardant son avanture comme une affaire très-grave, tomba dans la plus profonde mélancolie, & se prépara au triste sort qu'il sentoit avoir mérité.

Dans ces entrefaites, le Prince le manda pour lui parler seul à seul, & quand il le vit accablé de confusion: „ Je trouve, mon Ami, lui „ dit-il, que je suis actuellement bien terrible

à vos

„ à vos yeux, puisque vous ne pouvez me re-
„ garder sans rougir, & que vous me croyez
„ plein de ressentiment. Mais quittez ces
„ pensées qui vous déchirent. Je sais com-
„ bien vous avez souffert dans cette circon-
„ stance. Je connois le pouvoir de l'Amour,
„ & je ne puis y échapper moi-même qu'en
„ évitant la rencontre d'une Beauté. C'est
„ moi, qui ai tort; c'est moi, qui vous ai im-
„ prudemment livré à un combat inégal avec
„ une telle adversaire; je vous ai chargé d'une
„ commission au dessus de vos forces: je vous
„ ai exposé à une avanture si difficile que per-
„ sonne n'a pu encore s'en tirer avec hon-
„ neur.

„ Seigneur, repliqua le favori, vous me
„ donnez de nouvelles preuves de cette bon-
„ té d'ame qui vous est si naturelle. Vous êtes
„ compatissant, & vous plaignez la fragilité
„ humaine: mais le reste du genre humain ne
„ cessera jamais de m'accuser. Quand même
„ je pourrois me pardonner, on ne me par-
„ donnera jamais: mes plus intimes amis me
„ condamnent; je serai odieux à tous les hom-
„ mes qui me connoîtront, & le moindre châ-
„ timent que vous deviez à mon crime, est un
„ exil éternel.

„ Ne pensez pas à vous éloigner *pour tou-*
„ *jours*, reprit le Prince; mais rapportez-vous
„ en à moi. Si vous voulez vous retirer seu-
„ lement *pour un tems*, je ferai ensorte que vous
„ reveniez bientôt avec l'applaudissement de
„ ceux-même qui sont aujourd'hui vos enne-
„ mis, quand ils auront été témoins du servi-

I. PART. §. II.

„ ce considérable que vous nous rendrez, à eux „ comme à moi."

Cette proposition suffisoit pour ranimer les esprits abbattus de notre jeune Courtisan. La seule idée que ses malheurs pussent tourner à l'avantage de son Prince, le pénétroit de joie: il entra avec empressement dans ses vues, & marqua beaucoup d'ardeur pour hâter son départ, & exécuter ce que l'on devoit lui prescrire. *Pouvez-vous donc*, lui dit son Maître, *vous résoudre à quitter la charmante Princesse?*

„ Ah! Seigneur, répondit le favori, que je „ suis actuellement convaincu d'avoir réellement en moi deux ames distinctes. C'est l'amour, ce perfide Sophiste, qui m'a donné „ cette leçon. Il est en effet impossible de se „ figurer qu'un homme, ayant une seule & même ame, fut tout à la fois bon & méchant, „ passionné pour la vertu & pour le vice, & „ avide des contraires. Non: il faut nécessairement que nous ayons deux ames; quand la „ *bonne* domine, nous agissons honnêtement; „ mais quand c'est la *mauvaise* qui donne le „ ton, on ne fait que des bassesses. Voilà mon „ histoire: la *mauvaise Ame* l'emportoit chez „ moi, il n'y a que peu d'instans; & à cette „ heure la bonne a pris l'ascendant par votre „ secours. Je me trouve une nouvelle créature, avec une autre intelligence, une autre raison & une autre *volonté*."

On voit par là jusqu'où un Amant, par son ressort naturel, peut atteindre au premier principe de notre Philosophie, & saisir notre doctrine de *deux personnes* dans un seul individu.

Ce n'eſt pas que je ſuppoſe que ce Courtiſan fût capable de former de lui-même cette diſtinction, avec juſteſſe & conformément à l'art; car dans ce cas, il auroit pu ſe guérir ſans l'interpoſition du Prince. Toutefois il fut aſſez ſage pour voir par l'événement, que ſon indépendance & ſa liberté n'étoient que des mots ſpécieux, & ſa *Réſolution*, *un nez de cire*. Que la volonté ſoit libre, tant que l'on voudra, l'expérience démontre que le caprice & l'imagination la gouvernent: or le caprice & l'imagination varient ſouvent, ſans que nous ſachions comment, ſans demander notre avis, ou nous donner aucune raiſon. Si l'opinion eſt ce qui gouverne chez nous, & ce qui nous fait changer; l'opinion n'eſt pas moins gouvernée à ſon tour, ni moins ſujette au changement. Autant que j'en puis juger par le train ordinaire de la vie, le caprice & l'opinion ont à peu près la même baſe; de ſorte que ſi nous n'avions pas d'œil intérieur qui les obſervât dans leurs gradations, & ſous leurs différentes formes, il y auroit auſſi peu d'apparence que nous perſévéraſſions un ſeul jour dans la *même volonté*, qu'un arbre dans la même poſture pendant tout un été, ſans le ſecours du jardinier, & ſans l'uſage de la ſerpe.

I. PART. §. II.

Quelque cruel que nous paroiſſe le tribunal de l'Inquiſition, nous devons en ériger un auſſi formidable au-dedans de nous-mêmes, ſi nous voulons prétendre à cette uniformité d'opinion qui eſt néceſſaire pour nous ſoutenir dans la même volonté, & dans la même ſituation d'eſprit. Dans ce cas, la Philoſophie paroîtroit peut-être auſſi inhumaine que la perſécution. Un *Juge ſuprême* contre l'inclination & le penchant, doit extrêmement gêner le cœur. Il trouble les jolis écarts de l'imagination; il interrompt chaque plaiſir; il n'eſt guere compatible avec la gaieté & l'enjouement, & il s'oppoſe aux ſaillies de l'eſprit. D'ailleurs, il ſemble que c'eſt une eſpece de pédantiſme, de prendre ainſi un ton magiſtral avec nous-mêmes, de tenir en bride notre imagination; & de réprimer avec toute la morgue d'un Pédagogue une foule de fantaiſies puériles, & de deſirs infortunés qui demandent à être ſatisfaits, & qu'on doit pourtant réprimer.

Nous nous flattons cependant, que par notre méthode & la vertu du grand *Arcanum*, que nous nous ſommes fait fort de révéler, ce *régime*, ou cette diſcipline de l'imagination ne paroîtra pas à la fin auſſi triſte ni auſſi ſévere qu'on le penſe. Nous eſpérons d'ailleurs que notre *Malade*, (car nous ſuppoſons le Lecteur dans ce cas) voudra bien conſidérer que le *pénible* de cette opération eſt compenſé par l'importance de ſes effets, puiſqu'il s'agit de ſe faire *une volonté*, & de s'aſſurer une *certaine* réſolution: en conſéquence, il ſaura où ſe trouver; il ſera ſûr de ſon objet & de ſes vues; en un mot, il n'aura pas lieu de douter que, quant à ſes deſirs, opinions, & penchans, il ne ſoit aujourd'hui la *même perſonne* qu'hier, & demain qu'aujourd'hui.

C'eſt ce qui paroîtra peut-être un *miracle* à celui qui connoît la nature de l'homme, de même que le progrès, les changemens, & les contraſtes de l'*Appétit* & de l'*Humeur*. L'*Appétit*, qui eſt l'aîné du *Bon-Sens*, & par là plus fort & plus vigoureux, ne manque pas dans toutes les altercations, de mettre tout de ſon parti. Quant à la *Volonté*, que l'on vante avec tant d'exagération, ce n'eſt tout au plus qu'un *balon* que ces freres ſe diſputent miſérablement : enfin le plus jeune, après avoir donné quelque coups inutiles, laiſſe-là le balon, & en vient aux priſes avec ſon aîné. Alors la ſcene change; car cet aîné devient poltron, agit honnêtement avec ſon cadet, & lui donne auſſi beau jeu qu'il puiſſe le déſirer.

Voilà où notre Spécifique ſouverain, ou Méthode *gymnaſtique* du *Soliloque* prend ſa ſource. L'Eſprit apoſtrophe hautement ſes *panchans*, les évoque ſous leurs propres formes, & les traite familiérement & ſans cérémonie. En conſéquence, il s'éleve bientôt deux *partis* en nous mêmes; car les *fantaiſies* ou *imaginations*, ſe voyant traitées ſi cavaliérement, ſont forcées de prendre parti. Celles qui ſont pour l'*Appétit*, ſont étrangement ruſées & inſinuantes; elles peuvent toujours parler par geſtes & par ſignes. Elles déguiſent ainſi ce qu'elles veulent dire, & telles que nos Politiques modernes, elles paſſent pour avoir une ſageſſe profonde; elles ſe parent des plus beaux prétextes, juſqu'à ce qu'étant confrontées avec leurs compagnes, dont le langage a plus de netteté & de franchiſe, il faut alors qu'elles quittent leur air myſtérieux, & qu'elles ſoient convaincues de ſophiſme & d'impoſture : bref on conclut qu'elles n'ont rien de commun avec le parti de la *Raiſon* & du *Bon-Sens*.

I. PART. §. II. Nous pourrions expoſer ici en détail, & ſelon la forme convenable, la méthode de cette Epreuve, en tant qu'elle regarde tous les hommes en général. Mais nous croyons que les Auteurs ſont dans un cas plus urgent, nous appliquerons d'abord nos regles à ces Meſſieurs qui ont tant d'intérêt à ſe connoître eux-mêmes, à comprendre la force naturelle, auſſi bien que la foibleſſe de l'Eſprit humain. Car ſi l'on n'eſt pas au fait de cela, le jugement de l'Hiſtorien ſera très-défectueux; les vues du Politique ſeront étroites & chimériques; enfin le cerveau du Poëte, quoique rempli de fictions, ſera fort mal fourni, comme nous le ferons voir dans la ſuite. Celui qui veut peindre des *caracteres*, doit néceſſairement connoitre le ſien propre, ou il ne connoitra rien; & celui qui veut inſtruire & amuſer le public dans ce genre, doit premiérement s'inſtruire par lui-même; car c'eſt dans ce ſens que l'on peut dire honnêtement que la ſageſſe, comme la charité, commence par ſoi-même. Il n'eſt pas poſſible d'apprécier les mœurs, les caracteres, les paſſions & les jugemens des autres, ſans avoir fait préalablement un inventaire du même fond en nous-mêmes, & l'avoir duement examiné. Cette épreuve domeſtique occaſionnera d'importantes découvertes.

Tecum habita, & noris quam ſit tibi curta ſupellex.

Pers. Sat. 4.

SECTION III.

Quiconque a l'*action* & la *grace* dans les mouvemens du corps humain, s'est infailliblement apperçu de la grande différence qui se trouve à cet égard entre les personnes qui ont été instruites par la Nature seule, & celles qui s'étant formées par la réflexion & le secours de l'art, se sont exercées à exécuter ces mouvemens, que l'habitude rend plus aisés & plus naturels. Du nombre des premiers sont ces rustres qui ont été élevés loin des brillantes sociétés des hommes; ou ces bons artisans, & autres gens de la lie du peuple, qui, quoiqu'ils vivent dans les villes, sont cependant confinés a de bas emplois, & manquent de l'occasion & des moyens de se former sur de meilleurs modeles. Il y a, j'en conviens, quelques individus, si heureusement nés, qu'avec la plus simple & la plus grossiere éducation, ils ont néanmoins une certaine grace, un certain air, qui les distingue. Il en est d'autres aussi, qui malgré tous les secours de l'art, gâtent tout par une sotte affectation; & ceux-ci, sont les plus éloignés des graces. Au reste il est incontestable que la perfection, l'élégance & la dignité de l'action, ne peuvent se rencontrer que dans le beau monde & même ceux-là ont encore plus de graces, qui ont fait leurs exercices de bonne heure, & qui se sont formés sous les meilleurs Maîtres. I. PART. §. III.

Cela posé, les Philosophes & la Philosophie sont pour un Auteur, ce que ces Maîtres &

I. PART. §. III. leurs leçons ſont pour un homme du bel air : il en eſt de même dans le monde litteraire que parmi la bonne compagnie. Ici la force de l'exemple, & l'uſage du monde procurent de grands avantages: on acquiert des manieres décentes, des geſtes, des mouvemens faciles, qui mettent un homme en état de ſe tirer avec bienſéance dans les cas ordinaires. Mais lorſque l'épreuve eſt trop forte, & qu'il faut repréſenter en public, on diſcerne alors ſans peine les élégans qui ont eu des principes & des maîtres d'avec ces petits imitateurs qui ont attrapé leur rôle par hazard, & qui le rendent par routine. Ce parallele s'applique de lui-même aux Ecrivains : ils ont autant beſoin d'apprendre les mouvemens, les actions diverſes, les reſſorts de l'Ame & des paſſions, que nos éleves du monde les mouvemens du corps & des membres.

Scribendi rectè, ſapere eſt & principium & fons ;
Rem tibi Socraticæ poterunt oſtendere Chartæ (*).

(*) Horat. *Art. Poët.* Voyez même quel jugement le libertin Petrone porte d'un Ecrivain.

Artis ſeveræ ſi quis amat effectus,
Mentemque magnis applicat ; prius more
Frugalitatis lege polleat exactâ ;
Nec curet alto regiam trucem vultu.
. . . .
. . . . . . *neve plauſor in ſcenâ*
Sedeat redemptus, Hiſtrioniæ addictus.
. . . .
. . . .

Un Amant peut, ſans beaucoup de Littérature & de Philoſophie, écrire un billet à ſa maîtreſſe, le Courtiſan faire un compliment au Miniſtre, ou le Miniſtre au favori qu'il regarde avec raiſon comme fort au deſſus de lui; mais ces Meſſieurs, malgré leurs brillantes prérogatives, & accoutumés à donner le ton en tout autre cas, n'ont rien à preſcrire dans la République des Lettres. Ils ne ſont pas cenſés écrire à leur ſiecle, ni pour la poſtérité. Leurs productions ne ſont pas de nature à les mettre au rang des Auteurs, ni à leur mériter le titre d'Ecrivains par excellence. Si leur ambition les engageoit dans cette carriere, il faudroit qu'ils y vinſſent autrement *équipés.* Ceux qui entrent dans la lice à la vue du public, doivent être duement armés & exercés; il faut qu'ils ſachent ſe ſervir de leurs armes, & gouverner leur courſier: car il ne ſuffit pas d'être bien *accoutrés* & bien montés. Le cheval ſeul ne fait pas le Cavalier; de même que les membres ne ſont pas l'athlete ni le danſeur. Ainſi le génie ſeul ne fait pas davantage le Poëte, ou les talens l'Ecrivain. L'adreſſe & la grace d'un Auteur conſiſte, au jugement du ſage Horace, dans les *connoiſſances* & le *bon ſens.* Au reſte il ne s'agit pas ſimplement de ces connoiſſances que l'on puiſe dans les auteurs ordinaires, ou dans les

Mox & Socratico plenus grege, mutet habenas
Liber, & ingentis quatiat Demoſthenis arma.
. . . .
. . . .
His animum ſuccinge bonis, ſic flumine largo
Plenus, Pierio defundes pectore verba

I. PART. §. III. cercles & les sociétés ; mais nous entendons ces regles particulieres de l'art, que la Philosophie seule nous expose.

Les Ecrits Philosophiques, auxquels Horace nous renvoie dans son *Art Poëtique*, étoient eux-mêmes une sorte de poësie comme les *Mimes* des premiers tems, avant que la Philosophie fut en vogue, & que l'on connut l'*Imitation Dramatique* ; ou du moins, ils n'étoient pas encore portés à la perfection convenable. C'étoient des Pieces, qui outre l'énergie du style, & l'harmonie implicite, renfermoient une sorte d'action & d'imitation, de même que le genre Epique & le Dramatique. C'étoient ou des Dialogues réels ; ou des Récits de Discours dialogués, où les caracteres des personnages étoient constamment soutenus ; leurs mœurs, leurs penchans, leur tour d'esprit, tout étoit conservé selon la plus exacte *vérité poëtique*. Ce n'étoit pas assez que ces Pieces traitassent principalement la Morale, & qu'elles peignissent en conséquence des mœurs réelles ; elles jouoient les hommes au naturel ; leur air, leur figure étoient ingenument exposés aux yeux du public. Par ce moyen ils enseignoient non seulement à *connoître les autres* ; mais, ce qui valoit infiniment mieux, à *se connoître soi-même*.

Le Héros *Philosophique* de ces Poëmes, qui portoient son nom au frontispice, & dont ils représentoient le génie & les mœurs, étoit en lui-même un *caractere parfait*, mais cependant, à quelques égards, si voilé & si couvert, qu'il paroissoit souvent au Spectateur inattentif, fort différent de ce qu'il étoit dans la réalité, & cela principalement à cause d'une certaine raillerie délicate qui lui étoit propre, & avec laquelle il pouvoit traiter à la fois les plus grands sujets comme les plus simples, & les expliquer les uns par les autres. Ce genre renfermoit donc l'*Héroïque* & le *simple*, le *Tragique* & le *Comique*. Au reste, le tout étoit tellement combiné, que malgré l'air étrange & mistérieux du principal caractere, les accessoires montroient la nature plus distinctement. On pouvoit donc se voir dans ces Pieces comme dans un miroir, & saisir les plus petites nuances, représentées avec une extrême délicatesse, & analogues à la portée de son intelligence. L'homme le moins attentif, ne pouvoit manquer de faire connoissance avec son cœur. Ce qu'il y avoit de plus singulier dans ces *verres magiques*, c'est que les Spectateurs, accoutumés par un long & constant usage, pouvoient acquérir une *habitude de spéculations*, & porter, pour ainsi dire, partout avec eux une sorte de *miroir de poche* pour s'observer. Il représentoit deux visages; l'un semblable à ce Génie, ou à ce chef, dont on a parlé plus haut; & l'autre pareil à cet être grossier, opiniâtre & indisciplinė, qui est exactement notre image naturelle. Or dans quelque circonstance où l'on se trouvât, de quelques soins que l'on fut occupé, pourvu que l'on eût une fois acquis l'habitude de se servir de ce miroir, on se seroit distingué en deux êtres différens par la vertu de la double réflexion; de sorte que par cette méthode *dramatique*, on auroit rempli avec un admirable succès l'ouvrage de l'*inspection de soi-même*.

I. PART. §. III.

Il n'eſt pas étonnant que les premiers Poëtes euſſent une ſi haute réputation de ſageſſe, puiſqu'ils étoient des *Dialogiſtes* ſi expérimentés, & qu'ils avoient l'habitude de cette méthode importante, avant que la Philoſophie l'eût adoptée. Leurs *Mimes*, ou Caracteres, étoient auſſi goûtés que les Poëmes les plus réguliers; & peut-être ſont-ils la cauſe de la gloire de la Poëſie: car on la définiſſoit principalement une *Imitation des hommes & des mœurs*; elle étoit dans un noble & ſublime dégré ce qu'eſt aujourd'hui la bouffonnerie dans le dégré le plus bas. C'eſt dans ce genre que le grand *Mimographe*, le Pere & le Prince des Poëtes, a tellement excellé (*): ſes caracteres ont une vérité que les maîtres poſtérieurs n'ont pu ſaiſir. Ses ouvrages, ſi pleins d'action, ne ſont autre choſe qu'un induſtrieux enchaînement de *Dialogues*, qui roulent ſur une cataſtrophe, ou un événement conſidérable. Il ne décrit point de qualités ni de vertus, il ne critique point de mœurs; il ne fait point d'éloges; il ne trace point de caracteres; mais il met toujours ſes acteurs ſur la ſcene: ce ſont eux qui ſe montrent eux-mêmes. Ce ſont eux qui parlent de maniere qu'ils ſe diſtinguent en tout de tous les autres, & qu'ils reſſemblent toujours à eux-mêmes. Le Poëte, au lieu d'affecter ces airs impérieux de Sage & de Pédagogue, ſe permet à peine de figurer un peu dans ſon Poëme; & à peine l'y découvre-t'on. Voilà la vraie maniere d'un grand

(*) Voyez le témoignage que lui rend Ariſtote. Dans ſa Poëtique. Chap. XXIV.

Maître. Ses portraits n'ont pas besoin d'inscription pour nous apprendre qui il a voulu peindre, ou ce qu'il se proposoit. Deux ou trois mots qui échappent, dans une legere circonstance, de la bouche d'un de ses personnages, suffisent pour fixer leur esprit & leur caractere. Il ne lui faut qu'un doigt pour peindre à notre imagination l'oeconomie entiere du corps d'un de ses acteurs: il n'a pas besoin de l'art pour personnifier ses Héros, ou les faire respirer dans ses tableaux. Après ce grand homme, la Muse de la Tragédie n'eut rien à faire qu'à élever un théâtre, & à mettre ses Dialogues & ses Caracteres en scenes: il suffisoit de prendre une action ou un événement, & d'observer le tems & le lieu qu'exige un Spectacle réel. La *Comédie* même tira son origine de ce grand Maître; car elle vient de ces *Parodies*, dont il avoit donné l'idée dans plusieurs passages mêlés de plaisanterie & de sublime (*). Dangereuse tentative, qui exigeoit une main de Maître, de même que pour peindre le *Héros Philosophique* dans les *Dialogues* mentionnés ci-dessus.

I. PART. §. III.

On peut par là se former une idée de l'analogie qu'on a observée si souvent entre le Prince des Poëtes & le divin Philosophe, son rival, qui, de même que ses Contemporains de la même Secte, écrivit dans le genre du *Dialogue*. Nous pouvons aussi comprendre pourquoi l'étude du Dialogue passoit pour si avantageu-

(*) Non seulement dans son *Margites*, mais même dans son *Iliade* & son *Odissée*.

I. PART. §. III. ſe aux écrivains, & pourquoi ce genre, qui ſemble d'abord le plus aiſé, étoit cenſé ſi difficile.

En effet, je me ſuis ſouvent étonné qu'un genre, ſi familier aux Anciens, & dont ils ſe tiroient avec tant de ſuccès, fut ſi inſipide & ſi peu accrédité parmi nous autres modernes. Mais je me ſuis enſuite apperçu, qu'outre la difficulté du genre, il faut d'abord qu'il préſente un *miroir* où nous puiſſions nous voir nous-mêmes, & enſuite une autre optique à l'uſage de notre ſiecle. Si le Dialogiſte, direz-vous, rempliſſoit ces conditions, il n'en ſeroit que plus agréable & plus intéreſſant. Oui, ſans doute; ſuppoſé que la vue de nous-mêmes ne nous déplut point. Mais pourquoi nous déplairoit-elle plus qu'aux Anciens? Peut-être par ce qu'ils avoient plus de raiſon que nous d'aimer à ſe voir au naturel. Et pourquoi ne ſerions-nous pas dans le même cas? Qu'eſt-ce qui nous décourage? Ne nous eſtimons-nous pas autant que les anciens pouvoient s'eſtimer eux-mêmes? Peut-être que non, comme on le verra, quand nous aurons encore un peu conſidéré la vertu de ce *genre*, & combien il differe de cette manie d'un Auteur, qui, au lieu de nous préſenter d'autres caracteres, étale le ſien avec art & complaiſance, & mendie le ſuffrage de l'*Ami Lecteur* par tous les égards & les flatteries poſſibles.

Un Auteur, qui montre ſa perſonne dans ces Ecrits, a l'avantage d'être qui il veut, & ce qu'il veut. Ce n'eſt pas un tel individu; il n'a point de caractere certain ou naturel: mais il s'accommode en toute occaſion à la fantaiſie de ſon Lecteur, qu'il careſſe & cajole conſtamment ſelon la mode du jour. Tout roule ſur ces *deux perſonnes*. De même qu'en amour, ou dans un commerce de Lettres galantes, cet Ecrivain a le privilege de parler éternellement de lui-même: il ſe pare, il ſe pavone, il fait la cour; en un mot, il ſe conforme à l'eſprit de celui qu'il prétend amuſer. Telle eſt la *coqueterie* de nos Ecrivains modernes; leurs Epitres dédicatoires, leurs Préfaces, leurs complimens aux Lecteurs, ſont des graces affectées pour éloigner l'attention du ſujet, & la réunir ſur leurs perſonnes: ils veulent qu'on obſerve, non pas tant ce qu'ils diſent, que ce qu'ils paroîſſent, ou ce qu'ils ſont, & la figure qu'ils font déja, ou qu'ils eſperent de faire parmi le beau monde.

Tel eſt le ton qu'affecte une Nation voiſine, ſurtout dans ſes *Mémoires*. Chez elle, tout eſt *mémoires*: les Eſſais Politiques, les Ouvrages Philoſophiques & Critiques, les Commentaires ſur les Auteurs anciens & modernes; Toutes les productions de l'eſprit ſe réduiſent à une eſpece de *Mémoires*. Dans les Ecrits des Anciens, lorſqu'ils parloient d'eux-mêmes, on ne voyoit nulle part les mots de *Moi* ou *Toi*; de ſorte que cette petite intelligence, & ce commerce de flatterie, qui regne entre l'Auteur & le Lecteur, ne pouvoit avoir lieu; mais ſurtout dans le *Dialogue*, où l'Ecrivain eſt, pour ainſi dire, anéanti. Alors le Lecteur n'eſt pour perſonne, & l'amour propre n'a point de rôle. La ſcene s'ouvre d'elle-même, & comme par hazard. Vous pouvez non ſeulement juger de

I. PART. §. III. ſens froid & avec indifférence, des réflexions que l'on expoſe, mais encore du caractere, du génie, de l'éloquence & du ſtile des Acteurs. Les deux Interlocuteurs ſont de ſimples étrangers qui ne vous intéreſſent nullement. Ce n'eſt pas aſſez qu'ils parlent tour à tour bon ſens; ils doivent faire voir la nature de leurs principes & de leurs connoiſſances, & l'*eſpece* de leur *entendement*; car l'entendement doit avoir ici ſa marque, ſon ſigne caractériſtique, par où on puiſſe le diſtinguer. Il faut que ce ſoit *tel ou tel entendement*, comme quand on dit, par exemple, *telle ou telle figure*; puiſque la Nature a caractériſé les Eſprits avec autant de ſoin que les viſages. Or un Artiſte, qui veut peindre au naturel, ne doit pas ſe contenter de faire des viſages humains; il faut que chacun ſoit celui d'un certain homme. S'il repréſente une bataille, ou d'autres événemens parmi les Chrétiens, les Turcs, les Indiens, ou autre peuple particulier, chaque figure doit être néceſſairement dans ſa vraie proportion; les poſtures, l'habillement, les armes doivent reſſembler autant qu'il eſt poſſible. De même l'Ecrivain, qui parmi nous, ſe hazardera de mettre ſes contemporains dans des *Dialogues*, doit tracer leurs mœurs, leur génie, leur conduite & leur caractere: tel eſt le *Miroir*, dont nous avons déjà tant parlé.

Suppoſons, par exemple, un Dialogue à la maniere des Anciens. Un pauvre Philoſophe à triſte figure aborde un Lord des plus riches, des plus puiſſans, des plus beaux & des plus ſpirituels de ſon ſiecle, dans le tems qu'il s'avanvance indolemment vers le Temple. *Vous allez donc*, lui dit-il, en l'appellant ſimplement par ſon nom, *faire votre priere dans ce Temple?* .... Il y a apparence..... *Mais vous me ſemblez occupé de quelque penſée embaraſſante*..... Et qu'eſt-ce qui m'embaraſſeroit ?... *Peut-être votre indéciſion ſur ce que vous voulez demander aux Dieux, ou ſur les vœux qu'il convient de leur offrir*..... Cela eſt-il ſi difficile: y a-t'il quelqu'un aſſez fou pour demander au ciel ce qui ne ſeroit pas pour ſon BIEN?.... *Non, s'il comprend quel eſt ſon* BIEN..... Qui peut s'y tromper, s'il a le ſens commun, & s'il diſcerne entre la proſpérité & l'adverſité..... *C'eſt donc la proſpérité que vous demandez?*.... Sans doute: ce Prince deſpotique, par exemple, qui commande à toute la Nature par l'efficace de ſes tréſors, & qui gouverne par ſa ſeule volonté & ſelon ſon bon plaiſir; vous le croyez fortuné & ſon état heureux. I. PART. §. III.

Tandis que je copie cet eſſai de Dialogue, qui n'eſt qu'un fragment emprunté de ces originaux, cités ci-deſſus, je vois mille ridicules ſortir de la maniere, des circonſtances & de l'action même, comparées avec le ton de l'éducation moderne. Annobliſſons donc le ſujet, & introduiſons le même Philoſophe apoſtrophant *Mylord Duc*, *Son Excellence*, ou *Sa Grandeur*, ſans manquer en rien à l'étiquette. Mettons plutôt notre Homme de Lettres dans un cas encore plus favorable. Suppoſons qu'il ſe préſente *incognito*, ſans déceler en rien un titre auſſi peu avantageux dans ce ſiecle, que celui qu'il porte. Que ſa parure & ſon air ſoient du

I. PART. §. III. meilleur ton, pour ſe mieux annoncer, & obtenir audience. Malgré tout ſon étalage, figurez-vous de quelle maniere il faut qu'il aborde le brillant Seigneur, à qui il a à parler, s'il le trouve dans un moment de loiſir, ſeul à la promenade & ſans ſon équipage. Voyez combien de révérences & de grimaces, combien de préambules, d'excuſes & de complimens. Or jettez ces complimens, ces cérémonies dans un Dialogue, & conſidérez comment cela ſera.

Voilà ce qui forme un *Dilemme* contre l'ancienne maniere d'écrire, que nous ne pouvons ni bien imiter, ni rapporter, quelqu'agréable ou utile que ſoit la lecture de ces originaux: car que faire en pareil cas? Que votre imagination travaille, & qu'elle s'eſſaie ſur des ſujets modernes, voyez la conſéquence. Si l'on évite l'étiquette du cérémonial, on n'eſt point naturel; ſi l'on s'y conforme, & qu'un homme paroiſſe naturellement comme il eſt, comme il ſalue, comme il ſe préſente, & comme il en agit avec un autre, c'eſt un ſpectacle ridicule.... Mais qu'eſt-ce autre choſe que haïr ſon propre portrait? Eſt-ce la faute du Peintre? S'il peignoit fauſſement ou avec exagération; s'il mêloit le moderne avec l'ancien; s'il joignoit des formes à contre-ſens, il trahiroit ſon art. Quel milieu prendre? Que lui reſte-t'il, ſinon à jetter le pinceau?..... Il ne peut plus deſſiner au naturel, offrir le miroir aux hommes, ou faire un tableau d'aucune eſpece.

Ainſi le *Dialogue* n'eſt plus. Les Anciens

pouvoient se voir; mais nous n'en sommes pas capables..... Et pourquoi cela?.... Pourquoi? parce que nous n'avons pas si bon air, & que notre *miroir* nous l'apprendroit... Ah! le vilain instrument!.... Voilà pourquoi il est hors d'usage. Notre commerce, & le ton de notre société, que nous regardons comme le comble de la politesse, sont tels cependant qu'il semble que nous n'en puissions souffrir la peinture. Ici comme dans nos tableaux, le pauvre Artiste se donne la torture pour nous faire des habits des caprices, que nous n'avons jamais portés; par la raison que s'il nous peignoit avec nos vrais habits, le portrait n'en seroit que plus ridicule, parce qu'il seroit plus naturel & plus ressemblant.

I. PART. §. III.

En voilà assez pour l'Antiquité, & ces regles de l'Art, ces *Cartes Philosophiques*, dont les avanturiers du tems avoient coutume de se servir pour diriger leurs courses, & gouverner le vol impétueux de leurs Muses. C'étoient ces morceaux, ces peintures, qu'Horace nous ordonnoit d'avoir toujours devant les yeux.

> . . . . *Vos Exemplaria Græca*
> *Nocturnâ versate manu, versate diurnâ.*

La Poësie & l'art de l'Ecrivain ressemblent à plusieurs égards à l'art du Peintre & du Statuaire, surtout en ce que l'Homme de Lettres a des originaux excellens qu'il doit étudier, non pas pour l'ostentation ou l'étalage. Il y a cependant cette différence essentielle entre ces Artistes, que ceux qui ne dessinent qu'après les

I. PART. §. III. formes extérieures, ne peuvent jamais malgré toute leur exactitude, ou leur correction, se réformer eux-mêmes, ou rendre leurs figures plus avantageuses; au lieu que ceux qui peignent les hommes au naturel, qui étudient les graces & les perfections des Esprits, & qui possedent à fond les regles de leur art, ceux-là, dis-je, ne peuvent manquer de faire des progrès, & de se perfectionner dans ce qui constitue l'essentiel de la nature humaine.

Je dois avouer qu'on ne peut guere trouver de mortels plus absurdes que ceux que nous voulons bien qualifier de Poëtes, parce qu'ils savent cadencer des périodes qui volent au hazard sur les âiles de l'imagination. Mais pour l'homme, qui mérite, à la lettre & dans un sens exact, le nom de Poëte, & qui, en Artiste supérieur, peut peindre les Hommes & les Mœurs, représenter une action dans sa juste proportion; ce mortel doit paroître, si je ne me trompe, un être fort différent. Un Poëte de cet ordre est un autre Créateur, un Prométhée au dessous de Jupiter. Semblable à ce souverain Artiste, ou à la Nature Plastique, il forme un *Tout* lié, & proportionné en soi, & dont les parties constituantes sont duement subordonnées. Il marque les limites des passions; il connoît leurs *tons* exacts & leur *mesure*, & par là il les représente correctement, il montre le sublime des sentimens & des actions; il distingue le beau du difforme, l'aimable de l'odieux. L'Artiste *Moral*, qui peut ainsi imiter le Créateur, qui connoit la forme, &, pour ainsi dire, la structure intérieure de ses semblables, ne manquera pas, à ce que je présume, de se bien connoître lui-même; on le trouvera difficilement en défaut, lorsqu'il s'agira de marquer l'*harmonie* de l'esprit humain. La méchanceté, par exemple, est une *dissonance*, une *disproportion*; & quoique les méchans puissent avoir de *tons* énergiques, & une aptitude naturelle à l'action, il est impossible que le génie & le solide jugement se trouvent dans un homme qui n'a ni honnêteté, ni mœurs (*).

I. PART. §. III.

(*) L'Histoire ne pourra guere désavouer cette maxime, soit à l'égard des Philosophes, ou des autres qui se sont distingués dans les Beaux-Arts. Les caracteres des deux meilleurs Poëtes Romains sont bien connus. Ceux des anciens Tragiques ne le sont pas moins; & le grand Maître de l'Epopée, quoiqu'il soit d'une date plus obscure & plus reculée, ne passa jamais pour avoir été vil & méchant. L'Orateur Romain fut, comme le Grec, fidele à son pays, & mourut de même Martir de la Liberté. Quant aux Historiens du premier rang, ils passerent pour honnêtes gens, & leurs actions publiques justifierent cette réputation. Pour les Poëtes en particulier, voici ce que dit le sage & docte Strabon: *Peut-on s'imaginer que le génie, le pouvoir & l'excellence d'un vrai Poëte consistent en autre chose que la juste imitation de la nature. Mais comment connoitroit-il la nature, comment pourroit-il l'imiter, s'il ignoroit sa propre mesure, s'il ne savoit pas se guider par le jugement & l'intelligence? En effet, nous avons sans doute une autre idée de l'excellence du Poëte que de celle de l'artisan vulgaire qui ne s'exerce que sur une pierre insensible, ou un morceau de bois, qui sortent de ses mains sans vie & sans dignité. Au lieu que l'art du Poëte a pour objet principal les hommes & les mœurs; sa supériorité poëtique est attachée à l'excellence & à la dignité de l'homme; de sorte qu'il est impossible que celui, qui n'est pas homme de bien, soit un grand Poëte.* Strab. L. 1. Voyez encore ci-après.

I. PART. §. III.

Après avoir aussi sérieusement examiné les intérêts des Auteurs, & montré leurs principes, leur pouvoir, la discipline préliminaire qui leur convient, & la méthode de l'examen de soi-même, il est bon, avant de développer plus amplement ce mystre, de considérer les avantages qu'ils peuvent trouver *hors d'eux-mêmes*, & comment les causes extérieures, telles que celles qui résultent des jugemens du public, peuvent élever ou abbattre leur génie. Qui sont ceux qui portent ces jugemens? Des Grands & des gens en place, un Critique & un homme de l'art, ou le peuple & le simple vulgaire. Nous commencerons par les Grands, ces prétendus Maîtres du monde, & nous prendrons la liberté en faveur des Auteurs, de donner quelques *Avis* au sujet de ces hauts personnages, si toutefois ils veulent bien les recevoir sur un ton aussi familier que le nôtre.

SECONDE PARTIE.

SECTION I.

QUOIQU'IL ſoit aſſez d'uſage parmi les hommes d'agir à ſon gré & ſelon ſon bon plaiſir, ſans égards pour les conſeils, ou les regles ſéveres de la Morale; il faut cependant avouer que la louable coutume de prendre conſeil ſe ſoutient encore, parce qu'elle fait honneur; de ſorte que les Monarques & les Deſpotes mêmes, ne dédaignent pas de l'affecter. II. PART. §. I.

C'eſt peut-être pour cette raiſon, que les Rois veulent bien employer dans les Actes publics le modeſte pronom de *Nous*. Ce n'eſt pas qu'on préſume qu'ils *s'entretiennent avec eux-mêmes*, & qu'ils ayent le privilege de ſe rendre *doubles* de la maniere que nous avons expoſée. Un individu qui eſt *ſeul & abſolu* dans le gouvernement, ne peut-être que *ſeul & abſolu* en Morale. Il n'a pas de critique intérieur qui chicane avec lui, ou qui croiſe ſon bon plaiſir. Il n'a jamais appris, par un exercice *extérieur*, à agir librement & familiérement avec lui-même. Ses réflexions particulieres répriment auſſi peu ſon inclination & ſa volonté, que la préſence du public. Le monde, qui ſert de précepteur aux hommes d'un rang inférieur, eſt ſoumis à ces illuſtres Ecoliers, qui ſont accoutumés dès l'enfance à voir leurs inſtituteurs s'abbaiſſer devant eux, & à entendre applaudir toutes leurs actions.

II. PART. §. I. De crainte donc que leur fantaisie, ou le caprice de quelques favoris, ne paruſſent les entraîner lorſqu'ils ſont majeurs, & qu'ils prennent en main les rênes de l'Etat, on a regardé comme une bienſéance néceſſaire que certains *Donneurs d'avis de profeſſion* concourruſſent avec le *ſeul Maître* pour publier ſes Edits, Déclarations, Lettres patentes, & autres inſtrumens de la Puiſſance Royale. Voilà pourquoi on a établi des Conſeillers privés, perſonnages conſidérables, qu'on ne peut regarder comme des automates dans le gouvernement, & comme des gens qui ſouffriroient qu'on nous donnât des Ordonnances fauſſement portées par *pluſieurs*, tandis que dans le fond elles émaneroient de la volonté ou du caprice d'un *ſeul*.

Les Princes étrangers ont pour la plupart la malheureuſe prérogative d'agir au gré de leur volonté propre ſans conſulter. Il n'en eſt pas ainſi de nos Rois. Nous leur avons donné les meilleurs conſeillers, les *Loix*. Ils gouvernent les affaires civiles par des Officiers légitimes qui ont la direction de leur *volonté publique* & de leur conſcience; d'ailleurs ils reçoivent annuellement des avis & de l'aſſiſtance, de la maniere la plus efficace, de la part de leur bon peuple. On peut dire avec juſtice que nous devons nos plus excellens Princes à l'eſprit de notre ſage Conſtitution; l'éducation des Rois, la haute naiſſance n'ont pu leur avoir donné cet heureux tour, puiſque l'expérience démontre que les Princes qui nous ont été les plus utiles, auſſi bien qu'au monde entier, ſont ceux dont on a le plus diſputé les droits, & qui ont eu, dans leur jeunesse, le moins d'espoir de parvenir au trône. II. PART. §. I.

Nous en avons eu d'autres, qui quoique peut-être moins disposés à recevoir des conseils, se sont piqués d'en donner aux autres. Ils se sont affichés pour des *Donneurs d'avis*, & leurs productions exhortatoires les ont mis au nombre de ceux que nous avons entrepris d'examiner dans ce Traité. Mais notre critique étant après tout une apologie des Auteurs, & une défense de la Nation des Lettres, on ne trouvera point sans doute mauvais que nous joignons ici les Auteurs qui ont porté la couronne avec les Plébéyens.

Il seroit triste en effet que les Princes de notre Nation réfusassent d'appuyer la race industrieuse des Auteurs, puisque leurs augustes ancêtres ont reçu tant d'honneur de cette profession. N'avons-nous pas eu un Monarque guerrier, qui ayant essayé sa force dans les controverses Théologiques, se fit une gloire d'arborer en conséquence le titre de *Défenseur de la Foi?*

Un autre Prince plus paisible & plus fécond, soumit les *armes* & la discipline militaire à la *robe*. Plein de confiance dans sa profonde Littérature, il rendit son éloquence le nerf de son gouvernement. Il publia des ouvrages pleins d'exhortations & d'avis pour son fils, & d'instructions pour son bon peuple, qui ne pouvoit qu'admirer un Auteur Royal si appliqué à leur être utile. C'étoit alors qu'on auroit pu voir comment notre Nation retomboit en enfance avec cette docilité & cette simplicité de cœur d'un peuple écolier, qui se perfectionne sous un Précepteur couronné. Il donna avec une facilité singuliere des leçons à son Parlement; il fut le pédagogue de ses Ministres, & l'édification des plus illustres Théologiens mêmes, de la part desquels il obtint les plus brillans titres que l'esprit & la science peuvent procurer. Les deux Nations, qui habitent notre Isle, eurent en commun un *Salomon* pour Souverain, & pour fondateur de leur *Union*. Je ne doute pas que le pieux Traité de la *Conversation avec soi-même*, attribué à son successeur, n'ait beaucoup contribué à lui obtenir les titres impérissables de *Saint* & de *Martir*.

Je ne voudrois cependant pas prendre sur moi de recommander cette qualité d'Auteur à nos Princes à-venir. Quelques soient les lauriers dont leurs illustres prédécesseurs ont pu ceindre leur front dans le champ de la Littérature je crois que pour la suite, il vaut mieux laisser l'esprit spéculatif aux particuliers. On encourageroit suffisamment le monde savant, & les Lettres fleuriroient assez dans notre Nation, si ses Souverains se contentoient du titre de *Mécenes*, & vouloient jetter un coup-d'œil favorable sur les ingénieux enfans de l'Art. Si même on confioit ce soin au premier Ministre, il n'en faudroit pas davantage pour changer la face des affaires. Le moindre dégré de faveur assureroit la fortune de la triste famille des Auteurs, dont la déplorable condition a entraîné la disgrace des Arts & des Sciences, qui paroitroient bientôt avec un éclat, dont ils sont bien éloignés, si l'on favorisoit les prétendans au génie.

Il ſemble qu'il ne faudroit pas flatter beaucoup nos Grands pour les engager à ſoutenir les Arts & les Lettres; car, à en juger par l'état, où ſont les choſes chez nous, & où elles continueront ſelon toute apparence, il n'eſt pas difficile de prévoir que tous les talens s'y perfectionneront. Les Muſes auront leur tour, & s'accréditeront avec où ſans le ſecours des Mécenes, lorſqu'elles auront atteint l'excellence dans tous les genres. Il s'élevera des Génies qui auroient fait la réputation de leurs Patrons, s'il s'en étoit trouvé d'aſſez ſages pour les chercher de bonne heure, & contribuer à leur élévation.

Il n'y a pas longtems qu'eſt établie, entre le Prince & le Peuple, cette heureuſe balance de pouvoir, qui aſſure notre liberté, juſqu'alors précaire, qui diſſipe le germe des diſſenſions, des guerres civiles & des violences, ſoit au ſujet de la Religion & du culte, ſoit ſur les propriétés des particuliers, ou ſur les droits litigieux de la couronne. Mais comme les grands avantages de ce monde ne s'achetent pas à bon marché, nous prodiguons encore dans ce moment notre ſang & nos tréſors pour conſerver le bien ineſtimable de la liberté, & notre précieuſe Conſtitution. Quelque fortunés que nous ſoyons par la nature de notre Gouvernement, nous ſommes néanmoins toujours livrés à de continuelles allarmes, par la ſituation des affaires du dehors, & par la terreur de cette puiſſance, qui avant que le genre humain ſe fut rétabli des plaies que lui avoient faites tant de ſiecles barbares qui ſuivirent la tyrannie des Romains, a encore menacé le monde d'une Monarchie universelle, & du fléau de l'ignorance & de la superstition.

Les Muses Britanniques peuvent bien rester dans l'obscurité & l'abjection au milieu de ces sombres horreurs, d'autant plus qu'elles sont encore dans l'enfance. A peine ont-elles pris jusqu'ici quelque forme: elles balbutient encore comme au berceau, & leur langue débile n'a encore bégayé que des pointes & des jeux de mots. Shakespear, Fletcher, Johnson, & Milton offrent ce stile. Nous voyons aujourd'hui une nouvelle race, dont la foible ambition aspire à un faux sublime, & qui entassant les comparaisons & les métaphores, regalent de leur discordante harmonie des oreilles inexpérimentées, qui n'ont pas encore eu le tems de se former, & d'apprendre à sentir.

Cependant ces Bardes respectables, quelque grossiers qu'ils fussent, par le vice de leur siecle, nous ont montré la mine la plus riche. On peut dire, à leur honneur, qu'ils furent, aprés tout, les premiers Européens, qui depuis la date de la Poësie Gothique, essayerent d'écarter l'horrible dissonance des rimes uniformes. Ils défendirent l'ancienne liberté de leur art, & frayerent heureusement la route que devoient suivre leurs successeurs qui, en marchant sur leurs pas, peuvent polir notre Langue, nous rendre sensibles à des plaisirs plus délicats, trouver enfin le vrai *Rythme* cette harmonie qui peut seule satisfaire une oreille juste, & un esprit solide.

Il est bien clair que notre génie naturel l'emporte ſur celui de cette Nation frivole dont nous ſommes les voiſins. Il faut avouer cependant qu'elle a cherché la vraie politeſſe avec plus d'application & d'induſtrie; elle s'eſt appliquée à montrer les Muſes dans leurs juſtes proportions, avec les ornemens naturels de la correction, de la pureté & des graces du ſtyle. Elle a donné un illuſtre Satyrique formé ſur le modele des Anciens. Ses efforts ont été moins heureux dans le genre de l'Epopée. Quant à l'art dramatique, elle a eu le bonheur d'élever ſa ſcene à une auſſi grande perfection, que ſon génie peut le permettre. Mais le noble eſprit de la Tragédie ne peut guere ſe ſoutenir ſans l'eſprit de liberté. Le caractere de ce genre conſiſte dans une vive peinture des déſordres & de la miſere des Grands, afin que le vulgaire ſe contente de ſon humble état, qu'il jouiſſe d'une ſituation qui eſt infiniment plus ſûre, qu'il ſente enfin le prix des ſages Loix qui le protegent, & maintiennent l'égalité. Si c'eſt là la juſte notion de la Tragédie ſelon les principes des Anciens, on concevra aiſément qu'elle ne convient guere au génie & au goût de ceux, qui, depuis le dernier ruſtre juſqu'au premier Eſclave du Sang Royal, adorent les différens perſonnages immédiatement élevés au deſſus d'eux, & ne voient rien de plus digne d'hommage que cette grandeur ſans bornes, & ce violent Deſpotiſme que l'on exerce ſur eux & à leurs dépens.

II. PART. §. I.

D'un autre côté, on diſcerne ſans peine les avantages de l'Angleterre à cet égard; & l'on prévoit combien l'eſprit de liberté qui préſide

II. PART. § I. à son gouvernement, sera utile aux Arts, lorsque la Paix nous accueillera à ces heureuses conditions. Le destin de Rome voulut qu'il n'y eut presque point d'intervalle ou d'époque intermédiaire entre la naissance des arts & la perte de la liberté. Les Romains n'eurent pas plutôt quitté cette grossiere barbarie qui caractérisoit leurs mœurs; à peine la Grece leur eut-elle offert les vrais modeles des Héros, des Orateurs & des Poëtes, que par leurs injustes attentats contre la liberté du monde, ils perdirent la leur. Ils perdirent avec la liberté non seulement leur éloquence, mais même leur stile & leur langage. Les Poëtes qui vinrent ensuite, n'étoient que des plantes forcées qui venoient à éclorre contre le cours de la Nature. Les deux plus illustres en ce genre, qui parurent les derniers, & fermerent la scene, avoient vu les jours de la liberté, & en sentoient toute la perte: jamais ils n'auroient joué un rôle sans la protection du fameux Mécene, qui agit tellement sur l'esprit d'un Prince naturellement cruel & barbare qu'il aima & cultiva les Muses. Ces aimables *Tutrices*, produisirent un heureux changement dans leur illustre pupile: elles lui formerent un nouveau cœur, un cœur vraiment royal: elles lui apprirent à se faire aimer des hommes: elles lui furent plus utiles que ses armes & ses talens militaires; elles assurerent sa grandeur plus que la fortune même, de sorte que le crime de son usurpation fût si agréable à l'univers, qu'il se consola de son esclavage & chérit même ses fers. Les douceurs enchanteresses de ce Gouvernement corrompu ne furent pas de longue durée; ses amertumes leur succéderent bientôt. Enfin le monde fut réduit à souffrir avec patience les Tyrans qui se suivirent tour à tour, à la faveur du prétexte spécieux du Pouvoir arbitraire. II. PART. §. I.

Puisque me voilà engagé sans y penser dans ces profondes réflexions sur les Périodes du Gouvernement, sur la gloire & la décadence de la liberté & des lettres, je ne me contenterai pas de considérer purement l'esprit de vertige qui séduisit le genre humain, à la naissance de cette Monarchie universelle; il y a encore quelque chose de plus étonnant, c'est qu'après l'extinction de la famille des Césars, & les désordres qu'occasionnerent le massacre de quelques Princes, les Romains ayent rétabli l'État par une suite de sages Empereurs adoptés successivement, & tirés de l'ordre des simples Sujets pour gouverner l'Empire du monde. C'étoient des hommes, qui non seulement étoient consommés dans l'art militaire; mais comme ils vouloient le bien de l'Empire, ils firent tout leur possible pour rétablir la liberté, les beaux-arts & la vertu. Cependant la saison étoit passée; la funeste forme de gouvernement, qui avoit subsisté jusqu'alors, étoit devenue trop naturelle: enfin le monde, qui avoit subi le joug, & qui étoit accoutumé à l'esclavage & à la dépendance, n'eut ni le pouvoir, ni la volonté de reprendre sa liberté. Il ne pouvoit attendre d'autres secours que de la part des impitoyables barbares; son salut étoit attaché à la dissolution entiere de ce monstrueux Empire que les meilleurs Princes ne pouvoient empê-

II. PART. §. I.

cher d'être fatal à la Nature humaine. Les Arts étoient déja barbares avant que les Sauvages du Nord eussent fait quelque breche à cet Etat immense. Tous les avantages qu'une succession fortuite & presque miraculeuse de bons Empereurs, put procurer aux arts & aux sciences, se réduisirent à une foible existence durant leur regne: encore ces restes précieux ne s'étoient-ils un peu soutenus qu'avec beaucoup de peine après la ruine de la liberté. On ne vit plus ensuite une seule Statue, une seule Médaille, un morceau passable d'Architecture. La Philosophie, le Génie & l'Erudition, qui avoient rendu si célebres quelques-uns de ces bons Princes, disparurent avec eux. Les ténebres de l'ignorance se répandirent sur l'univers, & préparerent l'horrible Chaos des siecles Gothiques.

La liberté reparoît dans l'Age présent, & nous sommes l'heureuse Nation qui non seulement en jouit chez elle, mais qui l'anime & la soutient au dehors par sa grandeur & sa puissance. Nous sommes à la tête de la *Ligue de l'Europe* pour la Cause commune. Il n'y a pas lieu de craindre, à ce que je pense, que nous perdions cette noble ardeur, & que nous succombions sous cette glorieuse entreprise, quoique nous combattions, comme l'ancienne Grece, avec une Puissance étrangere, & que nous nous efforcions de réduire le *Grand Roi.* Nous sommes dans le même cas que les premiers Romains, qui n'avoient besoin que du loisir de la paix pour travailler au progrès des arts: nous ne devrions pas souffrir qu'un ambitieux

Mo-

Monarque, excité par la gloire ou par des vues secretes d'aggrandissement, donnât des pensions au dehors comme chez lui, pour acheter des flateurs parmi les Eleves du génie. Nous devrions trouver chez nous de plus puissans motifs, & nous pouvons exceller par notre propre vertu.

Ce seroit sans doute un grand bien, & qui feroit beaucoup d'honneur aux Princes & à la Noblesse, s'ils vouloient favoriser généreusement cette entreprise, & par une judicieuse application de leurs bienfaits, faciliter la naissance des Beaux-Arts, dont j'ai osé parler en stile prophétique. Ce titre ne leur procureroit pas de médiocres avantages pendant leur vie, & s'ils aspirent à un nom immortel, ils l'obtiendroient plutôt par ce moyen que par tout autre.

Qu'ils considerent en effet que leur renommée est entre les mains des bons Ecrivains, & que les plus grandes actions s'affoiblissent & disparoissent sous la plume des mauvais.

Quelque grossiere ou barbare que soit une Nation, il faut qu'elle ait ses Poëtes, ses Historiens, ses Antiquaires, qui s'appliquent à écrire les faits mémorables, à chanter & à transmettre à la postérité les belles actions de ses Héros civils ou militaires. Quant aux militaires, quoiqu'il puisse arriver qu'ils aient moins de commerce avec les Muses que les autres, ils sont cependant le plus intéressés à les soutenir. Les illustres guerriers ont naturellement plus de part à l'admiration publique; les grands Ministres ne viennent qu'après: or si l'on ne trouve point de vrais génies, ni d'Ecrivains capables d'immortaliſer les grands hommes, il faut néceſſairement s'accommoder de ceux que le hazard préſente. Il y a peu de Héros modernes, qui puiſſent, comme Xénophon ou Céſar, écrire leurs propres *Commentaires.* Ces Ecrits mal digérés, ces Mémoires informes des Hommes d'Etat, qui ſont remplis des vues étroites du propre intérêt, ne pourront gueres ſoutenir leur réputation auprès de la poſtérité, puiſque l'on commence déja à s'en dégoûter. Il n'y a que l'Hiſtorien ſavant & déſintéreſſé qui reſte; & lorſque le Poëte, ou le Héraut de la Renommée a fait entendre ſa voix, les inſtrumens ſubalternes ſe taiſent & tombent dans l'oubli.

Mais ſuppoſant que le Héros, ou l'Homme d'Etat, fut abſolument indifférent ſur le nom qu'il doit laiſſer après la mort, ou ſur ce qui doit arriver à la poſtérité, il eſt néanmoins de ſon intérêt d'en bien agir avec les Gens de Lettres, & de paſſer pour protecteur du génie. Dans quelque élevation que ſoit un mortel, on le peindra toujours en vers ou en proſe, ſous des qualifications réelles ou ſuppoſées. Si on le néglige dans l'Ode ou dans l'Epopée, il faut au moins qu'on le chante dans un ſimple Vaudeville. Le peuple voudra avoir ſon portrait, quoiqu'il ne le voie que bien rarement; & s'il refuſe de ſe prêter à un bon Peintre, il y en aura d'autres qui, pour obliger le public, ſe chargeront de la beſogne. On s'accommodera de tout, & plutôt que d'être privé de l'illuſtre effigie de notre Grand Homme, nous nous contenterons du travail du barbouilleur qui fait les tableaux de la Foire & les enſeignes de cabaret. Un pareil barbouillage ne peut, j'en conviens, faire de tort à ſon Excellence, qui partage avec la Famille Royale l'honneur d'inviter les Paſſans ou les Voyageurs par la repréſentation de ſa phiſionomie. On ſuppoſe en pareil cas qu'il y en a d'autres plus belles qui circulent dans le monde, & que celle-ci eſt fauſſe ou peu flatteuſe. Mais dans un autre genre de peinture, il eſt fort à craindre que la main ne nuiſe au ſujet. De vils éloges & de miſérables panégyriques ſont les ſatyres les plus fortes. Quand un petit génie abject & ſordide réuſſit à ſe faire écouter, le véritable eſprit ne le ſouffre point impunément.

Tout bien conſidéré relativement aux intérêts des Princes & des Grands, il paroît qu'ils n'ont à opter que cette alternative; ſavoir, ou d'anéantir entiérement les Lettres, s'il eſt poſſible, ou de leur prêter une main favorable. Partout où l'uſage d'écrire & la liberté de la preſſe ſont un peu établis, il faut que ceux qui ont part au gouvernement de l'Etat y perdent ou y gagnent conſidérablement; de ſorte qu'il feroit à propos, ou de ruiner directement l'art & la profeſſion, ſuivant les maximes de la Politique Turque, ou d'encourager les lettres, en protégeant généreuſement & ſans partialité le vrai mérite. Faire les choſes à-demi, avec indifférence & froideur, ou par caprice, & par humeur, c'eſt travailler en pure perte. Ils doivent rendre juſtice; & on la leur doit à leur tour. Ce feroit en vain que nos Alexandres

II. PART. § I. défendroient à tout autre qu'à un Lyſippe, ou à un Appelle, de faire leur ſtatue ou leur tableau: il ſe trouvera des inſolens qui ſe feront l'honneur de s'exercer ſur ces Héros; & peut-être qu'après tout un pauvre Chérilus ſuppléera avec leur agrément à un Ecrivain illuſtre & diſtingué.

Dans un Gouvernement où le Peuple partage le pouvoir, ſans toutefois diſpenſer les graces, on attend du Prince & des Miniſtres qu'ils ſe chargeront de ce ſoin généreux, & qu'ils répandront les honneurs & les bienfaits ſur ceux qui peuvent honorer & ſervir la Nation. On compte que les premiers de l'Etat s'appliqueront non ſeulement à lui fournir les ſecours néceſſaires pour ſa ſubſiſtance & ſa ſureté, mais qu'ils feront encore tous leurs efforts pour ſoutenir ſa dignité. Les Arts & les Sciences ne doivent pas être abandonnés ſans protection. Le public même ſe ligueroit avec les gens d'eſprit & les bons juges pour punir cette négligence. Ce n'eſt pas un petit avantage pour un Miniſtre, même dans un Gouvernement abſolu, d'avoir les bons Eſprits de ſon côté, & d'obtenir leur amitié. Dans ces Etats, où les chefs ambitieux ſont ſouvent aux priſes pour la ſuprême autorité, il leur eſt fort utile de ſe faire une réputation parmi les gens de Lettres, & de les attirer dans leurs intérêts. Le bon Trajan, quoiqu'il ne fût pas bien ſavant, obtint autant d'éloges qu'un Auguſte; on le célebra auſſi hautement pour ſa bienfaiſance & l'encouragement qu'il accorda à la vertu & aux arts. Céſar, qui ſavoit ſi bien écrire, & qui pouvoit aussi bien soutenir sa cause par son esprit que par ses armes, apprit par expérience ce que c'étoit d'avoir un Catulle pour ennemi; quoique celui-ci le frondât continuellement dans ses épigrammes, il ne se lassa point de lui pardonner, & de solliciter sa bienveillance: mais le traitre sentit bien le motif de cette douceur. Plaise au ciel que tout ambitieux qui aura ces vues, ignore les avantages d'une telle conduite! C'est le seul défaut que j'eusse souhaité à César pour confondre ses projets. Jamais il ne seroit parvenu au point de grandeur auquel il s'éleva: jamais il n'auroit asservi sa patrie. S'il avoit montré de la rudesse, & l'austérité d'un Caton contre les productions du Génie; s'il eût négligé ou dédaigné les Beaux-Esprits de son temps pour ne remettre sa cause qu'à la force de ses armes, il n'eut été qu'un second Marius ou seulement son Catilina.

Je sais que quelques Grands s'imaginent, que dans le haut rang où ils se trouvent, ils payent un tribut suffisant aux Lettres, & qu'ils se distinguent eux-mêmes assez à cet égard, lorsqu'ils font quelque bien à des gens qu'ils choisissent au hazard, à des Génies subalternes, à des Ecrivailleurs qui savent faire leur cour, & qui ont l'art de s'insinuer & de surprendre leur confiance. Ils croient pouvoir s'afficher en conséquence pour de vrais Mécenes, & pour des connoisseurs éclairés: mais cette méthode est la moins propre à remplir leurs vues. La bienfaisance mal placée insulte doublement au mérite; elle est pire en toutes circonstances que l'indifférence. On ne peut excuser un mauvais choix, parce qu'on découvre ſans peine l'excellent dans tous les genres, lorſqu'on le cherche: la voix même du public l'indique aſſez, & nomme ces génies qui n'ont beſoin que d'être ſoutenus pour s'illuſtrer. Un homme d'eſprit, un homme à talens ne meurt jamais inconnu: ſi les Grands ne l'apperçoivent pas, il faut qu'ils aient la vue bien foible, ſans quoi il ſeroit impoſſible qu'ils laiſſaſſent échapper l'occaſion de montrer leur généroſité, & d'obtenir l'eſtime, la reconnoiſſance & les vœux de la plus ſavante partie du genre humain.

SECTION II.

Les réflexions précédentes nous mettent en état de juger de l'influence des Grands à ce ſujet. La liberté que nous avons priſe de conſerver les hommes puiſſans, fait voir combien les Auteurs ont tort de s'en prendre à eux pour excuſer leurs défauts; car dans un pays libre comme le nôtre, il n'y a pas de ſujets plus libres que les Ecrivains; s'ils ont réellement du mérite, ils peuvent tirer raiſon de ceux qui les offenſent; ils ont des moyens ſuffiſans pour ſe faire conſidérer des premiers du Royaume.

Malgré le découragement où tombent nos Auteurs, je ne ſoupçonnerois pas pour cela leur génie, & je ne l'accuſerois pas de petiteſſe & d'inſuffiſance, s'ils ne ſe trahiſſoient par un autre endroit qui décele leur médiocrité: Ils paroiſſent craindre extrêmement les Critiques. Les Critiques ſont pour eux des Spectres, des

Géans, des Enchanteurs, qui les troublent & les tracaſſent dans leur travail. Ce ſont des perſécuteurs acharnés devant leſquels ils cherchent à fuir, demandant la protection du peuple, & ſurtout des Grands, dont la faveur peut les ſouſtraire, à ce qu'ils penſent, à cette race impitoyable, qui les examine de ſi près: car quoi de plus cruel, que d'être obligé de ſe ſoumettre aux Loix rigoureuſes du génie, & d'écrire ſous les yeux de ces Juges ſéveres qui ſont ſourds à tous les complimens, & qui ne pardonnent rien, malgré toutes les choſes flatteuſes dont on peut les régaler!

II. PART. §. II.

Si l'on juge en effet de la ſituation d'eſprit d'un pauvre Auteur par le ton qui regne dans ſa Préface, ſon Epitre Dédicatoire & ſon Introduction, il ſemble qu'il craigne une conjuration de l'enfer & de la terre contre ſon ouvrage pour le faire échouer dans ſes généreux deſſeins. C'eſt pourquoi il s'arme d'indignation, & d'audace: il défie dans ſa fureur tous les mal-intentionnés, après quoi il entre en matiere ſans faire la moindre attention à ce qu'on peut lui objecter avec fondement, ni le moindre cas de regles de l'art.

L'*Odi profanum vulgus & arceo* étoit autrefois ſans doute une généreuſe bravade: mais les modernes n'ont pas le même privilege. Il faudroit donc que leurs *Avant-propos* fuſſent conçus en ces termes: „ Pour vous, Eſprits vulgaires, qui n'êtes point au fait de l'art, qui n'avez jamais été admis dans le Temple de la Sageſſe, qui n'avez jamais vu le Sanctuaire de la Science, accourez pour entendre la

„ Chanſon ou le Conte que je vais vous débi-
„ ter. Mais pour vous autres Adeptes, qui
„ avez de l'oreille & du jugement, qui pouvez
„ peſer le ſens, cadencer les ſillabes & meſu-
„ rer les ſons ; vous, qui, par un certain art,
„ diſtinguez une penſée fauſſe d'une vraie, la
„ correction de la rudeſſe, le galimathias &
„ le chaos de l'ordre & du ſublime, loin d'ici!
„ retirez-vous, tandis que je m'exerce avec
„ ces eſprits bornés qui ſont le grand nombre,
„ & qui ſont les ſeuls juges compétens de mon
„ travail."

C'eſt un ſpectacle étrange que celui des différentes formes que prend tour à tour la vanité humaine. Preſque tous nos Avanturiers Littéraires ſe vantent que par leur génie ſeul, une facilité naturelle, ils ſont en état de tout entraîner, qu'ils ſe jouent avec leur beſogne, qu'ils font les choſes en paſſant, au hazard, & dans un moment. Dans les beaux jours d'Athenes, lorſque les ouvrages d'eſprit avoient toute une autre phiſionomie, les Artiſtes étoient pareillement d'une toute autre humeur, & leur vanité d'une autre eſpece. Ils ſe piquoient de marquer le tems & le travail que leur coutoit la plus petite production, comme une Ode, une Satire, une Harangue ou un Panégyrique. Quand ils avoient tellement fini un morceau, lorſqu'ils l'avoient rendu ſi facile & ſi naturel qu'il ne ſembloit qu'une ſaillie heureuſe, & un coup de bonheur, ils auroient été fort fâchés qu'on le prit pour tel, & qu'on ne reconnût pas l'art de l'Ecrivain. Ils vouloient qu'on ſût qu'ils avoient travaillé ſérieuſement, & que leur aiſance étoit pénible, afin qu'ils puſſent dire comme fait l'élégant Horace en parlant de lui même: II. PART. §. II.

Ludentis ſpeciem dabit, & torquebitur. (*)

Et dans un autre endroit:

. . . . *Ut ſibi quivis*
Speret idem, ſudet multum, fruſtraque laboret
Auſus idem, tantum ſeries junctura que pollet. (†)

Il faut le tact fin & l'œil perçant du Critique pour ſaiſir cette préciſion. Le vulgaire n'y prend pas garde. Rien ne fait tant de peine à un vrai Artiſte que cette indifférence du public qui laiſſe paſſer un ouvrage ſans l'examiner. D'un autre côté, rien ne lui fait tant de plaiſir que le coup-d'œil délicat d'un bon juge. C'eſt à un petit génie, à un peſant Auteur, qui n'entend rien aux regles de l'art, à eſſayer de détourner l'attention du Lecteur par du clinquant & un faux éclat. Un habile Muſicien eſt au comble de ſes vœux quand il exécute un morceau devant de vrais connoiſſeurs; il ne s'adreſſe qu'à l'oreille délicate & critique: quelque ſoit l'humeur des ſpectateurs; qu'ils ſoient naturellement auſteres, chagrins, ou rigides, qu'importe pourvu qu'ils ſoient de vrais Critiques capables de ſaiſir toutes les délicateſſes de l'art. Qu'eſt ce qui mortifie davantage un bon Peintre, que de

(*) Epiſt. II. Libri II.
(†) De Arte Poeticâ.

ne pas trouver parmi ſes admirateurs un ſeul homme qui ſache diſcerner la maniere des différens Maîtres, ou appercevoir les avantages & les défauts, de chaque ſtile. Il en eſt de même dans les métiers inférieurs. Les vrais Adeptes en tout genre ne demandent pas mieux qu'on examine leurs ouvrages par toutes les regles d'une ſévere Critique. Pourquoi donc ceux qui prétendent à l'art d'écrire, nos Poëtes, nos Proſateurs, haïſſent-ils cette épreuve? Pourquoi ſommes-nous, à cet égard, ſi ennemis de la Critique? C'eſt ſans doute qu'en conſidérant l'état de la Littérature parmi nous on nous regarde toujours comme des *Empiriques* & des *Farceurs*.

J'oſe en conſéquence abſolument condamner l'uſage à la mode de crier contre les Critiques, & de les repréſenter comme les ennemis communs & les fléaux de la République des Lettres. Je ſoutiens au contraire qu'ils ſont les colomnes du ſanctuaire des Muſes, & que ſi l'on n'encourage pas ces hommes utiles, nous bâtirons toujours d'une maniere auſſi Gothique que jamais.

Dans ces Sociétés foibles & imparfaites, compoſées de *tribus* raſſemblées au hazard, & qui ſont à-peine établies dans leurs nouvelles demeures, on peut ſe croire aſſez heureux, lorſqu'on s'eſt fait un langage groſſier pour parler de ſes beſoins, & ſe pourvoir du néceſſaire. Un Etat pauvre & expoſé ne peut guere laiſſer de loiſir ou de goût pour les recherches curieuſes & ſavantes. Un peuple, qui n'eſt pas encore en ſureté contre la violence & les inconyéniens de la pauvreté, ne s'applique point à des arts inutiles: on ne peut pas se flatter qu'il s'attachera à polir son langage & des sons qu'il n'exprime qu'au besoin. Tel fut le cas des premieres *Sociétés*: mais lorsque dans la suite, elles furent établies sur de bons fondemens; lorsque les harangues & les discussions sur l'intérêt public devinrent familieres; lorsqu'après avoir examiné les discours des chefs, on les compara entr'eux; il étoit alors naturel d'observer des sons plus agréables, des tours plus heureux, plus faciles, en un mot un stile plus élégant dans un Orateur que dans un autre.

II. PART. §. II.

On conçoit par là que la *Persuasion* doit avoir été en quelque sorte la Mere de la Poësie, de la Rhétorique, de la Musique & de tous les Arts agréables; car il est très-apparent que lorsque les Chefs avoient grand intérêt à *persuader*, ils faisoient de grands efforts pour *plaire*; de sorte qu'ils s'appliquoient non seulement à mettre le plus bel ordre dans leurs pensées, mais qu'ils employoient encore les sons les plus harmonieux, la diction la plus touchante pour flatter l'oreille du public, & émouvoir le cœur.

Presque tous les anciens Maîtres en ce genre passent pour avoir été *Musiciens*; & la Tradition, qui devint bientôt fabuleuse, ne put mieux représenter les premiers fondateurs des grandes Sociétés, qu'en les donnant pour des Chantres réels, qui par le pouvoir enchanteur de leur voix & de leur lyre, savoient charmer les bêtes les plus féroces, & changer en villes florissantes les rochers & les forêts. On ne peut douter que ces Maîtres, qui étudioient si ingé-

II. PART. § II. nieusement la mélodie de la parole, n'ayent fait des progrès proportionnés dans la connoissance des simples sons & de l'*harmonie naturelle*; harmonie, qui d'elle-même doit avoir considérablement contribué à adoucir les mœurs sauvages des premiers peuples.

Si donc il est arrivé dans ces Sociétés libres, formées par une association volontaire, qu'après un certain tems, le pouvoir d'un seul ou d'un petit nombre ait prévalu; si la Force s'en est mêlée, en gouvernant la Société par la terreur sans l'agrément des associés; il s'ensuit que ces Arts, l'éloquence de la parole n'ont été que peu cultivés, parce qu'ils n'étoient que de peu d'usage. Mais dans les lieux où la *Persuasion* fut le principal ressort de la Société; où il fallut convaincre le peuple avant que d'agir; c'est là que l'élocution se soutint avec honneur: on écoutoit les Orateurs & les Poëtes. Les Sages & les beaux Génies se livroient entiérement à l'étude d'une éloquence qui rendoit le peuple plus traitable, plus sensible à la voix de la raison, & plus sujet à se laisser conduire par la science & les talens. Plus ils sollicitoient la faveur du public, & plus ils l'instruisoient. Chez un peuple qui avoit une pareille Constitution, il étoit de l'intérêt des Sages & des habiles, que la République jugeât des regles de la Sagesse & des talens. La haute estime que l'on avoit pour le génie, l'élevoit aux honneurs; & ceux qui y parvenoient, ne pouvoient manquer d'inspirer le goût des Arts qui les avoient illustrés.

Voilà pourquoi les nations libres ont porté

ces arts à un ſi haut point de perfection, ſous un Gouvernement & un climat favorables; au-lieu que ces vaſtes Empires, ſoumis à la force & au Deſpotiſme, n'ont pu produire, après pluſieurs ſiecles d'une profonde paix, que des fruits d'un goût ſauvage & d'une forme barbare. II. PART. §. II.

Lorſque l'Art de l'éloquence fut ainſi en crédit; lorſque les hommes avides de gloire étudierent à l'envi le cœur humain & les moyens de l'émouvoir; il devoit arriver néceſſairement que pluſieurs génies de la même force, quoique moins ambitieux, ſe contentaſſent de *contempler* ſimplement ces Arts enchanteurs. Plus ils ſe formoient le goût, plus ils ſe mettoient en état d'en jouir; car pour toute harmonie il faut une oreille. Il y a un art de connoître, qui doit abſolument précéder l'art d'exécuter ſi l'on veut qu'il produiſe ſon effet, & qu'il faſſe ſentir ou comprendre le beau & le bon en quelque genre que ce ſoit. C'eſt pourquoi les bons Artiſtes étoient naturellement ceux qui deſiroient le plus que *l'oreille du public* ſe formât, & perſonne ne pouvoit mieux les ſervir à cet égard qu'un de ces autres génies, dont nous venons de parler. Il étoit en quelque maniere leur *interprête* auprès du peuple, & il lui enſeignoit, par ſon exemple, à ſaiſir le bon en chaque genre.

Telle eſt l'origine des Critiques, qui s'accréditerent néceſſairement à meſure que les Arts & les Sciences continuerent leurs progrès: on les écouta à leur tour avec plaiſir, juſqu'à ce qu'ils furent tentés de devenir Auteurs & de

II. PART. §. II. s'afficher en public. On les honora du nom de *Sophistes* : titre qui dans les premiers tems, fut très-respecté. Les plus graves Philosophes, qui étoient les Censeurs des mœurs, & des Critiques d'un ordre supérieur, ne dédaignerent pas d'examiner les Arts subalternes, principalement ceux qui regardoient l'élocution & les moyens de persuader.

Depuis l'établissement de ces juges du génie, il ne fut plus possible d'en imposer aux hommes par de prétendues beautés. Le public ne se seroit pas payé de faux esprit, ou d'une éloquence de mots. Dans un tems où les bons Critiques étoient si bien reçus, & où les Philosophes mêmes ne dédaignoient pas d'en faire les fonctions, on devoit certainement s'attendre à voir des subalternes sans nombre qui diviseroient l'art en plusieurs branches. Les Etymologistes, les Philologues, les Grammairiens, les Rhéteurs & autres, devoient se distinguer dans leur genre, & faire voir la justesse de leurs principes, en découvrant les beautés cachées des bons Ecrivains, & en exposant les endroits foibles, les faux ornemens & les graces affectées de leurs petits Emules. Tout ce que nous appellons sophismes, galimathias, sentimens efféminés, jeux d'esprit, pensées disparates, comparaisons sans fin, métaphores absurdes, tout cela n'échappoit point aux plus communes intelligences, parce que l'on avoit sous la main les Notes & les Expositions du sujet, où les Critiques frondoient tout ce qui s'écartoit du naturel.

On comprend sans peine qu'entre les différens Styles le plus facile, & celui que l'on employa le premier, fut le *Merveilleux*, le *Pompeux*, ou ce que nous appellons généralement le *Sublime*. L'*étonnement* eſt de toutes les paſſions celle qui s'excite le plus aiſément parmi les hommes ſans expérience: on amuſe de la ſorte les enfans dès leur plus tendre enfance; & l'on ſait que le moyen de plaire à de foibles imaginations, eſt de les frapper en marquant de la ſurpriſe à la préſence des objets merveilleux qu'on leur expoſe. La Muſique des Barbares conſiſte en des ſons affreux & étonnans. Les Indiens ne trouvent rien de plus beau que des figures énormes, des couleurs étranges, & tout ce que l'on voit dans ce genre avec une ſorte d'horreur & de conſternation.

En Poëſie & dans la Proſe oratoire, l'*étonnant*, ou ce qui ſe paſſe communément pour *Sublime*, ſe forme par la variété des figures, la multiplicité des Métaphores, & en s'écartant, autant qu'il eſt poſſible, d'une diction aiſée & naturelle pour prendre le ton le plus bizarre & le plus éloigné de l'uſage ordinaire. Le Prince des Critiques, Ariſtote, nous aſſure que c'étoit là le ſtyle des premiers Poëtes, avant le ſiecle d'Homere, ou juſqu'au tems que ce Pere de la Poëſie vint à bout de la décréditer, & d'établir le goût du vrai beau. Il ne retint du ſtile figuré ou métaphorique que ce qui étoit ſelon les regles de la bienſéance; il introduiſit le ſimple & le naturel, & s'attacha à la vraie beauté d'une production, à l'unité de deſſein, à la vérité des caracteres, & à la juſte imitation de la Nature dans tous les détails. On

II. PART. §. II.

fuivit différemment fa maniere, & on l'appliqua à différens genres, & furtout au *Dramatique*. La Tragédie commença d'abord, & prit ce qu'il y avoit de plus majeftueux & de plus fublime. Les Poëtes réuffirent plutôt à cet égard que dans la Comédie, parce qu'en effet le genre eft plus facile; & il devoit plutôt arriver à la perfection, comme Ariftote (*) l'explique affez. Rien de plus digne de remarque que ce que ce grand homme obferve au fujet de la Tragédie, lorfqu'il déclare que quelque idée qu'on fe forme de la derniere perfection de ce Poëme, jamais on ne s'éleveroit plus haut dans la pratique que les Poëtes de fon tems; *parce qu'il a enfin*, dit-il, *atteint fon objet, & qu'il femble confommé & accompli* (†). Mais pour la Co-

(*) Voyez fa Poëtique. C. IV. où il compare la Comédie & la Tragédie; & Chap. XXII. Voyez auffi fa Rhétorique Liv. III. Chap. I.

(†) Ce grand homme fut auffi bon Prophete que bon Critique; car l'événement fit voir que la Tragédie ayant une fois atteint la perfection fous le pinceau de Sophocle & d'Euripide, leurs fucceffeurs ne purent aller au-de là: mais la Comédie offroit toujours un nouveau champ. La Tragédie fe trouva à fon plus haut période fous Euripide, & quoiqu'Ariftote l'examine très-févérement dans fa *Poëtique*, il avoue d'ailleurs affez clairement qu'il donna à la Tragédie toute la dignité dont elle étoit fufceptible. Quant à la réforme que ce Poëte introduifit dans l'ufage du *fublime* & du *ftyle figuré*, en général, voyez ce que le même Ariftote dit dans fa *Rhétorique*, où il s'efforce de démontrer l'impertinence & la fadeur des Orateurs fleuris, & de tous ceux qui n'entendent rien à la diction fimple & naturelle. „ Les „ bons Maîtres, dit-il, qui veulent bien manier le ftile „ de la Poëfie, ou le grand ftile, doivent cacher leur „ art autant qu'il eft poffible &c. "

Comédie, quoiqu'elle eux fait de grands progrès, il lui en restoit toujours à faire, comme il l'insinue clairement, malgré les travaux de l'ingénieux Aristophane & des autres Comiques du premier ordre, qui avoient fleuri un siecle auparavant. A quelque dégré de perfection que fussent portés le stile & le langage de ces Ecrivains; quelque variés que fussent les tours qu'ils donnoient aux ridicules; ils ignoroient néanmoins entiérement ce que c'étoit que la vérité des caracteres, négligeoient tout cela par étourderie ou par la fureur de toujours plaisanter. Menandre n'étoit pas encore; il parut bientôt après pour accomplir la Prophétie de l'illustre Chef des Critiques.

La Comédie n'avoit encore guere produit d'autre effet que celui des anciennes *Parodies* (*). Elle étoit d'un usage admirable pour fronder le faux *sublime* des Poëtes, & ceux d'entre les Modernes, qui tomboient encore dans ce défaut. Les bons Tragiques mêmes ne pouvoient guere échapper à ses railleries; les Orateurs empoulés lui offroient des sujets intarissables. Tout ce qui pouvoit en imposer par une fausse gravité, passoit nécessairement par l'épreuve de cette pierre de touche. On dis-

(*) Les *Parodies* étoient très-anciennes: mais on n'y trouvoit dans la réalité que du burlesque. La Comédie, qui en tenoit un peu, n'avoit encore aucune forme fixe jusques vers le tems d'Aristophane, qui fut un des premiers modeles & fondateurs de ce genre, dans le tems que la Tragédie avoit passé par toutes ses gradations, & brilloit de tout son éclat comme Aristote le prouve.

II. PART. §. II. cutoit, avec la derniere liberté les mœurs & les caracteres, les discours & les Ecrits. Rien n'étoit plus propre que ce genre pour démasquer la face des objets, & dissiper les prestiges du galimathias & de l'enflure:

Et docuit magnumque loqui, nitique cothurno.
Successit vetus his comœdia..... (*).

Cette révolution ne fut point un effet du hazard; la nécessité, la raison & la nature des choses l'amenerent; car la nature a ses remedes particuliers pour les tempérammens vigoureux, & sépare d'elle-même ce qui manque dans le développement d'une heureuse constitution. Comme la science & le goût se perfectionnoient à proportion du progrès des Lettres & des Arts, les vrais génies trouvoient en eux-mêmes une force, une vigueur, qui, à l'aide de *bons ser-*

(*) Horace, après avoir parlé de la premiere forme de la Tragédie sous Thespis, venoit de dire:

Post hunc personæ pallæque repertor honestæ
Eschylus, & modicis instravit pulpita tignis,
Et docuit &c.

Avant Thespis, la Tragédie étoit en effet, comme dit le Poëte, *ignotum genus.* Elle étoit ensevelie dans une espece de Chaos avec d'autres genres, & à peine pouvoit-on la distinguer par la pompe & la gravité du style, des plaisanteries qui donnerent ensuite lieu à la Comédie. Mais à prendre les choses à la rigueur, comme le dit Platon dans son *Minos*, la Tragédie étoit d'une plus ancienne date, & même très-ancienne chez les Athéniens.

mens, pour ainſi dire, & d'une ſalutaire oppoſition d'humeurs, corrigeoit d'un côté ce qui donnoit dans l'excès ailleurs. Ainſi le caractere trop ardent du *haut ſtyle* fut adouci par ſon contraire. Le génie comique fut une eſpece de *cauſtique* contre les *excreſcences* de ce genre. Mais bientôt ce remede même ſe changea en poiſon; c'eſt ainſi que les médecines ſe changent en *corroſifs*, lorſque les matieres *peccantes* ſur quoi elles travaillent, ſont ſuffiſamment purgées, & que les obſtructions ont diſparu.

II. Part. §. II.

In vitium libertas excidit, & vim
Dignam lege regi. . . . . (*).

C'eſt une grande erreur de ſuppoſer, comme pluſieurs ont fait, que la ſuppreſſion de cette licence par une Loi publique, fut une violation de la liberté des Athéniens, ou ſeulement un effet du pouvoir des étrangers; car il importoit fort peu à ceux-ci de quelle maniere les Citoyens ſe traitaſſent dans leurs Comédies, ou de quoi ce peuple ſpirituel s'amuſat. Si dans les révolutions du gouvernement, comme lors de l'uſurpation des *Trente*, ou des diſgraces que la République eſſuya de la part de Philippe, d'Alexandre ou d'Antipater, elle avoit été forcée de porter, malgré elle, une pareille Loi, il eſt certain qu'elle l'auroit bientôt révoquée après l'orage & le rétabliſſement de la liberté. En effet, quoiqu'elle ſouffrît au dehors par différens revers, & malgré la perte de ſon crédit

(*) Horat. *De Arte Poët.*

II. PART. §. II.

& de diverſes poſſeſſions, elle conſerva toujours le même gouvernement: d'ailleurs, pour peu que l'on connoiſſe l'antiquité & l'Hiſtoire, on ſait quel étoit le goût des Athéniens pour leurs ſpectacles & leurs amuſemens publics; perſonne n'ignore combien ils étoient jaloux de leur Poëſie, de leur Génie, de leur Muſique, en un mot de tous les Beaux-Arts, dans la connoiſſance deſquels ils ſurpaſſoient toutes les Nations.

Il n'y eut donc pas d'autre cauſe de ce Décret, & de cette réforme graduelle dans la République des Lettres, qu'une vraie réforme dans le goût & le caractere du Corps politique. Bien loin que cela portât atteinte à la liberté, elle y gagnoit au contraire; c'étoit faire le bien des particuliers & aſſurer leur repos, que de ſupprimer tout ce qui pouvoit nuire à la réputation de chaque Citoyen. Plus ce peuple habile connut les mœurs & la vie humaine, plus ſon goût pour les tableaux qu'on en faiſoit, ſe rafina. C'eſt ainſi que la Grece devint par degrés plus polie, & qu'elle ſe dégoûta de plus en plus du burlesque & des plattes boufonneries. Les Athéniens donnerent toujours le ton à cet égard, & montrerent l'élégance dans tous les genres. Ariſtote fait voir que de ſon tems la *Phallique*, ou Farce obſcene, regnoit encore dans quelques Villes de Grece, où le Magiſtrat l'autoriſoit; ces Villes furent les dernieres à adopter la réforme (*).

(*) Ariſtol. Poeticâ. Cap. IV. De Tragœdiâ & Comœdiâ

Mais ce qui prouve d'une maniere encore plus décisive que les mœurs & le langage des Anciens se rafinerent par dégrés, & particuliérement à l'égard du Théâtre, c'est que les Romains donnerent à leur scene les mêmes entraves, lorsqu'ils ne craignoient ni la tyrannie, ni les étrangers. Le genre *Fescennin* & *Atellan* fut proscrit dans le premier âge de la République, & cela pour le bien général de l'Etat, parce qu'on trouvoit que cette licence étoit réellement contraire aux justes prérogatives d'un peuple libre. II. PART. §. II.

Doluere cruento
Dente lacessiti : fuit intactis quoque cura
Conditione super communi. Quin etiam Lex
Pœnaque lata malo quæ nollet carmine quemquam
Describi. . . . . (*).

Pour justifier encore mon assertion, je pourrois, sans compter le témoignage des plus graves Historiens & Chronologistes, produire celui de l'un des plus sages Auteurs (†) de l'Antiquité: son suffrage seul en vaut plusieurs. Il nous montre que la *premiere Comédie*, qui consistoit en grossiéretés burlesques, fut calquée sur le *Sublime*: son ton familier étoit une espece de Leçon contradictoire que l'on opposoit à la pompe & à l'air guindé du grand stile. Une chose, qui est bien à remarquer, c'est que notre Auteur fait voir qu'il arriva presque dans le

(*) Horat. *Epist.* 1. *L.* 2.
(†) Strabon.

II. PART. §. II.

même tems une pareille révolution en Philosophie: il s'éleva, par opposition au sublime Socrate, & à son grave Disciple, un autre Maître & d'autres Disciples, qui fonderent une Philosophie *comique* : leurs personnes, leurs écrits offroient le contraste exact des premiers; ce n'est pas qu'ils eussent d'autres opinions ou d'autres principes; toute la différence consistoit dans le stile, la forme & la méthode.

On verra avec plaisir combien la généalogie de la Philosophie, & celle de la Poësie étoient analogues: les deux fondateurs ou Patriarches renfermoient dans leur sein toute leur postérité. De même que le Pere de la Poësie (*) passa dans toute l'antiquité pour avoir fourni des sujets au genre Tragique & Comique, & à toute autre composition de cet ordre; pareillement le Pere des Philosophes donna lieu aux différens Systêmes, ou méthodes philosophiques qui succéderent.

Platon, son Disciple, qui avoit de la naissance & un génie élevé, s'attacha au *sublime philosophique*, & surpassa dans ce genre tous ses émules. Un autre, qui étoit pauvre, obscur & porté à la satire, se fit une maniere qui, entre les mains d'un successeur plus heureux & plus plaisant, devint *comique*, d'après le modele

(*) En conséquence la Comédie est naturellement la derniere en date; car quoiqu'Aristote cite le *Margites* d'Homere comme analogue à la Comédie, cependant l'Iliade & l'Odissée, qui sont principalement écrits en stile héroïque, ayant toujours été les plus estimés de ses ouvrages, durent naturellement exercer d'abord les Ecrivains postérieurs.

de l'ancienne Comédie qui regnoit pour lors. Un troisieme Disciple, qui avoit un génie actif, & qui fut dans la suite le plus grand Héros de son tems, choisit le genre le plus agréable. Il réunit ce qu'il y avoit de plus solide & de plus profond dans la Philosophie, au ton le plus facile & le plus délicat d'un homme du monde. On ne pouvoit avoir plus d'éloignement que lui de la partie scholastique, oratoire ou purement poëtique du genre. Il s'écartoit autant du stile pompeux & sonore que du burlesque & du satirique. II. PART. §. II.

Tel fut ce Génie (*) simple & naturel, que l'on connoît & que l'on goûte si peu. Tel fut Menandre, dont les ouvrages ont si merveilleusement échappé à l'injure des siecles, vû la simplicité du stile & de la marche.

Outre les différentes manieres d'écrire exposées, ci-dessus, il en est encore une autre d'un grand poids, qui dérive principalement de l'Art Critique en lui même, & de l'étude exacte des anciens modeles. Aristote fut un des chefs de cet ordre d'Ecrivains; car quoique les Sophistes eussent déja traité divers sujets *méthodiquement* & *en forme*, cet illustre Auteur fut néanmoins le premier qui se fit un nom par la *Méthode*. Comme son génie le portoit plutôt à la belle Littérature qu'à la Philosophie, on s'occupa moins dans son Ecole de la Morale & de la Dialectique que des autres Sciences; celles-là étoient principalement cultivées par les Philosophes de l'Académie & du Portique.

(*) Xénophon.

II. PART. §. II.

On a obſervé, au ſujet de cette Méthode exacte & *Scholaſtique*, qu'elle convenoit naturellement à un Auteur, qui, quoique doué d'un vaſte & profond génie, n'étoit inſpiré ni par les graces, ni par la délicateſſe, ni favori d'aucune Muſe; qui loin d'avoir une imagination féconde, étoit au contraire ſec & ſans éclat, mais d'ailleurs vif, pénétrant, clair & exact. En effet le principal caractere de ce ſtile conſiſte dans le partage net & diſtinct des ſujets: quoiqu'il n'ait rien de ſublime, il eſt naturellement énergique & impoſant; il n'en eſt point qui ſubjugue plutôt l'eſprit, & qui affermiſſe mieux ſes jugemens. C'eſt par là ſurtout que ſe forment des principes fixes & ſolides; principes, qui, une fois établis ſur des fondemens ſûrs, ménent plus directement & avec plus de ſuccès à la ſageſſe & à la capacité en tous genres: mais s'ils ſont défectueux au moindre égard, ils nous conduiſent néceſſairement aux plus groſſieres abſurdités, & à la pedanterie la plus ſuffiſante.

Quoique tout autre ſtyle ait ſon ordre & ſa méthode de même que celui que nous appellons ſpécialement *Méthodique*, cependant c'eſt ce ſtyle ſeul qui affecte une méthode, & qui s'analiſe lui-même par parties. Le *ſublime* ne pourroit pas ſe prêter à cela, ou ſouffrir qu'on ſuſpende ſa courſe impétueuſe. Le *comique*, ou ſtile *moqueur*, eſt encore plus éloigné de faire parade d'une méthode: ſi jamais il prend ce ton ſage, c'eſt quand il ſe propoſe de caractériſer un objet, & de ridiculiſer l'air de pedanterie & de ſophiſme qu'il cache. Le ſtile *ſim-*

ple, qui étant la plus févere imitation de la Nature, devroit être en conféquence le plus achevé, foit dans la diftribution de fes parties, foit dans l'enfemble du tout, affiche fi peu une méthode, qu'il déguife l'artifice autant qu'il eft poffible, en tâchant feulement d'exprimer l'effet de l'art fous l'apparence d'un air facile & négligé. Lors même qu'il critique ou cenfure, il le fait *incognito* & fans bruit. II. PART. §. II.

Il eft vrai que nos Auteurs contemporains font auffi peu capables de recevoir que de donner un Avis pareil, tant notre palais goûte peu la fimplicité. La forme ou la Méthode didactique, telle qu'elle a été ordinairement emploiée parmi nous, engage fi peu notre attention qu'elle nous fatigueroit plutôt que les vers d'une ancienne Ballade. A peine entend-on l'argument du fujet, fes divifions & fubdivifions, qu'auffitôt il faut combattre avec foi-même pour ne pas fuccomber à la tentation du fommeil; ce qui eft un grand affront pour l'Orateur & un confidérable fcandale pour l'affemblée. Le feul ftile, qui refte chez nous à la Critique, pour avoir la force requife, eft l'*ancien Comique*. Les premieres Pieces mêlées ou Satiriques des Romains étoient dans ce goût: ce genre qui leur appartenoit proprement, fut perfectionné par les plus beaux génies & les meilleurs Poëtes de l'Empire; ils conviennent cependant que ce ftyle avoit pris fa fource dans la Comédie Grecque, dont nous avons parlé ci-deffus. Si nos Ecrivains vouloient s'exercer fur ce plan, ils pourroient peut-être obtenir un grand fuccès.

II. PART. §. II.

En effet, il eſt facile d'obſerver que dans notre Nation, la Critique, ou Méthode de réfutation, qui réuſſit le mieux, eſt celle qui approche le plus de la maniere de l'ancienne Comédie Grecque. Ce Poëme burlesque (*) ſi vanté, que l'on a écrit ſur nos controverſes religieuſes en eſt une preuve ſuffiſante; & cette Piece comique (†) ſi juſtement admirée, qu'un Grand nous donna quelque tems après, a fourni à nos meilleurs Auteurs la méthode la plus efficace & la plus agréable d'expoſer au ridicule la folie, le pédantiſme, les mauvais raiſonnemens & la manie des Ecrivailleurs. Si la Critique n'avoit pas pris ce ton intéreſſant, tous ceux qui connoiſſent un peu l'état de notre Littérature, & qui ſont les moins en état de juger du ſtile des Poëtes vulgaires, ou Auteurs alambiqués de notre âge, n'ignorent pas combien on nous en auroit impoſé par une foule de pieces de *Rhétorique dogmatique*, ou dictées par l'eſprit pédantesque.

Quelque forme, ou quelque ton que la Critique prenne parmi nous, il n'y a que les ſuperſtitieux & les ignorans qui puiſſent s'allarmer de cet eſprit; car ſi l'on critique mal ou plattement, on ſera effacé par un Cenſeur plus ſpirituel; ſi la critique eſt bonne, le génie y gagnera néceſſairement.

En examinant donc les tems anciens & modernes, il paroît que la cauſe des Critiques eſt la même que celle de l'eſprit, de la littérature & du bon-ſens.

(*) Hudibras.
(†) The Rehearſal, *la Répétition.*

SECTION III.

NOUS avons considéré les Auteurs, entant que soumis au dehors, à la disgrace ou à la faveur des Grands, au suffrage, ou à la censure des Critiques. Il ne reste plus qu'à examiner comment le Peuple, ou le Monde en général, est disposé à leur égard; & quel sujet ces Héros Littéraires peuvent avoir de se plaindre, ou de se vanter de l'accueil qu'ils reçoivent de la part du Public. II. PART. §. III.

Il est très-sûr qu'un vrai génie, ou un Artiste consommé, ne se détermine qu'à contre-cœur & en rougissant à trahir son caractere, & à prostituer son art par intérêt contre ses principes, ou les regles connues. Ceux qui sont au fait de l'Histoire des fameux Peintres, Architectes, Statuaires &c., se rappelleront plusieurs exemples qui confirment ce que nous avançons. Ceux qui ont quelque relation avec les grands Artistes, doivent avoir observé leur exactitude à cet égard. Quelque paresseux ou débauchés qu'ils soient, quelque indifférence qu'ils ayent pour d'autres maximes, ils détestent toute transgression des principes de leur Art; ils aimeroient mieux mourir de faim, que d'avoir la basse complaisance de travailler contre ce qu'ils appellent la *justesse* & la *vérité de l'ouvrage*.

„ Monsieur, dit un pauvre malheureux de „ ce caractere à un homme opulent, vous avez „ tort de vous adresser à moi pour ce mor- „ ceau. Faites le faire à votre goût; je sais

II. PART. §. III.

„ qu'il ſera mal. Tout ce que j'ai travaillé „ juſqu'ici eſt conforme à mon art; & jamais „ je ne violerai les regles ni pour vous, ni pour „ d'autres. "

Voilà de la vertu, une vertu réelle, un amour ſincere de la vérité, amour indépendant de l'opinion, & au deſſus des jugemens du public. Cette diſpoſition d'ame, ſoutenue pendant toute la vie, forme un caractere parfait: elle eſt l'ame de cette *probité* & de ce *mérite*, que les Savans ont quelquefois tant de peine à expliquer. Car les actions n'ont-elles pas une ſorte de *main-d'œuvre*, une vérité? Ou cette *main-d'œuvre* eſt-elle aſſez peu digne de nous pour n'en pas être auſſi fier que l'honnête Artiſte qui n'a pas d'autre Philoſophie que celle que la Nature & ſon métier lui ont enſeignée.

Quand on réfléchit combien les Artiſtes ſont ſcrupuleux & irréprochables à cet égard, on a lieu de s'étonner que ceux qui prétendent à la ſcience & à la ſupériorité dans un genre plus ſublime, ayent ſi peu de zele pour la vérité & la perfection de leur art. On devroit s'attendre que nos Ecrivains, pour peu qu'ils euſſent d'habileté, élevaſſent leur ſiecle à leur niveau, au lieu de condeſcendre ſervilement à ſa foibleſſe. Nous devons de l'indulgence aux premiers Génies de notre Nation; leur ſimplicité eſt excuſable, parce qu'après tant de ſiecles de barbarie, ils ont eu la hardieſſe de faire des excurſions dans un champ déſert & couvert de ruines, pour ſaiſir les poſtes d'honneur, & parvenir aux rangs, que perſonne n'occupoit encore. Mais à préſent que le ſiecle des Lettres eſt ſi éclairé, que la ſcience eſt établie, que les regles de l'art d'écrire ſont fixées, que la vérité de ſes principes eſt ſi bien connue par tout; il eſt ſurprenant de voir que nos Auteurs faſſent des Ouvrages auſſi informes & auſſi monſtrueux qu'auparavant. Il n'y a rien de plus ridicule que d'entendre nos Poëtes, dans leurs Préfaces, parler de l'art & des préceptes, tandisque leurs pieces ſont toujours auſſi mauvaiſes que jamais; ils ont auſſi peu d'égard pour ces regles que leurs honnêtes prédéceſſeurs, qui n'en ont jamais oui parler, ou qui du moins n'en ont reconnu ni la juſteſſe ni la validité.

Si les premiers Poëtes de la Grece euſſent ainſi courtiſé leurs compatriotes, en flattant leur goût; il n'auroient pas rendu tant de ſervices à leur pays, & ils ne ſe feroient pas autant honorés qu'ils l'ont fait, en ſe conformant à la vérité de la Nature. Les eſprits généreux qui ſont entrés les premiers dans la carriere, n'eurent pas toujours le public pour eux; ils plurent d'abord aux meilleurs connoiſſeurs, & enſuite au reſte du monde. Ils arracherent ſon ſuffrage, & la grandeur de leur mérite ſe concilia l'eſtime générale. Ils formerent & polirent leur ſiecle, reglerent le goût public, & travaillerent à ſe faire applaudir longtems & avec connoiſſance de cauſe. Leur eſpérance ne les trompa pas: les applaudiſſemens vinrent bientôt & furent durables, parcequ'ils étoient raiſonnés. On leur rend encore juſtice aujourd'hui; ils ont ſurvécu à leur nation, & ils vivent toujours, quoique dans une Langue mor-

II. PART. §. III.

te. Plus le ſiecle eſt éclairé, plus ils brillent. Leur réputation doit néceſſairement ſubſiſter auſſi longtems que les Lettres; & la poſtérité la plus reculée rendra juſtice à leur mérite.

Nos Auteurs modernes, au contraire, ſe forment, comme ils l'avouent eux-mêmes, ſur le goût du public, & ſur la mode regnante. Ils ſe reglent ſur les idées bizarres du monde, & ils avouent franchement qu'ils ſe rendent abſurdes, en voulant s'accommoder au génie du ſiecle. De nos jours, le Lecteur fait le Poëte, & le Libraire fait l'Auteur. Quel profit en revient-il au public, ou quel honneur durable l'Ecrivain peut-il s'en promettre; c'eſt ce que tout homme judicieux ſentira, aſſez.

Cependant, une infinité d'exemples prouvent combien nos Ecrivains ont tort de rejetter leurs défauts ſur le Public; puiſque les ſottiſes qu'ils donnent le plus ordinairement, ne ſont rien moins qu'amuſantes. Nous vantons avec empreſſement tout ce que notre Langue produit, & pour diſputer le prix aux autres Nations, l'eſprit de rivalité nous engage à exagérer le génie de ceux qui peuvent mieux ſoutenir la comparaiſon. Mais hors de-là, il faut avouer que nous faiſons peu de cas de nos Auteurs. Nous n'en avons même aucun que le ſuffrage unanime propoſe comme un *modele*. Nous allons à la Comédie comme aux autres ſpectacles; nous fréquentons le théâtre comme les tripots des bateleurs. Nous liſons des Poëmes Epiques & Dramatiques comme des Satires & des Libelles: car il faut néceſſairement que l'on connoiſſe l'eſprit & le ſcandale du jour. Nous avons besoin de lire, quelques plats que soient les Auteurs. C'est peut-etre ce qui nourrit la paresse & la négligence de nos Ecrivains : comme ils observent ce besoin que la curiosité nous impose, & qu'ils savent calculer au juste la nature & la quantité des demandes, ils apportent leurs fonds au marché, sans être dans l'embarras de faire une plus grande dépense d'esprit qu'il n'est nécessaire pour soutenir leur commerce.

Voilà pourquoi nos Satiriques sont bavards & boufons ; pourquoi leurs écrits ne présentent ni Morale, ni instruction, ce qui est cependant le caractere essentiel de ce genre, ce qui lui donne de la vie & de la dignité. Nos Panégyristes sont diffus & fastidieux, parce qu'ils prostituent indifféremment l'éloge à tout le monde. Les grands hommes, qu'ils prétendent célébrer, sont très à plaindre, & ne font qu'y perdre ; & le public se trouve dans le cas de faire à leur sujet de gré ou de force des réflexions désobligeantes : car dans la réalité, le fonds des Panégyriques n'est qu'une espece de pesante satire, que l'Auteur veut à la vérité, faire servir à son sujet ; mais qui a, si je ne me trompe, un effet fort opposé.

La Méthode en usage parmi nos Ecrivains, lorsqu'ils veulent louer un de leurs Confreres, un Bel-Esprit, un Héros, un Philosophe ou un Homme d'Etat, est de chercher, dans le catalogue de leurs petites connoissances, un nom illustre qui ait brillé jadis dans un genre analogue. Ils décochent quelques traits de satire contre l'ancien pour flatter le moderne, &

quand ils s'imaginent avoir dépouillé le premier de tout son mérite, ils prétendent en revêtir l'autre. Telle est la stérilité de ces faiseurs d'Eloges: ils ne savent comment s'y prendre pour louer, si ce n'est par la médisance. S'il faut vanter une Belle, Hélene doit être moins belle: Venus doit lui céder la pomme. Pour honorer un Moderne, il faut lui immoler un Ancien. S'il s'agit de vanter un Poëte, Homere ou Pindare n'osent soutenir le parallele. Si c'est un Orateur, ou un Philosophe, on détrone Ciceron, Demosthenes & Platon. Si c'est un Général d'armée, il efface tous les Héros ses prédécesseurs. Les Romains, dit-on, n'avoient point de discipline; & les Grecs ne surent jamais l'art de la guerre.

Si l'on vouloit former un art d'écrire sur la pratique moderne, la méthode que nous avons décrite, pourroit bien se nommer la *Regle de prompte expédition*, ou la *Loi d'Hercules*, par laquelle les Panégyristes, sans autre arme que leur massue, renverseroient les noms célebres, & mettroient à leur place ceux de leurs Héros. Je conseillerois cependant à ces flateurs d'observer un peu plus de modération à l'égard de cet usage violent. Ce n'est pas que je demande quartier pour les Anciens: mais je souhaiterois, uniquement pour l'amour des Modernes qui se piquent de bien louer, qu'ils fussent un peu plus réservés dans leurs paralleles. Il n'est pas nécessaire d'évacuer un Publicola, ou un Scipion, un Aristide ou un Caton pour servir à orner le triomphe des autres. C'étoient de bons Patriotes & d'excellens Généraux pour leurs

leurs tems; & ils ont rendu de bons ſervices à leur pays, ſans préjudice de ceux qui ſont actuellement la même choſe. Les Fabricius, les Emiles, les Cincinnatus, ah! laiſſez ces pauvres gens tranquilles; & ſi vous évoquez leurs reſpectables Ombres pour les perſiffler, peut-être vous tracaſſeront-elles plus ſérieuſement, & jetteront ſur vous & vos Mécenes un vernis qui ne vous ſera nullement avantageux. Les Anciens auront toujours un parti conſidérable parmi les Sages & les Savans de chaque ſiecle; & la mémoire des grands hommes étrangers, auſſi bien que des nôtres, ſera toujours chérie par ce qu'il y a de meilleur dans le monde. On n'a pas tant d'indifférence pour les *Morts*, pour qu'on n'uſe pas de repréſailles en cas de violence en faveur des *Vivans*.

II. PART. §. III.

Ce fut dans le tems que l'adulation devint à la mode, que l'on donna le titre de *Panégyrique* aux Pieces qui ne renfermoient qu'un éloge ſans bornes d'un ſimple individu. Les anciens Panégyriques n'étoient rien autre choſe, & les Auteurs de tout genre les récitoient dans les Aſſemblées ſolemnelles du Peuple: voilà à quoi s'exerçoient les Beaux-Eſprits & les Gens de Lettres, qui, de même que les habiles Athletes, faiſoient leur rôle aux Jeux Olimpiques & autres Fêtes nationales.

Quoique les Anglois n'aient point de pareilles Loix, ils ſont néanmoins merveilleuſement portés à ces exercices flateurs. Dans leurs Foires & leurs Solemnités publiques, ils exécutent groſſiérement leurs jeux olimpiques avec une adreſſe & une activité qui l'empor-

II. PART. §. III. tent ſur celle de tout autre peuple moderne. Il eſt vrai que leurs tours ne tiennent que du corps, & que le jugement n'y a point de part. Au reſte, il n'y a pas lieu de s'étonner qu'étant laiſſés à eux-mêmes, & ſans encouragement de la part des Magiſtrats, leurs exercices ſentent encore un peu la barbarie, ou du moins qu'ils tiennent plus de Rome (*) que de la Grece.

(*) Quiconque connoît bien l'eſprit & le caractere d'Horace, n'a qu'à comparer ſon Epitre à Auguſte avec le portrait qu'en font Suétone & les autres, & il ſentira facilement ce que le Poëte penſoit du goût des Romains, même dans un Prince qu'il admiroit, & qui néanmoins avoit tant de fureur pour les ſpectacles de l'Amphithéâtre, & autres Fêtes publiques. L'intérêt des Muſes en ſouffroit, comme Horace l'inſinue aſſez. Cependant Auguſte eut de grandes obligations à ſes ingénieux amis qui lui formerent le goût & le caractere; temoin ce que Dion même, ce flateur de Cour, rapporte d'un procédé de Mécene avec l'Empereur, lorſqu'il l'arracha de ſon tribunal, en lui diſant: *Sors de-là, Bourreau.* Mais Horace, fut obligé, par ſa ſituation & le tour de ſon humeur, de s'y prendre plus délicatement ſoit avec le Prince, ſoit avec le Favori.

Omne vafer vitium ridenti Flaccus amico
Tangit, & admiſſus circum præcordia ludit.

Pers. Sat. I.

Nous pouvons ajouter ici ce que Tacite ou Quintilien remarque au ſujet du goût des Romains: *Jam vero propria & peculiaria hujus Urbis vitia pœnè in utero Matris concipi mihi videntur, hiſtrionalis favor, & gladiatorum equorumque ſtudia; quibus occupatus & obſeſſus animus quantulum loci bonis artibus relinquit?* Dial. de Oratoribus: C. 29.

Les combats de Gladiateurs, & autres jeux sanguinaires que l'on permet au peuple font assez connoître le goût national. Les combats de tant de sortes d'animaux sauvages & apprivoisés, que nous mettons aux prises pour nous amuser, marquent bien le penchant extraordinaire que nous avons pour les spectacles du Cirque. II. PART. §. III.

J'ignore si c'est en conséquence de cette humeur sanguinaire de la Nation, que nos Satiriques sont si barbares, & que nos Panégyristes mêmes aiment tant cette méthode expéditive, dont nous avons parlé plus haut. Mais je suis bien sûr que nos Ecrivains de Théâtre se plaisent furieusement au carnage, & qu'ils ne respirent que ruine & destruction en tout genre.

Je conviens que ceux-ci, pour excuser les obscénités & les autres platitudes de leurs Pieces, soutiennent que leurs succès qui dépendent principalement des Dames, ne sont jamais plus considérables que quand ils font la guerre à la vertu & au bon-sens. Je ne veux pas gloser sur la validité de cette réponse à l'égard des avantures galantes; mais je confesse que je me suis souvent étonné de voir que les combats de théâtre fussent tellement goûtés du Beau-sexe.

Les personnes, qui, peu instruites de l'Histoire, ne sont pas en état d'observer les grandes révolutions du genre humain, les changemens qui arrivent dans les mœurs, le flux & reflux de la politesse, de l'esprit & des arts, sont continuellement tentées de prendre leur siecle pour modele: rien ne passe dans leur es-

II. PART. §. III.

prit pour barbare ou ſauvage que ce qui eſt contraire aux mœurs de leur tems. Si ces plaiſans juges euſſent brillé dans notre Bretagne, lorſque Céſar y fit ſa premiere deſcente, ils auroient traité de ſot Critique quiconque auroit eu l'audace de parler mal des vêtemens à la mode, & de rire des viſages peints & bigarrés de diverſes couleurs de nos bons Ayeux. Telle doit être néceſſairement la maniere de penſer de ceux qui ne ſont Critiques que par bel air. Mais pour un vrai Philoſophe qui connoît la nature de l'homme, & ſes progrès dans la Société, il voit clairement que nous étions auſſi barbares & ſauvages par rapport aux Romains du tems de Céſar, que les Romains l'étoient à l'égard des Grecs, lorſqu'ils les ſubjuguerent ſous Mummius.

Ces illuſtres perſonnages, qui ne peuvent guere remonter plus haut dans l'antiquité que juſqu'à la date prétendue de leur généalogie, ſe rappellent cependant les différentes mœurs de quelques regnes précédens, lorſque la Chevalerie étoit en vogue. Les Dames étoient alors ſpectatrices, non ſeulement de combats ſimulés, & d'exercices militaires, mais auſſi de vrais duels & de beaux faits d'armes: elles y paroiſſoient comme juges & arbitres. C'étoient de Saintes Patrones, à qui les Champions adreſſoient principalement leurs vœux, & auprès deſquelles ils prétendoient ſe faire valoir par de galans démêlés. Cet eſprit n'a pas tellement diſparu parmi nous, que le Beau-Sexe ne nous inſpire encore aujourd'hui de pareilles extravagances. Il eſt le principal ſujet de pluſieurs

Joûtes modernes, & il nous porte, par une influence ſecrette, à donner & à demander la ſatisfaction qu'exige l'honneur des honnêtes gens de notre ſiecle. En effet un galant homme de la Cour, interrogé par ſes amis pourquoi avec une réputation de courage & de bon-ſens auſſi bien établie que la ſienne, il vouloit cependant ſe commettre avec un faquin qui l'avoit fait appeller, avoua fort naturellement qu'à l'égard de ſon propre ſexe, il ſe confioit bien à ſon propre jugement; mais qu'il ne pourroit paroître *la nuit devant les filles d'honneur.* II. PART. §. III.

Tel est le différent génie des Nations, & d'un même peuple en différens tems. Il y eut autrefois des peuples, chez qui la décence ne permettoit pas aux femmes d'aſſiſter aux jeux publics (*), ou autres ſpectacles; chez d'autres

(*) *Contra, ea pleraque noſtris moribus ſunt decora, quæ apud illos turpia putantur. Quem enim Romanorum pudet uxorem ducere in convivium? Aut cujus mater familias non primum locum tenet ædium, atque in celebritate verſatur? quod multo fit aliter in Græcia. Nam neque in convivium adhibetur, niſi propinquorum, neque ſedet, niſi in interiore parte ædium quæ Gynæconitis appellatur; quo nemo accedit, niſi propinqua cognatione conjunctus:* Corn. Nép. dans ſa Préface. Voyez auſſi Elien, C. I. L. 10. Pauſanias, L. 5. c. 6. *Hinc de ſaxo fœminas dejicere Lex jubet, quæ ad Olimpicos Ludos penetraſſe deprehenſæ fuerint, vel quæ omnino Alpheum tranſmiſerint, quibus eſt eis interdictum diebus. Non tamen deprehenſam eſſe ullam perhibent præter unam Callipatiram, quam alii Pherenicem nominant. Hæc viro mortuo cum virili ornatu exercitationum ſe Magiſtrum ſimulans, Piſidorum filium in certamen deduxit; jamque eo vincente, ſepimentum in quo Magiſtros ſe luſos habent, tranſiliit veſte amiſſa. Inde feminam agnitam omni crimine liberarunt. Datum hoc ex Judicum æqui-*

II. PART. §. III. peuples les femmes paroissoient sans scrupule dans leurs amphithéâtres, sans que leur délicatesse s'offensât des scenes les plus sanglantes.

Au reste que nos Auteurs se plaignent tant qu'ils voudront du génie de notre nation; il est évident que nous ne sommes pas aussi barbares, & aussi Visigoths qu'ils l'assurent. Tout le sol de l'Angleterre n'est pas également mauvais: il y a des terreins que l'on pourroit cultiver avec grand avantage, si ces Messieurs y employoient l'art des bons Maîtres. Leurs productions éléveroient nos génies, si elles étoient mieux choisies & mieux exécutées. Ils verroient que nous sommes disposés à goûter des sujets plus nobles que ceux qu'ils choisissent généralement, plus par indulgence pour eux-mêmes que par complaisance pour le monde.

Outre quelques heureux efforts que l'on a faits depuis quelque tems pour écrire avec plus de justesse dans le genre héroïque & familier, nous avons d'anciennes preuves de nos dispositions pour le genre moral & didactique. Notre vieux Shakespear peut prouver que nous avons une bonne oreille & un goût mâle. Malgré sa rudesse naturelle, son stile peu poli, & son langage furanné, malgré ses irrégularités & ses défauts, quoiqu'il ne montre aucune des graces qui peuvent embellir son genre; cependant il plaît par la justesse de sa Morale, la facilité de la plupart de ses Descriptions, le tour

tate, Patris, Fratrum & Filii gloriæ, qui omnes ex Olympicis Ludis victores abierant. Ex eo lege sancitum, ut nudati adessent Ludis ipsi etiam Magistri.

naturel & ſimple de pluſieurs de ſes caracteres: ſouvent il nous flatte ſans emprunter le ſecours du vice ou de la corruption. Cette Piece (*), qui ſemble avoir le plus intéreſſé les Anglois, & qui a peut-être été repréſentée plus ſouvent qu'aucune autre, n'eſt preſque qu'une ſuite continue de maximes morales: ce ſont de profondes réflexions qu'un ſeul homme exprime au ſujet d'une ſeule calamité, & naturellement propres à exciter l'horreur & la commiſération. On peut dire avec raiſon de cette Piece, ſi je ne me trompe, qu'il n'y regne qu'un caractere ou rôle principal: on n'y voit point de doucereux flateur qui cajole ou adore puérilement les femmes; point d'impie qui fulmine contre les Dieux; point de bruyant héroïſme, ni rien de cet artificieux mêlange de ſentimens tendres & héroïques, qui ſont le pivot des Tragédies modernes, & qui les partage ſcrupuleuſement entre l'*Amour* & la *Gloire*.

II. PART. §. III.

En un mot, puiſque le génie *moral* brille ſi naturellement & avec tant d'éclat dans les deux principaux genres de la Poëſie, l'Epique & le Dramatique; puiſque notre meilleur Poëme Héroïque (†) n'a ni le ton doucereux, ni les tours à la mode qu'affecte l'eſprit; mais qu'au contraire, il n'offre que des penſées ſolides, une grande force de raiſonnement, des ſentimens nobles, des principes de piété, de vertu & d'une ſaine Morale, nous pouvons en inférer que ce n'eſt pas tant le goût du public que la

(*) *Hamlet:* Tragédie de Shakeſpear.

(†) Le Paradis perdu de Milton.

II. PART. §. III.

mauvaiſe beſogne de nos Poëtes qu'il faut réformer.

Nous voilà donc encore revenus à notre vieux refrain au ſujet des *Avis* : il faut que les Auteurs s'attachent par préalable à s'étudier & à converſer avec eux-mêmes ; devoir indiſpenſable dont ils s'acquittent ſi rarement. Ils doivent ajoûter la ſageſſe du *cœur* au travail de la *tête* pour mettre dans leurs ouvrages toute la proportion & la beauté, dont ils ſont ſuſceptibles. S'ils veulent que leurs productions reſpirent un air libre & naturel, ils doivent d'abord concerter tout en eux-mêmes ; & leurs talens une fois éprouvés de la ſorte, ils pourront, par leur génie, & un légitime uſage de l'art, donner le ton au public, & établir le vrai goût.

C'eſt d'*eux-mêmes* que tout dépend. Nous avons examiné leurs frivoles excuſes, & juſtifié les Grands, leurs Mécenes préſomptifs, que nous avons laiſſés à leur diſcrétion. Nous avons prouvé que les Critiques ſont un peuple qui n'eſt point malfaiſant, mais au contraire, très-utile. Et pour le Public, nous avons fait voir qu'il n'étoit pas auſſi méchant qu'il le paroît peut-être d'abord.

Il reſte à prononcer contre les Auteurs, puiſque nous leur avons ôté leur dernier prétexte. Il ne s'agit pas de les condamner comme manquant d'eſprit ou d'imagination, mais plutôt de correction & de jugement ; disgrace qu'ils ne peuvent conjurer que par beaucoup de diligence, d'application, & en ſe jugeant eux-mêmes avec impartialité. C'eſt de la forme & de la *méthode* dont ils ont beſoin ; ce n'eſt qu'un juſte ſentiment du *Beau moral* qui peut nous amener à la connoiſſance de l'ordre & des proportions, & nous faire ſaiſir le vrai ton & la meſure des paſſions humaines. II. PART. §. III.

Il faut abſolument que le Poëte apprenne du Philoſophe les maximes & les principes de la Morale. Il doit au moins paroître honnête & ami de la vertu dans tout ſon Poëme. Les Bons & les Sages ne lui paſſeront rien dans ce genre : quant au public, quoiqu'en général il ſoit corrompu, il ſera néanmoins plus content de ce procédé.

. . . . Speciosa locis, morataque recté
Fabula, nullius veneris, ſine pondere & arte,
Valdius oblectat populum, meliusque moratur,
Quam verſus inopes rerum, nugæque canoræ.

Horat. de Art. Poët.

TROISIEME PARTIE.

SECTION I.

III. PART. §. I. ON s'imagine communément qu'on ne sauroit faire un compliment plus flatteur à un Auteur qui vient de publier un nouvel ouvrage, que de lui dire qu'il s'est surpassé *lui-même*. En effet quand on considere avec quelle complaisance il sourit à ce mot, on seroit tenté de croire qu'il renferme quelque merveilleux éloge; car selon l'étiquette moderne, il ne faut qu'outrer la vérité pour louer dignement le mérite le plus commun. Or on sait très-bien qu'un mérite Litteraire ne cede pas dans le moindre article du cérémonial. Il est étonnant que les Auteurs soient si flattés d'une formule, qui veut dire simplement à la lettre, *Qu'ils ont en quelque maniere différé d'eux-mêmes, & qu'ils sont un peu au dessus ou au dessous de leur valeur ordinaire*: car si le plus méchant Ecrivain empire, ou excede sa portée naturelle d'une façon ou d'autre, on dit avec raison qu'*il va au de-là de lui-même*.

Nous voyons pareillement que le compliment le plus en usage pour louer un Prince ou un Grand en certaines circonstances c'est de leur déclarer *qu'ils se sont conduits d'une maniere digne d'eux, & conforme à leur caractere*. Il faut avouer que cette flatterie est imposante: elle n'a rien de suspect; car est-il quelqu'un qui ne joigne, dans son esprit, quelque qualité estimable à l'idée qu'il a de *lui-même*, lorsqu'on l'engage à considérer *ce qu'il est*? Tel est le goût naturel de tous les hommes pour le Beau Moral & la perfection, qu'ils ne manquent jamais de se juger favorablement eux-mêmes. Ils présument qu'ils ont, par le bienfait de la Nature, quelque chose d'estimable, & que ceux de leur espece doivent honorer; ils comptent que leur propre individu est, comme il le doit être, d'une valeur réelle dans la société; en un mot, qu'ils sont vraiment respectables pour leur mérite & leurs bonnes qualités. Ils concluent donc que c'est leur accorder le plus grand éloge, que de leur faire entendre qu'ils n'ont pas été au dessous d'eux-mêmes dans telle action, ou qu'ils se sont surpassés.

III. PART. §. I.

C'est ainsi que chacun s'attribue un mérite propre auquel l'univers doit des hommages. Mais le malheur veut que nous ne comprenions guere ce propre *Nous*, en le distinguant de celui qui le représente, ou qui le contrefait. Dans la Religion Chrétienne, dont la plupart des principes sont adaptés aux plus foibles intelligences, on ne doit pas s'attendre qu'une spéculation de ce genre puisse bien se faire. C'est assez que l'on nous donne une idée d'un plus noble *Nous-mêmes*, que celui qui est censé pour l'ordinaire la base de nos actions. Le propre *Intérêt* se prend ici selon les notions vulgaires; quoique d'un autre côté nous ayons de saints exemples de détachement dans des ames célestes qui ont marqué le plus profond mépris pour toutes les vues abjectes du propre Intérêt, qui ont voulu souffrir sans récompense pour

III. PART. S. I.

les autres, & qui ont ſouhaité de donner même leur vie & leur *être* pour la réuſſite des deſſeins que la généroſité & la vertu peuvent inſpirer (*). Mais de même que les *Phénomenes* phyſiques ſont expoſés dans l'Ecriture ſuivant les idées communes du peuple; ainſi les *Apparences Morales* ſe conſervent en pluſieurs endroits ſans altération, conformément au préjugé vulgaire, & aux notions générales du propre intérêt. Notre vraie *nature* paſſe quelquefois pour cette manie ambitieuſe qui nous inſpire l'amour de la gloire & de l'autorité, quelquefois pour ce goût puéril qui ſe repaît d'un vain éclat, & qu'on ne peut contenir dans l'ordre qu'en lui promettant des palais magnifiques, des bijoux précieux, des habits brillans, des couronnes, & autres jolies choſes pareilles, que l'on ſuppoſe dans un autre Monde.

Avouons que dans le tems même qu'une lumiere plus pure ſe développa aux yeux du peuple choiſi, les ténebres naturelles dont il étoit enveloppé, ſe faiſoient toujours ſentir, par la peine qu'il avoit à *ſe connoître*, & à diſcerner ſes véritables intérêts, après avoir ſubſiſté ſi longtems ſous la direction du ciel. Il faut que ſa ſimplicité ait été bien grande, puiſqu'on ne pouvoit lui inſpirer le goût de la plus ſaine doctrine qu'en le *régalant*, & que les plus ſpirituels d'entre les Diſciples étoient tellement occupés du *pain terreſtre* qu'ils interprêtoient les Sentences divines de leur Maître dans le ſens

(*) Voyez l'Exode & l'Epitre de S. Paul aux Romains.

le plus groſſier. Leur maniere de penſer en Morale devoit être conforme à cette opinion extraordinaire qu'ils avoient d'eux-mêmes. Il n'étoit pas étonnant que l'on fît myſtere d'un *plus noble principe* à la Nation la plus perverſe, la plus ridicule & la plus préſomptueuſe. On peut dire, à la gloire de ſes Légiſlateurs, Patriotes & Inſtructeurs, qu'ils ont ſurpaſſé ceux de toutes les autres Nations en bonté & en générosité; puiſqu'ils pouvoient aimer ſi ſincérement leurs freres tels qu'ils étoient, & qu'ils s'intéreſſoient avec tant de grandeur d'ame pour des gens qui le méritoient ſi peu. III. PART. §. I.

Mais quelque ſoit l'effet de la Religion, le but de la Philoſophie eſt de nous dévoiler à nos propres yeux, de nous rendre toujours ſemblables à nous-mêmes, de régler tellement nos paſſions & d'imprimer à nos penchans un tel caractere d'ordre & de conſtance que notre cœur ne ſoit plus un myſtere pour nous & qu'on puiſſe nous reconnoître par d'autres ſignes que par les ſimples traits du viſage; car ce n'eſt certainement pas par là ſeulement que nous ſommes *nous-mêmes*. Ce n'eſt pas *nous* qui changeons, lorſque notre figure change: mais il y a une *choſe*, qui étant entiérement métamorphoſée & changée, *nous* ſommes en conſéquence réellement transformés & anéantis.

Si un de nos amis intimes, après avoir eſſuyé pluſieurs maladies & couru grand nombre de périls dans des voyages au fond de l'Orient & dans des climats brûlés du Soleil, revenoit ſi défiguré que nous ne puſſions le reconnoître qu'après quelques momens d'entretien; il n'y

III. PART. §. I. auroit rien là de bien étrange, & nous n'en serions pas fort surpris. Mais si cet ami rapportoit, avec le même visage, des idées & des inclinations d'un goût étranger; s'il revenoit avec des passions & des sentimens fort éloignés de ce qu'il pensoit autrefois, nous dirions avec surprise & regret que c'est un autre homme, & non l'ami que nous avons pratiqué familiérement. Nous ne songerions pas à renouveller connoissance avec lui, quoiqu'il conservât peut-être encore le souvenir de ses anciennes liaisons, & de son commerce avec nous.

Quand il arrive une révolution de ce genre, quoique moins totale, dans un caractere; quand la passion ou l'humeur d'une personne connue change considérablement, c'est à la Philosophie que nous en appellons: on suppose alors que ce principe lui manque, ou qu'il n'agit que foiblement sur lui. C'est sur un pareil fondement que nous nous accusons souvent nous-mêmes, lorsque nous nous trouvons changés au point de n'avoir plus ni les mêmes mœurs, ni les mêmes goûts ni le *même intérêt*, mais souvent un autre diamétralement contraire, auquel nous travaillons avec le même zele & la même chaleur. Quand nous passons de la libéralité à une œconomie qui n'est pas moins marquée; de l'indolence & de l'amour du repos au goût pour les affaires; quand notre humeur sévere, qui détestoit le commerce aimable du Beau-sexe, se change en une passion contraire qui nous rend amoureux, ou esclaves des femmes; nous avouons alors notre foiblesse, & nous accusant de n'avoir point de Philosophie, nous disons en soupirant qu'en effet personne ne se *connoît soi-même*. C'est ainsi que nous reconnoissons l'autorité & le véritable objet de la Philosophie, de sorte que suivant que nous avons plus ou moins de cet esprit qui porte la lumiere dans le cœur, nous sommes en conséquence plus ou moins *hommes*; & il faut plus ou moins compter sur nous dans l'amitié, la société & le commerce de la vie. III. PART. §. I.

Les fruits de cette Science sont réellement ce qu'il y a de plus précieux; & après un essai convenable, on en goûte toute la douceur. Mais quand après avoir été invité à spéculer, nous jettons les yeux sur ce que nous supposons être l'*Arbre*, il n'est pas étonnant que nous en méprisions la culture, comme un méprisable secret. *On ne recueille pas*, dit-on, *des raisins sur des épines, ni des figues sur des chardons*. Or si dans le monde littéraire, il y a des épines & des ronces nuisibles, elles se trouvent vraisemblablement dans cette espece de *Plante* (*) que l'on donne pour la Philosophie dans quelques fameux Colleges. Il n'y a rien de plus ridicule que d'y chercher du jugement & de bons principes. Si les plus habiles gens se fussent occupés pendant plusieurs siecles à inventer une méthode pour confondre la raison, & dégrader l'intelligence humaine, ils n'auroient peut-être pas mieux réussi que par l'établissement de cette Science Grotesque.

(*) Voyez plus bas.

III. PART. §. I.

J'ai connu un *Enthousiaste* ambulant, qui embarqué dans une avanture spirituelle du premier ordre, & cela dans un pays où l'on ne plaisantoit point sur l'article, fut, à ce qu'il m'a dit, jetté dans une étroite prison, où il resta plusieurs mois sans voir le jour. N'ayant ni Livre, ni conversation avec personne, il eut l'adresse d'imaginer un amusement qui lui convenoit fort, & qui d'ailleurs pouvoit soutenir sa santé & sa bonne humeur. On pensera peut-être qu'il se trouvoit alors dans une situation des plus propres à la pratique du *Soliloque*, d'autant plus qu'il étoit du nombre de ceux que l'on appelle aujourd'hui Philosophes, un successeur de Paracelse, & un Adepte dans les Sciences occultes. Mais il n'entendoit rien à la Morale, ni à tout ce qui a rapport à la *conversation avec soi-même*. Il fit donc autre chose: il monta son gosier, non pas à la maniere d'un Musicien, pour exprimer une agréable mélodie; mais il travailla à former toutes sortes de sons articulés le plus distinctement qu'il lui fut possible. Il s'exerça en élevant vigoureusement la voix, & en l'essayant dans toutes les différentes dispositions ou configurations du gosier & de la bouche. Ainsi, il meugla, rugit, abboya, & exerçant ses organes en mille manieres différentes, il s'efforça de découvrir quelles lettres de l'Alphabet désigneroient le mieux chaque espece de son; ou quelles nouvelles lettres il falloit inventer pour les modes inconnus. Il trouva, par exemple, que la lettre *A* étoit fort naturelle, une voyelle pure originale & justement placée à la tête de l'Al-

l'Alphabet; car ayant éloigné ſa mâchoire in- III.
férieure de la ſupérieure autant qu'il lui fut PART.
poſſible, & empêchant avec ſes doigts que §. I.
ſa bouche ne ſe reſſerrât aux extrémités, l'expérience lui fit voir qu'il étoit impoſſible à la Langue humaine d'exprimer en pareil cas d'autre ſon que celui qui eſt repréſenté par la lettre *A*. Il obſerva que la voyelle *O* ſe formoit par une diſpoſition orbiculaire de la bouche, comme la lettre même le peint aſſez; & la voyelle *U* en avançant les levres ſur une ligne parallele. Les autres voyelles & les conſonnes ſe formoient par différentes colliſions de la bouche, & les opérations de la langue ſur le palais. Le réſultat de ces profondes ſpéculations fut un *Traité Philoſophique* que cet homme judicieux compoſa quand il fut en liberté. Il ſe tenoit pour le ſeul Maître de Langues à cauſe de la connoiſſance fondamentale qu'il avoit des ſons. Mais ceux qui l'auroient pris pour perfectionner leur voix, ou acquérir un juſte & agréable accent, ſe feroient, je penſe, fort abuſés.

Ce n'eſt pas que je veuille condamner comme inutile la ſcience ſpéculative de l'*Articulation*: elle tient ſon rang parmi les autres, & peut ſervir à la Grammaire, comme la Grammaire ſert à la Rhétorique & aux Arts qui lui ſont analogues. La ſolidité des Mathématiques & leurs avantages pour le genre humain, ſe prouvent par pluſieurs détails de ces Sciences utiles qui en dépendent; quoique les Aſtrologues, les faiſeurs d'Horoſcope & autres pareils charlatans jugent à propos de s'honorer du titre de

Mathématiciens. Quant à la Métaphysique, & à ce que l'on qualifie dans les Ecoles de Logique & de Morale, je veux bien que tout cela passe pour Philosophie, quand on m'aura démontré par quelques effets réels, l'utilité que l'homme en retire pour perfectionner son entendement & réparer ses mœurs. Mais un impitoyable bavard, ayant défini les Substances matérielles & immatérielles, & distingué leurs propriétés & leurs modifications, me propose cette méthode comme la seule propre à me dévoiler le secret de la Nature Humaine, je la crois d'autant plus illusoire qu'elle fait de plus fastueuses promesses.

L'étude des triangles & des cercles n'a rien à démêler avec celle des esprits; elle n'est d'aucun avantage pour avancer dans le chemin de la Sagesse, c'est-à-dire dans la connoissance de l'homme. Tout ce que désire un Géometre, est de conserver une tête saine au milieu de ses travaux, & il est heureux s'il y réussit. Quant à la science de la Nature humaine ou du monde, il s'en rapporte aux spéculations des autres. Telle est la modestie & le bon-sens du Mathématicien. Mais pour le Philosophe, qui dit s'occuper entiérement de l'examen de ses plus nobles facultés, & des sources de son intelligence; si dans la réalité sa science est étrangere à l'objet proposé; s'il n'atteint pas au but, & s'il ne saisit rien qui nous intéresse véritablement, cela vaut encore un peu moins que l'ignorance ou la stupidité. La méthode la plus ingénieuse pour devenir fou est de l'être par systême; & la plus sure maniere d'arrêter les progrès du bon-sens est de mettre quelque chose à sa place. Plus une chose quelconque ressemble à la sagesse, si ce n'est pas la sagesse elle-même, plus elle lui est directement contraire. III. PART. §. I.

On devroit s'attendre que ces Physiologistes, ces chercheurs de modes & de substances qui montrent une intelligence sublime si supérieure à celle des autres hommes, devroient également être au dessus d'eux par leurs passions & leurs sentimens. La persuasion où ils sont d'être dans le secret de la Nature, & de connoître ce qu'il y a de plus mystérieux dans le cœur humain, devroit à ce qu'il semble, élever leur grande ame fort au dessus des nôtres. Mais si leur prétendue connoissance de ce monde & de leur être propre est absolument stérile pour eux & pour nous, je ne sais pas à quoi bon une pareille Philosophie, si ce n'est pour proscrire de meilleures études, & débiter des sottises avec approbation & privilege.

Il n'est guere possible qu'un Savant, & surtout un Auteur, qui s'est enfoncé dans le pays des idées, & qui a traité *formellement* des passions, ne se croie conséquemment plus sage, & plus instruit de son propre caractere, & du génie du genre humain. Mais l'expérience démontre qu'il se trompe lourdement. Il n'y a personne qui soit plus foible en lui-même, qui ait moins d'empire sur ses passions, qui soit moins exempt de superstition & de vaines allarmes, & qui donne plus facilement dans les impostures les plus communes, qu'un prétendu Philosophe de cette classe. Au reste, il n'y a

III. PART. §. I.

pas lieu de s'en étonner: le genre de ses spéculations annonce ce qu'il doit être dans la pratique; il ne faut pas de raisonnement en forme pour rendre cette assertion évidente. Notre méthode familiere du *Soliloque* peut nous servir à cet égard; & nous déciderons peut-être la question d'une maniere plus agréable, en confrontant cette Philosophie si spéculative avec une autre qui est plus pratique, & qui regarde principalement l'amitié, la bonne intelligence, & la familiarité avec soi-même.

En conséquence, le Lecteur ne trouvera pas mauvais que je l'oublie un moment, pour me considérer moi-même, & que je saisisse l'occasion de développer cette *Conversation intérieure*, dont j'ai promis le secret. J'espere donc qu'il ne m'accusera pas d'impolitesse, si je prends la liberté de le perdre un peu de vue. En cas que j'éprouve un de ces *paroximes*, dont j'ai parlé plus haut, & que dans une sorte d'accès de phrénésie, je me plaigne hautement de moi-même, qu'il ne s'étonne pas de la franchise avec laquelle se traite une personne qui en peut agir ainsi avec son individu.

Si un Passant entroit par hazard dans la boutique d'un Horloger; & que, pour s'instruire du méchanisme d'une pendule, il demandât de quel métal, ou de quelle matiere chacune de ses parties est composée, comment on dore telle piece, comment se fait la sonnerie sans s'informer de l'usage véritable de cet instrument, du jeu merveilleux des roues, & des mouvemens combinés qui remplissent le but de cette machine, & la rendent parfaite en son genre, il eſt bien clair que ce curieux impertinent n'auroit qu'une connoiſſance fort ſuperficielle d'une pendule. Si de-même un Philoſophe étudiant la Nature humaine, ſe bornoit aux effets que chaque paſſion produit ſur le corps, aux changemens qu'elle occaſionne dans les traits de la phiſionomie, & à la maniere dont elle affecte les membres & les muſcles; ces connoiſſances pourroient le mettre en état de donner des avis à un Anatomiſte, ou à un Peintre, mais non pas à l'*Homme* ni à *Lui-même*; puiſqu'il n'a pas examiné l'opération réelle ou le reſſort de ſon ſujet, ni contemplé l'Homme comme Homme *réel* ou Agent humain, mais comme une montre, ou toute autre machine.

„ La peur, dit un Philoſophe moderne, „ détermine les eſprits animaux vers les muſ„ cles des genoux, qui ſont à l'inſtant prêts „ d'exécuter leurs mouvemens, en emportant „ les jambes avec une incroyable rapidité pour „ éloigner le corps du péril (*) " Admirable méchaniſme! Mais je n'entreprendrai pas de décider ſi le tremblement des genoux eſt plutôt un ſymptome de fuite, que le claquement des dents n'en eſt un de réſiſtance. Je ne trouverois, dans toute cette recherche, rien qui m'intéreſſât *moi-même*: & je ſuis bien ſûr que les ſpéculations les plus ſubtiles de ce genre ne m'apprendroient jamais à bannir mes craintes, ni à élever mon courage. Tout ce que je puis dire, c'eſt que la nature de la crainte, auſſi bien que des autres paſſions, porte ſur le pré-

(*) Deſcartes: *Traité des Paſſions.*

III. PART. §. I.

jugé: elles s'augmentent ou s'affoibliſſent ſelon que l'opinion, la coutume & l'uſage leur fourniſſent des alimens.

Ces paſſions qui uſurpent un aſcendant ſur moi, & qui different proportionellement l'une de l'autre, affectent mon caractere, & me rendent différent de *moi-même* & des *autres*. Il faut donc néceſſairement en pareil cas que j'examine avec ſoin mes propres mouvemens, en tant qu'ils ſont guidés par des *affections* extrêmement dépendantes de ma maniere de voir les choſes. L'étude ſuivie des différentes formes, des accès variés, du déclin & des révolutions des paſſions, me donnera certainement une plus juſte connoiſſance du cœur humain, & m'apprendra à mieux juger des autres & de moi-même. Il eſt impoſſible de faire le moindre progès dans une pareille étude, ſans prendre d'abord ſes avantages en réglant ces paſſions dont dépend tout le ſyſtême de la vie.

Si la Superſtition, par exemple, eſt l'eſpece de crainte qui nous agite le plus, il n'importe pas beaucoup de chercher vers quelle partie du corps le ſang ou les eſprits ſont détachés en cette occaſion, ni quel eſt leur *rendez-vous*; car je n'ai pas plus d'intérêt à le comprendre, qu'il dépend de moi de le régler ou de le changer. Mais quand on obſerve que cette crainte ſuperſtitieuſe prend ſa ſource dans l'opinion; quand on en recherche ſérieuſement les motifs, il faut néceſſairement que cette paſſion diminue à meſure que l'on découvre de plus en plus l'impoſture qui la nourrit.

Pareillement, s'il s'agit de la Vanité, en considérant bien sa nature, ses prétextes frivoles, ses avantages imaginaires; en la contemplant dans l'excès de l'élevation & de l'abbaissement; il est impossible que je ne guérisse pas, jusqu'à un certain point, de cette ridicule maladie. III. PART. §. I.

Laudis amore tumes? Sunt certa piacula . . .
Sunt verba & voces quibus hunc lenire dolorem
Possis &, & magnam morbi deponere partem (*).

J'en dis autant de la Colere, de l'Ambition, de l'Amour & de toutes les autres passions qui ne sont que des différentes nuances de l'*Intérêt*; car lorsque ces passions varient, mon Intérêt varie; & mon vaisseau ancre tantôt ici & tantôt là. L'homme en colere goûte un plaisir différent de celui d'un amoureux; & un nouvel avare ne trouve plus d'agrément à être libéral. L'homme même en bonne humeur juge autrement du *propre intérêt* que l'homme chagrin, ou légérement inquiet. Ainsi l'examen de mes penchans & de mes passions entraîne de toute nécessité celui de mes opinions, de ma fin, du but où je tends. Par conséquent l'étude des passions humaines ne peut manquer de me conduire à la connoissance de la Nature humaine & de mon Etre propre.

Voilà la Philosophie qui doit avoir naturellement la prééminence sur tous les autres genres de connoissances: elle n'est certainement pas de l'espece de celle que l'on a traitée de *vai-*

(*) Horat. *Epist.* 1. *L.* 1.

III. PART. §. I.

ne & de *trompeuſe* (*). puiſque c'eſt le ſeul moyen de découvrir la vanité & l'illuſion. Elle n'eſt pas analogue à celle qui porte ſur des *Généalogies* ou des *traditions* (†), ſur des *diſputes* ou de *vaines chicanes*. Elle ne tire point ſon nom, comme toutes les autres Philoſophies, des ſeules ſubtilités de la ſpéculation; mais elle eſt la Philoſophie par excellence, en ce qu'elle eſt ſupérieure à toutes les autres recherches; en ce qu'elle préſide ſur toutes les autres ſciences ou études; ſciences, dont elle aſſigne le vrai caractere, de même que la juſte valeur de tout ce qui eſt dans la vie. Cette Philoſophie juge la Religion même, examine les Eſprits, éprouve les Prophéties & diſtingue les Miracles: ſa regle eſt la *Rectitude morale*; & elle diſcerne en conſéquence ce qu'il y a de *juſte* & de *ſain* dans les paſſions; car ſi l'on ne connoît l'arbre que par ſes fruits, mon premier ſoin doit être de diſtinguer la vraie ſaveur de ces fruits, de rafiner mon palais, & d'acquérir un bon goût; de ſorte que vouloir que je juge l'*autorité* par la *morale*, tandis que la regle de la morale eſt ſuppoſée dépendre de l'autorité & de la volonté, c'eſt réellement la même choſe que ſi l'on m'ordonnoit de voir les yeux fermés & de compter ſans Arithmétique.

C'eſt pourquoi la Philoſophie, qui ſe juge elle-même auſſi bien que toute autre choſe; qui découvre ſon véritable objet, & ſon principal but, m'enſeigne à la diſtinguer de ce qui

(*) St. Paul aux Colos.

(†) Epit. à Tit. à Tim.

lui reſſemble; elle ſe montre *elle-même* à moi, en me faiſant connoître *mon être*, & tout ce qui *me conſtitue*. Elle marque le rang de toutes les ſciences ſubalternes; elle laiſſe l'une meſurer des *ſons*, l'autre ſcander des *ſillabes*, celle-ci peſer le *vuide*, & celle-là définir l'*eſpace* & l'*étendue*. Mais elle conſerve toute ſon autorité; elle garde ſa prééminence & ſon ancien titre de *Vitæ Dux*, *Virtutis Indagatrix* & autres juſtes qualifications qui lui appartenoient autrefois, lorſque l'Orateur Romain la peignit de ces couleurs: *Tu Inventrix Legum, Tu Magiſtra Morum & Diſciplinæ..... Eſt autem unus dies bene, & ex præceptis tuis actus, peccanti immortalitati anteponendus* (*). C'eſt une *excellente Maîtreſſe*; mais la mépriſe eſt facile, parceque pluſieurs de ſes ſuivantes affichent un auſſi pompeux appareil: il en eſt même quelques-unes qui l'emportent de beaucoup ſur elle par la parure & l'ornement. III. PART. §. I.

Sérieuſement, quelle brillante étude, quel digne amuſement que les *Spéculations philoſophiques*, la *formation des idées* leur *compoſition*, *comparaiſon*, *analogie* & *oppoſition*! Quelle eſt la Philoſophie qui aura un air plus ſéducteur, ou qui paſſera pour la vraie Science de l'Homme? Allons, il faut ſpéculer dans ce goût, ſi c'eſt le moyen de parvenir à la ſageſſe. Examinons mes idées de l'*Eſpace* & de la *Subſtance*: conſidérons bien la *Matiere* & ſes *Modifications*, ſi par là je me contemple *moi-même*, ſi je perfectionne mon entendement, & ſi j'étends la ſphe-

(*) *Tuſcul. Quæſt.* Lib. V.

III. PART. §. I.

re de mon esprit; car bientôt je connoîtrai la valeur de cette méthode. Observons donc avec soin ce qui se passe *en moi*; quelle chaîne, quelle consistence, quel rapport, ou quelle dissonance, s'y trouve. Voyons si, conformément à mes *idées* présentes, ce que j'approuve dans ce moment, pourra me plaire de même une minute après: s'il n'en est pas ainsi, comment m'y prendre pour être toujours égal à moi-même, pour donner de la constance à mes sentimens, à mes goûts, à mes opinions. Si je ne puis résoudre ce problême; si je suis toujours un mystere impénétrable pour moi; à quoi bon tant de sophismes & de raisonnemens alambiqués? Pourquoi admirer un Philosophe qui spécule si vainement & pourquoi tant travailler à devenir moi-même aussi vain que lui?

Aujourd'hui, je suis fort content de moi-même: je sens mes idées s'élever & s'épurer. „ Le beau Ciel! Que toute la Nature a d'é„ clat! Que tout est agréable & délicieux! „ les hommes, la conversation, la compagnie, „ la société! Quoi de plus désirable?" *Demain* c'est le tour des disgraces & des chagrins. „ „ Misérables Mortels! Cruel Etat! Qui vou„ droit quitter la solitude, écrire ou travailler „ pour un pareil Monde?" Philosophe! où sont tes idées? Où est la vérité, la certitude, l'évidence, dont tu parles tant? C'est ici plus qu'ailleurs qu'elles doivent se soutenir. C'est ici qu'il faut avoir des *notions justes* & en faire usage: des *idées complettes* & savoir les appliquer, cependant cette Philosophie ne peut m'y aider en rien, & conséquemment elle est illuſoire & frivole; car quelles que ſoient ſes autres propriétés, elles ne ſe rapportent point à *Moi*; elles ne regardent pas l'*Homme*; enfin elles n'affectent l'*Eſprit* qu'en le rendant préſomptueux pour ſes connoiſſances prétendues. III. PART. §. I.

D'ailleurs, quelles ſont mes idées du Monde, du Plaiſir, des Richeſſes, de la Réputation, de la Vie? Quel jugement dois-je porter des hommes, & de leurs affaires? Quels ſentimens, quelles opinions, quelles maximes me formerai-je? Si je n'en ai point du tout, pourquoi m'inquiéter de ce qui n'eſt pas? Que m'importe, par exemple, de ſavoir quelle idée je puis me former de l'Eſpace? „ Diviſez un corps „ ſolide de quelque dimenſion qu'il ſoit, dit „ un célebre Moderne, & il ſera impoſſible „ que les parties ſéparées ſe meuvent dans les „ limites de ſa ſuperficie; à moins que l'on „ n'y laiſſe une eſpace vuide auſſi gros que la „ moindre partie de la diviſion." ....

C'eſt ainſi que les *Atomiſtes*, ou les Diſciples d'Epicure, prouvoient l'exiſtence du *Vuide*: d'un autre côté, les partiſans du *Plein* font jouer leur *fluide*, & confondent l'idée du *Corps* & de l'*Etendue*. „ J'ai, dit l'un, une idée „ claire de ceci. Je puis m'aſſurer de cela, „ prétend l'autre." Cependant, Meſſieurs, que direz-vous s'il n'y a pas la moindre ombre de certitude dans vos ſyſtêmes réciproques? En effet, les Mathématiciens ſont partagés; & le méchaniſme de la Nature s'applique auſſi bien dans une hypotheſe que dans l'autre. Je ſuis convaincu que mon eſprit s'accommoderoit également de l'alternative, parce qu'il n'a pas pris parti. „ Philoſophe, parle-moi de ce qui „ me concerne, de ce qui regarde la vie hu- „ maine, de la conduite que je dois tenir dans „ les différentes occaſions, afin que quand la „ vie ſemble ſe retirer, ou qu'elle eſt épuiſée, „ je ne me trouve point dans le cas de m'é- „ crier, *O vanité!* de condamner le monde, „ & de me plaindre en même tems que notre „ exiſtence eſt courte & paſſagere." Mais pourquoi la trouver trop courte, quand elle eſt déſagréable? Pourquoi tant de plaintes contradictoires? La vanité, la *pure* vanité, eſt-elle un bonheur? La miſere peut-elle diſparoître trop tôt?

Il m'importe d'examiner tout cela. De plus, ſi je ne puis diſcerner l'analogie ou l'oppoſition de mes idées à ce ſujet; s'il m'eſt impoſſible de parvenir à quelque choſe de certain, qu'ai-je beſoin de tout le reſte? A quoi bon ſavoir ſuivre mes idées, les compoſer, & diſtinguer les ſimples de celles qui ſont complexes? Si j'ai une juſte idée de la vie, lorſque je ſais la ſacrifier avec plaiſir pour rendre quelque ſervice conſidérable à mes Amis ou à mon Pays; apprenez-moi donc à conſerver cette idée; ou du moins à m'en défaire ſans inconvénient, pour vivre tranquille & ſans danger. Dites-moi d'où me vient la notion du mérite & de la vertu; pourquoi dans un tems elle eſt ſi ſublime, & dans un autre ſi foible; comment je ſuis livré à tant de doutes & d'incertitudes; par quelle compoſition, quel renouvellement ou quelle autre intervention d'idées mon eſprit éprouve tant de changemens? Si c'eſt là l'objet de l'Art des Philoſophes, je m'y attache avec ardeur & j'embraſſe cette étude. Mais s'il en eſt autrement, je n'ai pas affaire d'une pareille ſcience; & je ne ſuis pas plus curieux de ſavoir comment je forme ou je compoſe les idées qui ſont marquées par des mots, que je le ſuis de connoître par quels mouvemens de ma Langue, je forme ces *ſons articulés*, que je prononce auſſi bien ſans ſcience ou ſans ſpéculation. III. PART. §. II.

SECTION II.

IL eſt à propos de me quitter ici moi-même, pour revenir au Lecteur. Je dois prévenir une objection importante qu'il ne manquera pas de me faire pour peu qu'il ait envie de m'embaraſſer. Pourquoi un Ecrivain, dira-t'on, ne garde-t-il pas ſes Ouvrages pour *s'entretenir avec lui-même*, ſans en faire part au public?

Je répons d'abord que je ne conçois pas bien ce que c'eſt que faire part de ſes ouvrages au Public. Je me rappelle, il eſt vrai, certains avanturiers, qui, par leur correſpondance avec leurs Facteurs les Libraires, ont fait un commerce conſidérable avec le *public*. Ils ont ſollicité directement ſa faveur avec toutes les formalités des Préfaces, & des Epitres dédicatoires; ils ont même employé des amis & des protecteurs pour parvenir à ce but. Ils ſe ſont peut-être hazardés d'aſſocier leur réputation à celle de quelque grand perſonnage, en obtenant la permiſſion de lui dédier un Ecrit, préſumant

III. PART. §. II.

qu'en conféquence, il pafferoit pour quelque chofe de confidérable aux yeux du *public*. On conçoit fans peine que des Auteurs ainfi protégés & avoués fouffriroient cruellement, fi ce public ne faifoit aucune attention à leur travail. Mais pour moi, je ne m'inquiete pas de ce que le monde penfera de mes amufemens, ou de quelle maniere il connoîtra ce que j'écris pour mon plaifir, ou par forme d'avis pour celles de mes connoiffances qui font embarquées dans ce malheureux trafic.

Il conviendroit que mes Amis, qui parcourent ces *Confeils*, n'euffent pas la peine de déchiffrer ma mauvaife écriture; & heureufement on me propofe un admirable moyen qui peut m'épargner la peine d'écrire une feconde fois mon Manufcrit, & m'en fournir autant de copies que j'en pourrois demander pour mon ufage & celui de mes Amis. Je n'ai pas défendu à mon *Imprimeur-Sécrétaire* de les multiplier autant qu'il jugera à propos pour fon profit. Ce que j'écris ne mérite pas qu'on en faffe un myftere; & fi on l'achete, c'eft un négoce auquel je n'ai aucune part, quoique par hazard, j'en donne la matiere.

Ainfi je ne m'en croirai pas plus fage, pour être *imprimé*. Je ne fens point que cette avanture puiffe ajouter à mon être quelque nouvelle vertu, ou quelque qualité dangereufe, lorsque j'aurai porté le fardeau de cette noble machine que l'on nomme la *Preffe*. Je ne conçois point comment elle peut paroître fi terrible aux Savans & aux fameux Adeptes dont toute la gloire dépend de cette invention. Il me ſemble difficile que la *qualité* de ce qui s'écrit puiſſe s'altérer par la *maniere* de l'écrire; ou qu'il y ait du danger à copier par une méthode expéditive, & à garder les exemplaires. Pourquoi ne feroit-il pas auſſi bien permis à un homme d'écrire avec du *fer* qu'avec une *plume*; ou pourquoi cette nouvelle parure apporteroit-elle quelque changement à la capacité d'un Auteur? pas plus ſans doute que s'il portoit des *bas au métier* après avoir toujours fait uſage de *bas à l'aiguille*.

En voilà aſſez pour mon Lecteur, ſi toutefois j'en ai d'autres après un ou deux Amis, dont j'ai parlé plus haut; car m'étant embarqué dans la Morale pour traiter un ſujet auſſi ſec que l'*Examen de ſoi-même*, je réveille naturellement l'extrême délicateſſe & la ſenſibilité des goûts modernes. Je ne prétens point examiner quels dégoûts de pareilles *potions* auroient autrefois produits dans des eſtomacs mal préparés. Mais toute méthode d'inſtruction qui ſent un peu le *Catéchiſme*, ne ſauroit être bien engageante d'elle-même, & j'en ſuis convaincu. En effet, une maniere auſſi leſte de nous faire des queſtions dans notre jeuneſſe, nous donne plus d'averſion, dans l'âge mur, pour la diſcipline auſtere que j'expoſe ici. Et quoique les points *métaphyſiques* de notre croyance s'inculquent par là avec des précautions admirables dans de jeunes eſprits; cependant ce premier pas peut faire enſuite que l'ouvrage de la raiſon & de l'exercice intérieur de l'ame avance plus lentement, & avec plus de peine.

C'eſt une tâche dure & pénible pour nous,

III. PART. §. II. dont l'enfance a été si savante, pour nous qui avons été instruits de si bonne heure de la nature de notre Etre, des autres Essences, Substances incorporelles, Personalités &c. de revenir, à 30 ans, sur ces leçons, & de les méditer de nouveau. On a de la peine après avoir déclaré par tant de graves sentences, & d'un ton si dogmatique, *ce que* l'on est, à récommençer cette recherche, & s'informer plus sérieusement de la nature de son *Etre* & de sa *Fin*, à examiner plus murement le jugement que l'on doit porter de son propre intérêt, l'idée que l'on doit avoir du bon, de l'honnête & de l'utile: connoissances dont nous devons faire la regle de notre conduite, & le principe de notre vie morale.

Peut-on se résoudre à considérer de nouveau ces mysteres, & à retourner à l'Ecole, après avoir appris sa leçon dans le monde? Cela est bien difficile; car supposant qu'après avoir sucé les principes de ce dernier Maître, je vienne à me demander *qui m'a conduit?* Je répondrois aussitôt, mon *Intérêt*.... Mais qu'est-ce que l'Intérêt, & comment le regle-t'on?.... *Par le caprice & l'opinion*.... Tout ce que je prens pour mon intérêt, est-il donc réellement tel? Ou mon imagination pourroit-elle bien avoir tort?.... *Cela est possible*..... Mais si l'idée que je me forme de mon intérêt, est fausse, mon objet, ou mon but, peut-il être raisonnable?..... *Pas beaucoup*..... Puis-je donc être supposé avoir un *but*, quand je ne sais pas même dans la réalité, à quoi je dois *prétendre*?

„ Il paroît donc que mon grand Intérêt est „ d'a-

„ d'avoir un *but*, & de ſavoir avec certitude „ où ſe trouve *mon bonheur & mon avantage*... „ Mais où peut il être que dans *mon plaiſir*, „ puiſqu'il faut que *mon bien & mon avantage* „ ſoient *agréables*; & ce qui eſt *agréable* ne „ peut-être autre choſe que *mon avantage & „ mon bien*?.... A merveille! c'eſt donc à „ l'imagination à commander; & l'intérêt eſt „ *ce qui nous plaît*: car ſi *ce qui nous plaît* eſt „ notre bien, *parce qu'il nous plaît*; il n'eſt donc „ rien qui ne puiſſe être notre *intérêt*; tout eſt „ bon.... Ce qui fait aujourd'hui tout notre „ bonheur, ne le fera pas demain.... Per- „ ſonne donc ne peut connoître ſon bien réel; „ & en conſéquence il n'y a perſonne qui puiſſe „ paſſer pour entendre ſes *intérêts*."

III. PART. §. II.

Voilà d'étranges embarras. Mais tâchons d'agir plus ſincérement avec nous-mêmes; avouons de bonne foi que le *Plaiſir* n'eſt pas la *regle* de la *Félicité*, puiſqu'en ſuivant purement le plaiſir, nous éprouvons des dégoûts qui nous en font ſans ceſſe changer d'objet, proſcrivant aujourd'hui celui qui combloit hier nos vœux: nous ne jugeons jamais également du Bonheur, tandis que nous conſultons la paſſion & le ſimple penchant.

Un Amant ſoupire après les délices de la jouiſſance: il ſe promet le plus parfait bonheur, s'il réuſſit dans ſa *nouvelle paſſion*. Il a joui; mais il n'eſt pas auſſi heureux qu'il l'eſpéroit; il ſe flatte toujours de l'être davantage dans une autre occaſion. Elle vient, cette occaſion, & il eſt encore trompé; cependant ſon eſpoir ſe ſoutient toujours.... Las enfin d'acheter ſi

III. PART. §. II. cher un plaisir toujours au dessous de ses desirs, il renonce aux embarras de la galanterie & de l'intrigue ; il ne veut plus soupirer: les petits soins lui semblent déroger à son mérite. Il lui faut des jouissances plus faciles. Eh bien, il suit ce nouveau goût, & il éprouve encore la même inquiétude & la même inconstance. Dédaignant de faire toujours des sottises, & de se plonger dans l'égoût du vice, il secoue ses premiers penchans pour prêter l'oreille à l'ambition. Voilà donc un Homme sérieux & affairé, qui cherche du crédit & de la réputation.

Quo teneam vultus mutantem Protea nodo? (*)

Pour ne pas donner dans les mêmes travers, voyons si je puis réprimer mon imagination, & la fixer sur quelque objet qui soit constant. Quand ma raison s'exerce sur des sujets de Morale, quand je fais des actions utiles à mes Amis & à la Société, je sens qu'alors je peux *jouir de moi-même*. S'il y a donc un plaisir de ce genre, pourquoi ne pas le goûter? Quel inconvenient y auroit-il que nous nous y livrions même davantage? Si je suis paresseux, je connois le mal de ce plaisir indolent, & je vais devenir un *frélon*. Si je suis débauché, j'en prévois les tristes conséquences, & j'ai sous les yeux l'exemple d'une infinité de dupes. Si l'avarice me plait; cette passion n'aboutira qu'à me rendre misérable. Mais si j'aime l'*Honnête*,

(*) *Horat. Epist. Lib. I. Epist. I.*

toutes les ſuites de ce goût ſe réduiront à perfectionner mon bon naturel, & à me faire jouir de plus en plus des délices de la Société. Au contraire, ſi je perds ce plaiſir par une lâche indifférence, il ne me reſte preſque plus aucun ſujet de ſatisfaction; car le bon naturel & l'amour ſocial ſont abſolument eſſentiels, même aux plaiſirs d'un Libertin.

Si donc il n'y a que les plaiſirs *honnêtes & moraux* que je puiſſe goûter librement & ſans réſerve; ſi les délices raiſonnables de la ſociété ſont ſi conſtantes en elles-mêmes, & ſi néceſſaires au bonheur; qui m'empêche de mettre mes autres plaiſirs d'accord avec celui-ci, plutôt que de m'en faire qui le détruiſent & ne s'accordent pas mieux entre eux?

Cela poſé, voyons comment je puis ſoutenir les aſſauts de mon *Imagination*, & défendre ma *Fortereſſe Morale* contre les attaques du faux *Intérêt*. Quand l'idée du plaiſir m'éveille, voici les queſtions que je me fais: „ Avant que „ cette idée s'offrit à mon cœur, me man- „ quoit-il quelque choſe?.... Non.... Eloi- „ gnons donc cette idée importune, & tout „ va bien.... Mais comme, cette idée du „ plaiſir me tourmente, je ne puis me paſſer „ de ſon objet ſans chagrin.... Optez donc, „ ou de ſouffrir de cette privation, juſqu'à ce „ que l'idée ſe diſſipe, ou de vous ſatisfaire, „ & de vous rendre ainſi l'eſclave non ſeule- „ ment de cette idée, mais encore de toutes „ les autres ſemblables."

En effet, toute fantaiſie quelconque n'aura-t'elle pas le même droit de ſe faire écouter, ſi l'on en admet une ſeule ſur ſa propre autorité? A quoi aboutira tout ce ménage, ſi la troupe entiere des deſirs fantaſtiques entre librement, & ſi l'on ne refuſe la porte à aucun? C'eſt le moyen de donner inſenſiblement dans le comble de la diſſolution. Quoi de plus propre, pour obtenir un caractere égal & eſtimable, que de prendre une route toute oppoſée? Un homme peut-il avoir quelque force d'eſprit, quelque empire ſur lui-même, ſi les idées du plaiſir, les ſonges de l'imagination paſſent ſans obſtacle; s'il ne repouſſe pas vigoureuſement l'attaque des vains deſirs, & s'il ne les met pas ſous le joug?

Il paroît donc que l'examen de nos idées n'eſt pas une pratique pédanteſque: on peut interroger l'imagination ſans lui faire injure, quoiqu'elle ſe préſente ſous les couleurs les plus ſéduiſantes pour plaider ſa cauſe & la gagner par la faveur de ce Juge corrompu qui eſt en nous, & qu'elle a toujours l'art d'intéreſſer.

On peut bien dire que c'eſt une dangereuſe *Solliciteuſe*; elle ne nous importune jamais; elle eſt toujours ſous nos yeux, nous la rencontrons par tout. Mais elle change de forme: elle n'eſt pas aſſez mal-adroite pour ſe montrer toujours à viſage découvert; elle eſt trop ruſée pour s'expoſer à nous fatiguer par l'uniformité: elle ſait d'ailleurs qu'elle n'a point une beauté aſſez réguliere pour être à l'épreuve d'un examen ſévere. Auſſi elle ſe tient ſouvent, à une certaine diſtance, nous laiſſant faire les premiers pas, contente de ſe montrer de profil, ou de jetter de tems à autre un coup d'œil myſtérieux, comme ſi elle vouloit ſe cacher. III. PART. §. II.

Elle nous préſente des idées enchantereſſes, dont une des plus dangereuſes paroît en quelque ſorte dans un ſombre appareil, avec la contenance la plus lugubre: elle éleve les yeux, ſe tord les mains, & prend mille attitudes qui portent l'émotion dans l'ame, juſqu'à ce que l'on diſcerne ſes vues, & que l'on en connoiſſe bien l'impoſture. Ce ſont des tons qu'elle emprunte de la tragique Melpomene: elle n'a rien en elle-même d'aimable ou de ſéduiſant; loin delà. Son art eſt de ſe rendre auſſi rebutante qu'il eſt poſſible pour rendre le manege de ſes *Sœurs* plus touchant. Si elle vient à bout de nous perſuader, par ſon ſiniſtre aſpect, que la *Mort* (qu'elle repréſente) eſt auſſi affreux, dès-lors on ſent triompher toute la troupe fantaſtique des vains *Deſirs*; la moleſſe & la poltronnerie ſe font entendre. La *Vie* la plus miſérable paroît un grand bien; & quoiqu'on en ignore la fin & les juſtes conditions, il n'y a rien que l'on craigne tant que de la perdre. Plus on s'y attache, & moins on eſt capable d'en jouir: on en dévore juſqu'à la lie par une pareille avidité. Le lâche plaiſir nous montre ſes attraits imaginaires, tandis que la vertu, la généroſité, le vrai mérite de l'homme & tous les ſentimens du ſolide bonheur, s'évanouiſſent en préſence de cette *Reine des terreurs*.

Quelques faux Raiſonneurs prennent un plaiſir indicible à ſeconder les impreſſions de ce *fantôme* ſur nos eſprits, quand ils veulent les confondre. Les Poëtes vicieux s'en ſervent

III. PART. §. II. aussi, quoique d'une maniere différente : le contraste de cette image terrible jette un nouvel agrément sur les jeux de leur imagination, & donne à leur Muse folâtre un beau champ pour célebrer la licence & la débauche. L'affreux tableau de la Mort sert comme d'éguillon aux plaisirs les plus vils. Des *cendres*, des *ombres*, des *cyprès*, un *tombeau* entretiennent la volupté. L'horreur d'un Etat d'insensibilité rend plus précieuses les sensations grossieres d'une vie purement animale.

Indulge genio : carpamus dulcia, nostrum est
Quod vivis : cinis & manes, & fabula fies (*).

Il n'est pas étonnant que la Licence profite de la terreur qu'inspire cette image : elle se soutient par cet épouventail ; semblable à une mere que son enfant serre de plus près, à mesure que ses frayeurs puériles l'incommodent. Elle engage son adorateur à se dépêcher de vivre selon ses principes ; & elle n'a pas tort. Qui ne désireroit que la vie se passât aussi rapidement qu'il est possible, quand ses plus nobles plaisirs sont déjà corrompus par une lâche crainte de la Mort ? L'amour propre & la bassesse qui accompagnent cette crainte, doivent bien affoiblir nos jouissances, & en quelque sorte réduire à rien cette somme de sensations agréables par lesquelles nous apprécions ordinairement notre bonheur sur la terre.

Mais quoi ? Une Muse aimable, la touchan-

(*) *Pers. Satyr. V.*

te *Calliope*, vient à notre ſecours : elle nous montre le vrai Beau, ce qui donne à la vie toute ſa perfection, & ſes plus dignes plaiſirs. Elle nous préſente un tableau attrayant de la Vertu, & nous apprend à apprécier notre exiſtence par celle des ames les plus magnanimes. mene par la main Clio & Uranie pour ſoutenir ſes intérêts. Elle emprunte de la premiere les traits mémorables que nous offre l'antiquité, pour confondre le noir fantôme de la Mort, & montrer le mépris conſtant que les peuples les plus libres & les plus heureux, les héros & les vertueux patriotes ont toujours eu pour cette chimere. La ſeconde lui préſente ce qu'il y a de plus ſublime en Philoſophie, pour expliquer les loix de la Nature, l'ordre de l'univers, & l'obligation où nous ſommes de nous accorder avec ce grand ſyſtême. Elle nous fait voir que ce juſte tribut nous rend infiniment plus heureux ; & que la meſure du bonheur & d'une vie fortunée ne ſe tire pas du nombre de jours plus ou moins grand que nous avons vécu, ni de la quantité de repos que nous avons pris : mais qu'elle conſiſte à *bien vivre*, à nous conduire honnêtement ſur cette ſcene paſſagere, & à la quitter ſans répugnance comme il convient.

III. PART. §. II.

C'eſt ainſi que nous rendons les plus nobles Muſes favorables à la Vertu : tout ce que ces pudiques ſœurs ont de plus auguſte brille dans nos mœurs. Les plus gaies & les plus agréables concourent encore au progrès de la Vertu, par la perfection de leur genre particulier, quand elles inſpirent de beaux Génies tels que les il-

III. PART. §. II. luſtres Lyriques chez les Anciens, & les Auteurs de la nouvelle Comédie, Thalie, Polymnie, Therpſicore, Euterpé ſe réuniſſent avec joie pour un ſi noble ſujet, & comme elles ſont également intéreſſées dans la cauſe de l'*Harmonie*, ce n'eſt qu'avec répugnance qu'elles ſervent au *Déſordre*. Au lieu d'être des *Sirenes* qui chantent le vice, elles aimeroient bien mieux accompagner leurs Sœurs aînées, & peindre des graces les plus ſéduiſantes ce qu'il y a de plus *harmonieux*, de plus divin & de plus digne d'elle dans la vie humaine. Elles ne different des autres qu'en ce qu'elles peuvent être plus aiſément perverties & ſe corrompre: car eſt-il un Ecrivain de quelque génie qui voulut proſtituer la Muſe de l'Epopée ou celle de la Tragédie, & les faire ſervir aux intérêts du vice & de la moleſſe? Ce n'eſt pas contre la mort, les hazards & les travaux que la Tragédie & l'Epopée ſe dirigent: on n'y vante point la vie, ni ſes foibles avantages. On expoſe, au contraire, ſes inconvéniens & ſes malheurs; on repréſente les déſordres des paſſions, & on loue le courage. L'honneur parle à haute voix; & le mépris de la mort forme le caractere de toute ame généreuſe & bien née, au lieu que l'amour opiniâtre de la vie ne peut entrer que dans un cœur abject.

Usque adeone mori miſerum eſt? . . . . . (*).

Il n'eſt pas poſſible de concevoir combien il

(*) Virg. *Eneid. L.* 12.

est facile de combattre les vains prestiges qui nous amusent par de fausses idées de *bonheur* & de ce qui est *bien*, lorsqu'on a tellement *conjuré* le fantôme effrayant de la *misere* & du *mal* qu'il ne peut donner le moindre secours aux autres illusions. Voilà la Science occulte, qui sans nous épouvanter par d'affreuses visions, ne nous inspire que des sensations douces & agréables, & fait évanouir les autres fantômes séducteurs de tout genre. Cette magie n'est certainement pas une bagatelle: mais faisons l'expérience en forme, & traçons le cercle; observons comment les Lutins subalternes paroissent, lorsque l'on tient leur chef.....

Voyez l'*Indolence*; cette *Enchanteresse*, se présente avec tout l'éclat & l'air négligé de l'oisive Molesse. Elle nous promet la vie la plus douce; elle nous invite à nous reposer voluptueusement sur un lit parfumé; elle nous défend de courir les hazards du sort ou des entreprises téméraires; en un mot, elle nous interdit tout dessein, où il faudroit agir. „ Où sont donc „ les plaisirs de l'ambition & de l'amour. Et „ qu'est-ce que la jouissance du monde? Les „ plaisirs que l'on perd par une stupide inac- „ tion, ne sont-ils donc pas des plaisirs?.... „ *L'indolence est le souverain plaisir*.... Quoi! „ vivre & ne rien sentir?..., *Ne sentir aucu-* „ *ne inquiétude*.... Mais quel est l'avantage? „ .... *La vie même*.... Est-ce là proprement „ vivre? La vie est-elle un sommeil? Est-ce „ là ce que je dois travailler à prolonger?"

Ici la troupe inconstante des Passions paroît se scandaliser. Il s'excite une guerre civile: la plupart se rangent du côté de la Raison, & se déclarent contre la nonchalante *Sirene*. L'Ambition rougit à la seule idée des douceurs qu'on lui propose. L'Orgueil & la Vanité prennent des tons importans. La Volupté même condamne doucement l'Indolence, & l'accuse de ne pas connoître le vrai plaisir. Loin d'ici, ridicule Chimere! ne me poursuis pas davantage; j'ai appris à une meilleure école que la Vie & le Bonheur consistent dans *l'action*.

Mais voici un autre spectre bruyant qui nous presse; il est actif, industrieux, vigilant; il méprise la peine & le travail. Il a l'air sérieux de la vertu, mais avec un mêlange de chagrin & d'inquiétude. Qu'est-ce qu'il murmure entre ses dents? Que regarde-t'il avec tant d'admiration & d'étonnement..... Des sacs, des cassettes, des monceaux d'un métal brillant! „ Quoi tout cela pour le service du Luxe? „ C'est pour lui tout cet appareil? Etes-vous „ donc son amie, grave Imagination? Est-ce „ pour elle que vous travaillez...... *Non*: „ *mais ce sont des secours contre le besoin*..... „ Mais le Luxe à part, dites-moi, n'avez-vous „ pas déjà l'honnête nécessaire?...... *Il est bon* „ *de se précautionner contre le danger de mourir* „ *de faim*..... N'y a-t'il donc d'autre mort „ que *celle-là*? ni d'autre passage pour sortir „ de la vie? Si cette porte est fermée, les au- „ tres le sont-elles aussi? *Avarice*, le plus vain „ des fantômes! n'est-ce pas à une lâche *pol-* „ *tronnerie* que tu sacrifies? Qu'ai-je donc à dé- „ mêler avec toi? Tu es doublement esclave; „ j'ai congédié ta maîtresse; peux tu espérer „ un meilleur traitement?"

C'eſt ainſi que je diſpute avec l'Imagination & l'opinion; je cherche la mine où elles travaillent; car c'eſt là que les *Deſirs* ſe fabriquent; c'eſt de cette ſource qu'ils tirent leurs privileges & leur crédit. Si je puis arrêter le mal dans ſon principe, & prévenir le cours des fauſſes eſpeces, je ſuis en ſureté. „ Sentimens! qui vous élevez dans mon ame, permettez que je vous examine: d'où êtes-vous, „ & à qui appartenez vous? Eſt ce à l'Ambition, ou ne promettez-vous que le Plaiſir? „ Dites-moi, que dois-je ſacrifier pour vous? „ L'honneur? La vérité? L'humanité? Qu'avez-vous à me donner en échange? Montrez-le, mais ſans flaterie, & ſans exagération. Eſt-ce l'Opulence? Une Réputation? „ Un Titre? ou une Maîtreſſe? N'entaſſez „ pas les objets pour m'éblouir. Examinons „ ſainement votre poids & votre valeur.

III. PART. §. II.

Tandis que je fais ainſi un *Soliloque* en regle, je ne puis m'empêcher de réfléchir ſur mon Ouvrage; & quand je le conſidere avec franchiſe, il me ſemble que j'écris plutôt par amuſement que dans le deſſein de faire quelque choſe de bien intéreſſant: „ Quoi! Quel viſionnaire! Pourquoi m'occuper de fantômes, „ & me battre avec des Chimeres..... Sans „ doute, ou bien les Chimeres me préviendront, & donneront le change à mon Jugement..... Quoi, me parler à moi-même „ comme un *Inſenſé*, en différentes perſonnes „ & ſous différens caracteres!..... Sans contredit, ou l'on verra bientôt un véritable „ Inſenſé, qui changera réellement de carac-

„ tere, ſans ſavoir comment y remédier. "

Cela n'eſt en effet que trop ſûr. Auſſi long-tems que nous aurons une Ame, des Appetits & des Sens, l'Imagination s'intriguera fortement, & nous troublera dans la Solitude comme dans la ſociété. Il faut qu'elle ait ſon champ de bataille: la queſtion eſt de ſavoir ſi elle ſera independante, ou ſi elle reconnoîtra un maître. L'independance eſt, je penſe, ce qui conduit à la *folie*: c'eſt la ſeule choſe qu'on puiſſe appeller *ſottiſe* ou *perte de la Raiſon.* En effet, dès-que l'on ſouffre que l'Imagination s'érige en juge dans une choſe, il faut qu'elle juge de tout. Tout eſt bien, parce que je me l'imagine. „ *La maiſon tourne ſur elle-même*: „ *la perſpective change*..... Non, mais c'eſt „ ma tête qui tourne: j'ai des vertiges, & „ voilà tout. L'Imagination voudroit me fai- „ re accroire ceci ou cela; mais je ſais bien „ mieux." C'eſt donc en examinant de près l'Imagination, que je me préſerverai de la folie; ſans quoi, c'eſt la maiſon qui tourne, quand j'ai des vertiges. Ce ſont les choſes qui changent (car je dois le ſuppoſer ainſi) quand ma paſſion, ou mon caractere varie. „ Mais j'é- „ tois dérangé; je rêvois..... Qui dit ce- „ la?....." Qui? Cette Raiſon qui me conſerve le jugement, & ſans laquelle je ceſſerois bientôt d'être *moi-même*.

Oui, tout homme qui veut conſerver l'intégrité de ſon être, doit néceſſairement contenir ſon imagination, & lui impoſer une ſorte de diſcipline: plus cette diſcipline ſera ſévere, & plus l'on ſera raiſonnable; moins elle ſera exacte, plus on sera fou & insensé. Les choses ne peuvent toujours, à cet égard, rester dans la même situation: c'est un jeu où il faut gagner ou perdre. J'agis sur l'Imagination, ou elle agit sur moi. Si je me relâche elle triomphe. Il ne peut y avoir aucune trêve entre elle & moi. Il faut que l'un ou l'autre de nous commande. Si je laisse mon imagination à elle-même, il faut qu'elle gouverne à la longue; & alors quelle différence y a-t'il entre cet état & celui de la folie?

C'est ici le même cas que dans une famille, lorsque l'on demande, *Qui regne? Quel est le Maître?* Observez alors quel est le systême de la maison, qui parle haut d'un ton de supériorité, qui interroge; ou celui à qui l'on parle & que l'on interroge? Si les domestiques font le premier rôle, ils sont les maîtres, & le gouvernement de la maison sera tel qu'on doit l'attendre en pareilles circonstances.

Quel est donc l'état des choses dans mon empire intérieur, dans mon économie morale? Que fait mon Imagination? Comment en agit-elle avec moi? ou plutôt. Est ce que je la gouverne? Qui tient le sceptre? qui interroge & prononce? Voyons si je me contente d'écouter sans répondre? Si j'opine pour l'Imagination, si je lui soumets mes sentimens, si je juge enfin du bonheur & de l'infortune comme elle en juge, comment puis-je être *moi-même*?

Celui qui, se trouvant dans une plaine unie, se figure des précipices sous ses pieds, des rochers qui menacent sa tête, des nuages embrasés dans un ciel serein, des tempêtes furieuses dans le calme le plus profond, cet homme ne réve-t'il pas? Mais celui, qui, par accident; semble lancer le feu par les yeux; un autre, qui en sortant d'un vaisseau, éprouve des vertiges, en conséquence des agitations de la mer; un troisieme, qui par le vice de l'oreille, entend comme le bruit du tonnerre; tous ces gens-là peuvent aisément guérir, & s'empêcher de devenir fous.

Un dérangement dans l'organe de la vue, peut me faire voir les plus étranges figures; & quand il s'y forme une cataracte ou autre maladie, je crois appercevoir des mouches, des insectes &c. qui se jouent dans l'air devant moi. Cependant malgré toutes les erreurs possibles de mes sens, je ne suis pas pour cela *hors de moi-même*: je me possede toujours, tant qu'il y a *quelqu'un* dans mon intérieur, qui a le pouvoir de contredire les apparences, & corriger l'imagination.

Voilà de nouvelles idées qui me frappent: mais je n'en crois pas leur rapport. J'écoute ce qu'elles ont à me dire, & je leur réponds comme elles le méritent. Mon Imagination n'est pas *moi*; & je suis *moi-même* quand je m'oppose à elle. Si, au contraire, je ne la croise en rien, si j'adopte tout, si je prens pour *bonheur* & *malheur*, pour *bien* & *mal*, tout ce qu'elle me présente comme tel; nous allons voir conjointement des abîmes, des embrasemens, Cerbere, un Elysée, des déserts, des champs émaillés de fleurs, *des mers de lait* & des *vaisseaux d'ambre*.

On indiqua fort ingénieusement à un Prince

Grec aussi fou qu'Alexandre, & qui vouloit comme lui conquérir des mondes, la méthode de s'expliquer avec sa Raison : ce fut un Ami discret qui l'interrogea insensiblement sur ses vrais desseins, le but & les avantages de ses entreprises. L'Histoire en est suffisamment connue ; tout l'artifice dont il usa avec le Prince, fut de le presser adroitement par des questions. Comme l'Imagination ne prévoyoit pas les desseins que l'on avoit contre elle, elle se laissa échauffer peu à peu. Elle dit d'abord que l'objet du Prince étoit seulement un canton, qui, placé devant lui comme un promontoire, sembloit éclipser sa gloire. Elle parla ensuite d'une belle Isle contiguë, qui s'offroit naturellement au vainqueur. La côte opposée eut après cela son tour de même que le continent qui environnoit les deux côtés de la mer ; enfin on y joignit la chose la plus facile du monde, & d'une exécution immanquable, savoir l'empire de la mer & de la terre. „ Quoi encore ? s'é„ cria l'Ami. Que ferons-nous quand nos „ vœux seront ainsi comblés, & que nous se„ rons heureux ? *Eh bien nous nous réposerons „ & nous nous réjouirons avec une bouteille.* Hé„ las ! Seigneur, qui nous empêche d'être heu„ reux dès ce moment de la maniere que vous „ le dites ? Notre naturel, ou notre vin, de„ viendra-t'il meilleur ? Goûterons-nous da„ vantage la paix du cœur ? Ce que vous pou„ vez perdre par vos entreprises, se conçoit „ aisément : mais vous voyez que votre Ima„ gination ne peut pas vous dire ce qu'elle „ veut gagner. " Cependant l'Imagination

III. Part. §. II.

III. P'ART. §. II. triompha; le Prince, qui étoit abſolu, ne s'étoit pas aſſez examiné *lui-même* pour ſouffrir la contradiction *en compagnie*. Son front ſe ride, il change de diſcours, & déteſte le ſacrilege du cenſeur de ſon Imagination, à qui il s'adreſſe avec un redoublement de ferveur: en un mot il ſe décide à faire autant de conquêtes qu'il lui ſera poſſible. Le cri de la victoire frappe déjà ſes oreilles; les lauriers & les couronnes ſe jouent devant ſes yeux..... Qu'étoit-ce que tout cela? Songes & vertiges, apparences illuſoires, mondes danſans, fantômes, *mers de lait & vaiſſeaux d'ambre.*

L'application de ce trait hiſtorique eſt facile. Que l'on obſerve comment, dans les circonſtances ordinaires de la vie, l'Amour, l'Ambition, & toute la troupe joyeuſe que l'Imagination traîne à ſa ſuite, de même que les images ſombres & lugubres d'une autre eſpece, s'emparent de notre eſprit. On remarque ſans peine comment cette troupe fantaſtique nous domine, quand nous ne prenons pas les devans ſur elle pour conjurer ſes preſtiges à force de réflexions. Voilà ſur quoi roule l'*Avis*, & la Méthode du *Soliloque*, que j'expoſe ici. Que ces maximes ſoient utiles, ou non, pour nous rendre plus *ſages* & plus *heureux*, je ſuis ſûr au moins qu'elles nous ſerviront à devenir plus *ſpirituels* & plus *polis*. Cette Science doit, plus que toutes les autres, nous mettre au fait du génie, des paſſions, des mœurs, de la juſteſſe des caracteres, & de la vérité des choſes: quand nous entendons bien tout cela, nous pouvons le décrire naturellement; & c'eſt ſur quoi

quoi porte principalement l'art & l'adresse d'un bon Ecrivain; de sorte que si *bien écrire* est un mérite, il est évident que les Auteurs, qui font beaucoup de cas de leur métier, doivent trouver quelque chose d'utile dans la pratique de l'*Examen intérieur*. III. PART. §. II.

Quant à l'*Auteur de cet Ouvrage* (pour me servir du style modeste de nos Modernes) il se contente d'employer cette méthode uniquement pour son profit, sans s'embarasser du titre & des hautes fonctions d'un Ecrivain. Qu'on lui permette, dans ce cas, d'imiter les meilleurs & les plus beaux génies d'entre les Poëtes Romains; & quand même une incapacité absolue lui défendroit de prétendre à l'esprit; quand même celui d'Horace ne lui profiteroit de rien, il est cependant convaincu qu'il peut retenir quelque chose de son *Honnêteté* & de son *Enjouement*.

. . . . Neque enim eum lectulus, aut Me
Porticus excepit, demum Mihi: rectius hoc est:
Hoc faciens vivam melius; sic dulcis Amicis
Occurram.... Hæc Ego mecum compressis agito labris... (*).

(*) *Horace.* S. 4. L. 1. Et encore:

Quo circa mecum loquor hæc, tacitusque recordor:
Si tibi nulla sitim finiret copia lymphæ,
Narrares Medicis: quod quanto plura parasti,
Tanto plura cupis, nulline faterier audes?
. . . .
Non es avarus: abi; quid? cætera jam simul isto
Cum vitio fugere? Caret tibi pectus inani
Ambitione? Caret mortis formidine & irâ. Epist. 2. L. 2.

SECTION III.

III. PART. §. III.

NOUS voici parvenus à la conclusion de notre ouvrage. Il convient de revenir ici sur nos pas, & de rappeller le passé. Ceux qui se piquent d'ordre & de méthode, recapitulent généralement ici leurs réflexions. D'autres ont substitué à cet usage une sorte d'Apologie; car on connoît trop bien la nature d'une Préface pour y chercher des raisons d'estimer l'Auteur: ce mot de *Préface* n'est qu'un autre terme pour signifier *Excuse*. D'ailleurs, l'Ecrivain se trouve toujours trop à l'étroit dans ce Préambule, quelque diffus qu'il paroisse. Il prend donc ses avantages par ce *Corollaire* ou Conclusion. Il finit d'une maniere touchante, en s'efforçant de reconcilier le Lecteur avec ses fautes qu'il aime mieux excuser que corriger.

La mode a consacré cette pratique, qui est actuellement du bel air, & dont un Auteur ne peut guere se dispenser. C'est un maître tour de passe-passe pour lier conversation avec le Lecteur. On peut parler impitoyablement de soi-même, avec toute la modestie apparente d'un homme qui est bien éloigné de toutes vues d'amour propre, ou d'une trop présomptueuse opinion de ses talens. Il y a tant de grace & de candeur à s'accuser de paresse, de précipitation, de négligence & de tout autre vice qui a fait faire des *fautes*, qu'il seroit bien triste que le pauvre Pécheur se fût si parfaitement acquitté de sa besogne qu'il ne pût confesser publiquement ses délits; car c'est par la multitude de ses transgressions qu'il trouve grace auprès du Lecteur. En effet qui ne feroit pas touché de cette humble pénitence? Quel Critique feroit affez barbare pour lui refuser l'*abfolution* & fon amitié? III. PART. §. III.

On connoît dans le monde galant les avantages d'une pareille humilité. Ceux qui fe flattent de trouver de bonnes fortunes par leur mérite, échouent prefque toujours. L'Amant modefte, qui reconnoît tout devoir à la bonté de fa Belle, eft plutôt récompenfé, parce qu'il s'en fait moins accroire, & qu'il ne fe pique point de mériter quelque chofe. Le Mérite paffe généralement pour préfomptueux ; on fuppofe qu'il a toujours une certaine affurance, un ton facile, qui ne contentent pas abfolument une Maîtreffe. Il a des droits qui paroiffent diminuer la faveur gratuite de la Bienfaitrice. Elle fe croit plus Souveraine, & plus en état de fe faire obéir fans réferve lorfqu'elle verfe fes graces fur ceux de fes fujets qui doivent y prétendre le moins.

C'eft ainfi qu'une certaine adoration du Beau-Sexe, que l'on n'a garde de traiter de profanation & d'idolatrie dans une fiecle auffi éclairé que le nôtre, peut fervir, felon l'opinion ordinaire, à juftifier ces *Dévots* de la galanterie, qui imitent dans leur ferveur les Dévots de la Religion : on feroit tenté de croire que l'humilité eft la meilleure méthode, pour parvenir au Temple de l'Amour, & un homme qui oublie fon mérite, fera bien récompenfé de cette *abnégation* de foi-même. Mais ce culte dont on honore les Belles, ne doit pas faire, à ce qu'il me femble,

III. PART. §. III. une regle dans le monde littéraire. Quelque déférence qui ſoit due à ce corps d'hommes que l'on appelle Lecteurs, je m'imagine qu'on leur marque aſſez d'égards, en faiſant tous les efforts poſſibles pour rendre un ouvrage parfait, & en les laiſſant juger de l'exécution, ſuivant qu'ils en ſont capables.

La perfection doit toujours paroître difficile à atteindre. Mieux on connoît cette perfection, & plus on deſeſpere d'y parvenir. Mais un Ecrivain qui n'en a pas même d'idée, prend un eſſor téméraire & ne ſauroit rien produire de bon. Quelque envie qu'il ait de plaire, il faut qu'il ſe mette au deſſus de ce motif, pour ne conſidérer que ces graces & cette beauté complette de la Nature, qui nous enchantent: il faut qu'il cherche cette délicateſſe de compoſition, que tous les hommes ne ſentent que par les effets, tandis qu'ils ignorent les cauſes, appellent un *Je ne ſais quoi*, une choſe inintelligible, un charme, un enchantement, dont l'Artiſte même ne peut rendre raiſon.

Je ſuis tenté de faire ici ce que j'ai moi-même condamné. J'ai de la peine à me défendre de donner une Apologie de mes fréquentes citations des Regles des Artiſtes ordinaires, des Maîtres d'Exercices, des Académies de Peinture, de Sculpture, & du reſte des *Virtuoſes*. Mais je ſuis ſi ſûr d'avoir raiſon à cet égard, que malgré toute la tyrannie de la coutume, j'aimerois mieux avoir recours à ces Ecoles ſubalternes pour chercher la vérité & la nature, qu'à d'autres Sociétés où l'on cultive des arts & des ſciences plus ſublimes.

Je suis persuadé qu'un honnête *Virtuose* sans étalage & sans manie, est plus près de la vertu & du bon sens, que ce que l'on appelle dans ce siecle un *Erudit* (*); car la grossiere Nature

(*) Il n'est pas en effet vraisemblable que, dans l'état actuel, où se trouve l'Erudition, notre ingénieuse Jeunesse, puisse acquérir tous les avantages d'une belle & heureuse Education, en réunissant des connoissances pedantesques à celles, que doit avoir un homme du monde. Ces Académies, où elle pourroit faire tous les exercices, qui lui conviennent sont malheureusement négligées. Les Lettres sont releguées, je ne sais où, dans des Cloîtres, des Cellules, & livrées à de vieux enfans. Les Beaux-Arts n'ont plus aucune affinité avec la Philosophie, qui conséquemment deviendra insipide, inutile & directement opposée à la connoissance réelle du monde. Ainsi les jeunes gens sont réduits à choisir entre deux routes fort différentes, savoir celle de l'*Erudition Scholastique* qui est la lie de l'ancienne Litterature, ou celle du *Beau Monde ignorant*, qui se pique d'élégance, & brille par les sottises des Langues modernes & de l'esprit étranger. L'effrayant aspect de la premiere dégoûte, & l'on juge que le voyage est impraticable. De-là cette aversion générale pour les Savans qui ont l'esprit à rebours, & qui se perdent parmi des obstacles ridicules, dans de plattes formalités & d'affreux Dédales, Mais si faute d'avoir le jugement assez formé, on a mal étudié Homere ou Xénophon, ne peut-on pas, dans un âge plus mûr, revenir à cette étude, aussi bien dans la Capitale & au milieu du monde que dans la poussiere d'un College, ou dans un Village? Plutarque, Ciceron, Horace, ne pourroient-ils pas accompagner un Jeune Homme dans ses Voyages, dans une Cour, ou même, s'il le falloit, dans un Camp? On trouve assez de loisir pour lire tant de Traductions de mauvais Originaux, tant d'Auteurs François & Italiens qui ne servent qu'à procurer un amusement stérile. Je conviens que les François peuvent se glorifier de quelques Ecrivains estimés avec raison, corrects, pleins de goût & sans affectation,

même, dans sa premiere simplicité, nous forme mieux l'intelligence que l'art d'un Sophiste, ou la science d'un Pédant : *Faciunt, nimis intelligendo, ut nihil intelligant.* Ce mot s'appliquera toujours à cette Logique, à ces Principes, à ces Formules en usage parmi certains Maîtres, dont on connoît assez la sottise. Les effets trahissent la cause, & le tour d'esprit de leurs plats Disciples, annonce le caractere de la doctrine qu'on leur enseigne. Il ne faut pas s'étonner qu'après avoir reçu une si absurde éducation, on ait tant besoin des leçons de cette excellente Ecole que l'on nomme le *Monde.* Les simples récréations des honnêtes gens sont plus utiles que les plus profondes recherches des Pédans ; & ce sont eux qui fournissent à la jeunesse un antidote contre l'esprit contagieux de ces derniers. S'ils avoient une commission publique, qui leur donnât le privilege exclusif d'écrire, nous verrions sortir de leurs plumes des ouvrages qui feroient proscrire tous les Livres en général, ou au moins ceux qui ont paru dans notre Nation sous un gouvernement aussi subordonné.

Il n'y a point de genre d'Ecrit, relatif aux

ennemis du faux sublime, du faux sentiment, des pointes & des *concetti.* Ils ont des génies qui se sont formés sur le modele des Anciens, & qui avouent avec reconnoissance ce qu'ils doivent à ces grands Maîtres. Mais pour ceux qui puisent dans d'autres sources, & les Italiens surtout, je les regarde comme les corrupteurs de la belle Litterature ; & ils ne peuvent être goûtés que par des gens qui ignorent les graces des Anciens, & qui sont malheureusement sans principes.

Hommes & aux Mœurs, pour lequel il ne ſoit néceſſaire que l'Auteur connoiſſe bien la Vérité *Poëtique* & *Morale*, la beauté des Sentimens, & le Sublime des Caracteres: il ne doit jamais perdre de vue ces graces naturelles qui relevent chaque action d'une maniere ſi touchante. S'il ne ſent pas naturellement cette harmonie intérieure, il n'y a pas d'apparence qu'il jugera mieux de cette proportion extérieure, de cette ſymmétrie de compoſition, qui conſtituent une Production marquée au bon coin.

III. PART. §. III.

Si nous pouvions nous convaincre une bonne fois de ce qui eſt en ſoi-même ſi évident; ſavoir que la regle du bon & du mauvais goût ſe trouve néceſſairement dans la nature des choſes, auſſi bien pour les traits intérieurs que pour les formes extérieures; nous rougirions infiniment plus de notre ignorance & de nos faux jugemens ſur les caracteres que de nos mepriſes ſur les formes. Dans les Arts mêmes qui ſont de pures imitations des graces & de la beauté extérieures, il y a non ſeulement le goût du genre; mais un homme inſtruit découvre, entre pluſieurs fauſſes manieres & mauvais ſtyles, le ton vrai & naturel qui repréſente le vrai Beau. C'eſt cette même grace, cette même beauté morale, qui ſe montrant dans le tour du caractere & dans la variété des actions humaines, s'offre au pinceau de l'Ecrivain. S'il ne connoît pas ces graces, s'il n'a jamais été frappé de l'éclat de la beauté de ce genre, il ne pourra jamais caractériſer au naturel des hommes exiſtans, ni faire des portraits d'imagina-

III. PART. §. III. tion, pour lesquels il a le champ entiérement libre. Comment représenteroit-il le *mérite* & la *vertu*, le *difforme* & le *défectueux*? Il n'est pas en état d'assigner, avec justesse & dans leur vraie proportion, les extrémités, ni de séparer les caracteres éloignés. Il faut que le plan soit irrégulier, & les traits confus, lorsque la base est foible. Un Dessinateur, qui sent si peu ces proportions, cette excellence, ces beautés, ne pourra jamais décrire un *caractere parfait*, ou, ce qui est plus selon l'Art, exprimer l'effet & la force de cette perfection par le résultat des divers nuances du *Naturel*. Ainsi le sentiment, l'harmonie intérieure, la pratique des vertus sociales, l'habitude du gracieux *moral*, tout cela est essentiel au vrai favori des Muses: c'est ainsi que les Arts & les Vertus sont mutuellement amis; ainsi la science du *Virtuose* & celle de la *Vertu* sont en quelque sorte une seule & même science.

L'homme poli, qui veut se former le goût, a soin de ne prendre pour modeles dans les Arts & les Sciences, que ce qu'il y a de plus achevé. S'il passe à Rome, il recherche les excellens morceaux d'Architecture, les plus beaux restes des Statues, les meilleurs tableaux d'un Raphaël ou d'un Carache. Quelque air antique ou grossier qu'une piece lui offre au premier coup d'œil, il ne se lasse point de la revoir, jusqu'à ce qu'il vienne à bout de la goûter, & d'en découvrir les graces & les perfections cachées. Il a surtout bien soin de détourner les yeux de tout ce qui est d'un goût insipide, faux, ridicule ou mesquin. Son oreille se refuse aussi à toute Musique qui n'est pas dans le meilleur genre. III. Part. §. III.

Il seroit à souhaiter que nous eussions la même attention dans ce qui regarde la vie & les mœurs. Quel Mortel une fois convaincu des différences réelles des caracteres, & de la préférence que l'un mérite sur l'autre, ne tâcheroit pas de rendre le sien *le meilleur*? Si la politesse, ou l'humanité, est un *goût*; si la brutalité, ou l'insolence, ou la débauche, est pareillement un autre *goût*, pourquoi ne s'appliqueroit-on pas, en cas que l'on sache penser, à se former sur le modele aimable & vertueux, plutôt que sur l'exemple des méchans. Quel est l'homme qui ne travailleroit pas à *forcer la Nature* à cet égard, comme en matiere de goût? Si l'on fait violence à la Nature dans l'un & l'autre cas, ce n'est que pour la réformer. Si nous n'avons pas encore un bon goût *naturel*, pourquoi ne nous efforcerions-nous point de nous en procurer un, & de le cultiver avec soin jusqu'à ce qu'il devienne *naturel*.....

Je goûte, j'approuve, j'admire! Et comment? Par hazard, ou selon que les choses *me plaisent*? Non, mais j'apprens à les goûter & à les admirer, selon qu'elles le méritent & que leur valeur intrinseque, qui m'est sensible, emporte mon suffrage. Autrement, j'aime dans ce moment ce qui va me déplaire tout à l'heure. Je me lasserai de ma poursuite, & l'expérience ne m'aura guere procuré de plaisir, si mon choix & mon suffrage n'ont d'autre regle que *ce qui me plaît*. Des figures grotesques & monstrueuses plaisent souvent. Des

III. PART. §. III.

ſcenes ſanglantes, des ſpectacles barbares plaiſent auſſi; & il y a certains caracteres qui les aiment plus que tout autre ſujet. Mais ce plaiſir eſt-il raiſonnable? Le ſuivrai-je, s'il ſe préſente? Ne dois-je pas le combattre, ou faire tous mes efforts pour arrêter ſes progrès dans mon cœur? Que dire d'autres plaiſirs plus doux & plus flatteurs? La moleſſe me touche. Des magots, des porcelaines, l'émail, réjouiſſent mes yeux. Les couleurs vives & brillantes frappent mon imagination. J'aime furieuſement la maniere Françoiſe ou Flamande dans un tableau, & je me livre à ce goût. Mais quelles en ſont les ſuites? Mon goût n'eſt-il pas gâté pour toujours? Eſt-il poſſible que je parvienne à ſentir les beautés d'un Maître Italien, ou d'un Artiſte inſtruit par la Nature & par les chef-d'œuvres des Anciens? Ce n'eſt pas en me jouant, que j'acquerrai le goût des Beaux-Arts. Les regles en ſont (*) *ſéveres*, & ſi je

(*) Pline, parlant en maître de la dignité de l'Art de la Peinture, qui tomboit de ſon tems (*de Dignitate Artis morientis*) fait voir qu'il eſt non ſeulement ſévere à l'égard du plan, de la maniere & du deſſein, mais encore relativement aux caracteres des grands Artiſtes; non ſeulement dans l'effet, mais encore dans les matériaux de l'Art, les couleurs, les ornemens & les détails particuliers. EUPHRANORIS *Diſcipulis* ANTIDOTUS, *diligentior quam numeroſior*, & *in coloribus ſeverus*.... NICIÆ *comparatur*, & *aliquanto præfertur* ATHENION *Maronites*, GLAUCIONIS *Corinthii Diſcipulus*, & *auſterior colore*, & *in auſteritate jucundior*, *ut in ipſâ picturâ eruditio eluceat*... *quod niſi in juventâ obiiſſet*, *nemo ei compararetur*.... PAUSIÆ & *filius* & *diſcipulus* ARISTOLAUS *è ſeveriſſimis Pictoribus fuit* .... *Fuit* & *nuper gravis ac ſeverus Pictor* EMULIUS.... *paucis diei horis pingebat*, *id quoque cum*

me flatte de parvenir à les connoître sans étude & sans application, je me trompe lourde- III. PART. §. III.

gravitate, quod semper togatus, quamquam in machinis. Pline a prédit la mort de cet Art illustre, qui ne lui a pas longtems survêcu, sur un symptome qui menaçoit également tous les autres après la ruine de la liberté. Je parle du Luxe de la Cour des Empereurs, & du changement du goût & des mœurs qui devoient suivre naturellement cette violente révolution. Ce docte, poli & ingénieux Critique nous représente le faux goût sortant de la Cour, où l'opulence, la splendeur, & une affectation de magnificence, digne de ce séjour, l'avoient fait naître. Ainsi la Sculpture & l'Architecture, qui étoient alors en vogue, n'offroient rien de précieux que les matériaux: on employoit des pierres brillantes, de riches métaux, & autres articles d'une excessive dépense. C'étoit la ruine de l'Art, & cependant les meilleurs Maîtres étoient forcés de s'en servir. Pour accréditer ces décorations fastueusement ridicules, on commença à mépriser la vraie beauté des plans, la justesse des desseins, & le caractere réel d'un bon ouvrage. On prit soin de faire venir des extrémités de l'Empire des couleurs monstrueusement éclatantes, qui coutoient excessivement cher, & bien différentes de celles qu'Appelle & les grands Maîtres avoient employées; mais ils étoient séveres & fideles à leur Art. Notre Critique appelle ce nouveau coloris la *maniere fleurie.* Les Peintres n'étoient pas assez riches pour en faire les avances, & on leur fournissoit ces couleurs, (*quos Dominus Pingenti præstat.*) Il appelle l'autre la *maniere austere.* Ainsi, dit-il, *Rerum, non animi pretiis excubatur.* On cherchoit la dépense & non pas l'ame de l'Art. Pline montre avec quel soin Appelle s'attachoit à rompre les couleurs *fleuries* par un vernis sombre: *Ut eadem res nimis floridis coloribus austeritatem occulté daret.* Il dit un peu auparavant que quelques-uns des plus beaux morceaux d'Appelle, ne présentoient que quatre couleurs; ce qui montre la vénérable simplicité des Anciens, simplicité dont la ruine entraîna celle de l'élégance dans tous les Arts. *Voyez Pline, Lib. XXXV.*

III. PART. §. III.

ment; je ferai tout au plus un ridicule *Virtuose*, ou un Pédant.

Ainſi la précieuſe méthode du *Soliloque* nous inſtruit dans la ſcience des mœurs. Les lectures, ſi elles ſont bien dirigées, contribuent efficacement à former le *caractere* & le *goût*. Quelles que ſoient nos ſociétés, quelque aimables & polies que l'on ſuppoſe les perſonnes avec qui nous vivons, ſi les Auteurs que nous liſons, ont un autre caractere, nous avons un furieux penchant à les imiter. Le danger eſt encore plus grand pour les Gens de Lettres, ſi leurs études ſont mal choiſies. Auſſi je ne regarde pas comme un homme qui *lit bien* celui qui lit beaucoup d'Auteurs, puiſqu'il doit néceſſairement en lire plus de mauvais que de bons; & qu'il ſe remplit plutôt la tête de galimathias, d'imaginations creuſes, & de penſées abſurdes, que de penſées ſolides & de ſentimens vrais.

Cependant malgré ces hazards que court notre goût par la multiplicité des lectures, il ſemble que nous ne ſommes pas abſolument ſcrupuleux ſur le choix. Nous prenons tout ce qui ſe préſente. Les Livres, que l'on nous a mis entre les mains pendant notre jeuneſſe, nous ſervent dans la ſuite d'étude ſérieuſe; & les vieillards y font de profondes recherches. Nous ſommes en effet ſi graves pour la plupart, que nous continuons cet exercice puéril tout le reſte de notre vie. Nous avons parlé, dès le début de cet Ouvrage, des Auteurs que l'on emploie à cet uſage. Cet exercice s'appelle *Méditation*, & cette méditation eſt ſi profonde & si grave, qu'on n'ose pas examiner le sujet que l'on nous ordonne d'approfondir. C'est une tâche qui n'exige point de goût. Pour peu que nous ayons le malheur de nous y livrer, ce régime austere ne tardera pas à nous rendre atrabilaires & misantropes; nous perdrons bientôt la vivacité naturelle de notre caractere, avec le goût des recherches solides & des contemplations utiles. Nous sommes excessifs en tout. On diroit que l'excès seul nous amuse. Ou nous rejettons toute regle, comme si c'étoit insulter à nos plaisirs, que d'avoir des égards pour la Vérité ou la Nature: Sans elles cependant, il n'y a rien de solidement agréable, ni, à plus forte raison, d'utile ou d'instructif. Ou nous nous asservissons aux Loix les plus absurdes. La tête surchargée de lectures absurdement sérieuses, nous devenons avides des plus ridicules: moins elles sont morales & intéressantes, plus elles nous paroîssent libres & satisfaisantes. Qu'importe que nos Modeles soient Gothiques ou barbares, qu'on nous mette sous les yeux des figures monstrueuses & grossiérement dessinées, que l'Histoire ou la Fable nous présente de fausses proportions, tous nos organes sont viciés; nous n'avons plus le coup-d'œil, ni d'oreille. Le goût doit absolument devenir barbare, lorsque des usages barbares, des mœurs sauvages, & les merveilles d'une *Terre inconnue* amusent nos loisirs, & nous fournissent les principaux articles de nos Bibliotheques. Ces productions sont parmi nous ce qu'étoient les *Livres de Chevalerie* entre les mains de nos Peres. Je ne sais pas quelle créan-

III. PART. §. III.

III. PART. §. III. ce nos braves Ancêtres, ont pu donner aux Hiſtoires de leurs Géans, à leurs Dragons, à leur S. George: mais j'avoue que je ne puis conſidérer ſans ſurpriſe notre créance & notre goût à d'autres égards.

Il faut que ce ſoit quelque autre choſe que l'Incrédulité, qui engage certains raiſonneurs qu'on accuſe d'Athéiſme, à philoſopher ſur un plan abſolument neuf. Pour moi j'ai toujours regardé ces gens-là comme plus *crédules* en général que le ſimple vulgaire. Outre les obſervations que j'ai faites dans les entretiens que j'ai eus avec eux, je peux produire pluſieurs Auteurs chargés d'anathêmes, qui cependant expient, en croyant les Dogmes de la Chine ou des Indes, le tort qu'ils ont de n'être pas aſſez Chrétiens. Si la Foi leur manque en Sirie ou en Paleſtine, ils en ont abondamment en Amérique ou au Japon. Les Hiſtoires des Incas ou des Iroquois, écrites par des Moines & des Miſſionaires, des Pirates & des Rénégats, des Marins & des Voyageurs peu difficiles, paſſent chez eux pour des monumens authentiques; & ce ſont des *Livres Canoniques* pour les *Virtuoſes* de ce genre. Quoique les Miracles du Chriſtianiſme ne les accommodent pas ſi bien, ils ſont enchantés des prodiges des pays idolâtres. Ils goûtent un bien plus grand plaiſir à entendre des deſcriptions monſtrueuſes d'hommes monſtrueux, que le plus intéreſſant récit de l'état, du gouvernement & des mœurs du peuple le plus ſage & le plus poli de la terre.

C'eſt le même goût qui nous fait préférer une

Hiſtoire Turque à une Hiſtoire Grecque ou Romaine; un Arioſte à un Virgile; un Roman à l'Iliade. Nous ne nous embarraſſons pas du caractere ou du génie d'un Auteur; nous ne ſommes pas aſſez curieux pour voir s'il eſt capable de juger des faits, ou de coudre ingénieuſement ſes menſonges; car des faits mal rendus, quoiqu'avec la plus grande ſincérité & la meilleure foi du monde, peuvent devenir une ſource dangereuſe d'erreur; & de purs menſonges, judicieuſement arrangés, peuvent nous apprendre, plus que tout autre moyen, la vérité des choſes (*). Mais s'amuſer avec des Auteurs qui ne ſavent ni *mentir* ni *dire la vérité*, il me ſemble que c'eſt là un goût qui ne mérite pas d'être envié. Cependant nous ſommes ſi enchantés des *Mémoires* itinéraires de tout Avanturier, que nous n'avons pas plutôt parcouru une ou deux pages, que nous nous intéreſſons vivement pour lui, quelque ſoit ſon génie ou ſon caractere. A peine s'eſt-il embarqué à l'embouchure de la Tamiſe, qu'il a toute notre attention & notre confiance. S'il paſſe dans quelque partie de l'Europe pour aller plus loin, nous le ſuivons patiemment dans ſes auberges, dans le paquebot, & au paſſage d'une riviere: nous aimons à ſavoir quand il a eu du bon & du mauvais tems, quel étoit ſon régime de vie, ſa conſtitution, ce qu'il a ſouffert par terre & par mer. C'eſt

III. PART. §. III.

(*) Le plus grand des critiques fait un magnifique éloge du plus grand des Poëtes, en diſant qu'il entendoit parfaitement l'art de mentir. *Ariſtot. de Poët.*

III. PART. §. III.

de la sorte que, pleins de desir & d'espérance, nous l'accompagnons jusqu'aux grands évé-nemens : il commence par décrire un poisson monstrueux ; des bêtes extraordinaires : il vient à des hommes plus monstrueux encore ; car dans cette classe d'Auteurs, le plus parfait est celui qui fait dire les choses les plus étranges, les plus extravagantes.

Notre vieux Tragique (*) semble avoir connu cette manie des Ecrivains de Voyages. Il donne une idée de notre goût dans le caractere d'un Héros Moresque ; tout farci de prodiges, qui est un impitoyable faiseur de Contes. Pour son auditoire, le Poëte l'a composé de femmes. Quel est l'amateur des Livres de voyages, qui ne s'attendrira sur le sort de cette Belle, qui devient amoureuse du merveilleux More, surtout s'il considere la grace d'un pareil Amant à raconter les plus miraculeuses avantures, & à satisfaire la soif des prodiges dans une femme? *Je me proposois de parler*, dit le délicieux Héros, *des antres, des déserts, des Carribales qui se mangent les uns les autres, & des hommes qui ont la tête au-dessous des épaules : le récit de toutes ces choses feroit sérieusement impression sur le cœur de Desdemone.*

C'étoit cependant une Conte bien mélancolique pour toucher le cœur d'une Belle. Il est vrai que le Poëte condamne assez le goût de cette pauvre Infante, & le lui fait payer à la fin bien- cher. Mais qu'entre tant de noms Grecs, il lui en ait donne un qui la traite de *super-*

(*) Shakespear.

ſuperſtitieuſe, c'eſt ce que je ne conçois guere; à moins que comme Prophete (car les Poëtes le ſont auſſi) il n'ait voulu marquer ſous cet emblême obſcur, qu'environ cent ans après lui, le Beau-Sexe de cette Iſle ſe laiſſeroit tellement ſéduire par des Contes extravagans, qu'il honoreroit principalement de ſa faveur les conteurs les plus infatigables, & qu'il préféreroit aux Chevaliers courtois, beaux & ſinceres, de noirs Enchanteurs ſemblables à ceux qui autrefois *ſe gliſſoient dans les maiſons, & emmenoient captives de ſottes femmelettes.*

III. PART. §. III.

Il eſt certain qu'il y a une grande affinité entre la paſſion de la *Superſtition* & celle des *Contes.* L'amour des Récits étranges, & l'ardeur pour le merveilleux & *ce qui n'eſt pas naturel*, ont beaucoup de rapport à un penchant analogue pour le *ſurnaturel*, ou ces prodiges que l'on nomme de funeſtes préſages. En effet, dès que l'homme entend ou voit quelque choſe d'extraordinaire, il veut deviner l'avenir. Le ſort, le deſtin, ou la colere du ciel ſont marqués pour lui, & comme deſſinés dans un accouchement monſtrueux, un fait atroce, ou un malheureux événement. En conſéquence les individus mêmes de ceux qui débitent ces Contes, pourvu qu'ils ayent quelque choſe de ſombre & de lugubre dans les habits, la contenance ou le ton, deviennent des perſonnes ſacrées & terribles aux yeux des foibles mortels qui ont été affectés de la ſorte depuis leur enfance. Une tendre Vierge perd ſa douceur naturelle pour ſe livrer à cette violente paſſion, dont elle eſt très-ſuſceptible, ſurtout quand le Nouvelliſte a une éloquence & une action con-

III. PART. §. III.

forme à ſon ſujet. On verroit donc encore mille *Desdemones* qui oublieroient peres, parens, connoiſſances & patrie, pour ſuivre un de ces tragiques Héros.

Au reſte que le Poëte ait prédit ou non, le goût extravagant & ſuperſtitieux des hommes, des femmes & du vulgaire dans notre ſiecle, il eſt certain que relativement aux Livres, il regne de nos jours la même Imagination que celle qu'il décrit. On n'a jamais tant parlé des monſtres & des pays monſtrueux.

On penſera peut-être que nos Philoſophes (*),

(*) En conſiderant ce que l'on a ſi ſouvent dit au ſujet de la Litterature, de la Philoſophie & des Beaux-Arts, ſelon l'ancien modele qui a tant dégénéré, il ne ſera pas hors de propos d'entendre la confeſſion d'un des plus fameux Modernes. *Scilicet aſſenſuri iſti ſunt veteribus Sapientibus, Poeticam* τῆς σεμνοτάτης φιλοσοφίας εἶναι συνναον, ſeveriſſimæ Philoſophiæ contubernalem eſſe; *quos videmus omni curâ morum poſthabitâ, quæ vera Philoſophia eſt, in neſcio quibus argumentatiunculis, in nugis ſophiſticis, in puerilibus argutiolis,* λοβοῖς *denique* ῥημάτιοις τῆς διαλεκτικῆς, *quod ſuâ jam ætate Euphrades, Themiſtius conquerebatur, ſummam ſapientiam ponere! Scilicet facundiæ Perſii virile robur, aut recondita illa eruditio eos capiet, quibus priſtinam barbariem mordicùs retinere, & in Antiquitatis totius ignoratione verſari, potius videtur eſſe ac melius, quam poſſeſſionem Litterarum, olim ſimili ſocordiâ extinctarum, memoria vero patrum magno Dei immortalis beneficio in lucem revocatarum ex altâ hominum oblivione, ſibi vindicare, & pro ſuâ quemque virili poſteris aſſerere. . . . Scribit vero Arrianus, ſapientiſſimum ſenem illum Epictetum, impietatis in Deum eos inſimulaſſe, qui in Philoſophiæ ſtudiis* τὴν ἀπαγγελτικὴν δύναμιν, *ſive ſermonis curam tanquam rem levem aſpernarentur: quoniam quidem, aiebat vir divinus,* ἀσεβοῦς ἐστιν ἀνθρώπου τὰς παρὰ τοῦ Θεοῦ χάριτας ἀτιμάζειν. *En Germanum Philoſophum! En vocem auream! Nec minus memorabile Syneſii Philoſophi præſtantiſſimi vaticinium triſti eventu confirmatum, quod multo ante ab ipſo eſt editum, cum rationem ſtudiorum*

qui ſe piquent de traiter de la Morale, devroient appuyer la Vertu plus efficacement que les Poëtes, & repréſenter avec énergie le vrai *Beau* dans les actions des hommes. On ſera porte à croire que s'ils jettent les yeux ſur les pays éloignés, dont ils affectent de tant parler, ils ſe propoſent d'y chercher cette ſimplicité de mœurs, cette innocence primitive, que l'on trouvoit ſouvent parmi les Sauvages, avant qu'ils ſe corrompiſſent par notre commerce, & qu'ils euſſent appris de nous toutes ſortes de trahiſons & de barbaries. Il nous ſe- III. PART. §. III.

ſimiliter perverti ab æqualibus ſuis cerneret. Diſputans enim contra eos qui ad ſanctiſſimæ Theologiæ ſtudia infantiam & ſophiſticen pro ſolidâ eruditione afferrent, fatidicam hanc quaſi ſortem edidit: Κίνδυνος, *inquit*, εἰς ἄϐυσσόν τινα φλυαρίας ἐμπεσόντας τούτους διαφθαρῆναι. *Periculum eſt ne ejusmodi homines in abyſſum quamdam ineptiarum delapſi penitus corrumpantur. Utinam defuiſſet huic Oraculo fides! Sed profectò depravationi illi, & hujus Scientiarum Reginæ, & omnium aliarum, quæ poſteà accidit, occaſionem quidem Gothorum & Alanorum invaſiones præbuerunt: at cauſa illius propior ac vera eſt, ratio ſtudiorum perverſa, & in liberalibus Diſciplinis prava Inſtitutio, ac Linguarum ſimul & univerſa Litteraturæ melioris ignoratio..... Atqui non in eum certè finem Viri magni & præcepta & exempla virtutum memoriæ commendata ad poſteros tranſmiſerunt, ut ad inanem aurium oblectationem, vel jactationem vanam inutilis eruditionis, ea cognoſceremus: verùm ut ſuis nos lucubrationibus excitarent ad effodienda, & in actum producenda* RECTI. HONESTI *que ſemina; quæ cùm à Naturâ accepiſſemus, vitiis tamen circumfuſa, & tantùm non obruta, ſic in noſtris animis, niſi cultura melior accedat, latent, quaſi in altùm quemdam ſcrobem penitus defoſſa. Huc ſpectant tot illa Volumina, quæ de Morali Diſciplinâ Philoſophi confecerunt. Tendit eodem & Græcorum, Latinorumque Poetarum pleraque manus, ſed itineribus diverſis. Quot ſunt enim Poetarum genera (ſunt autem quamplurima) tot ferè diverticula & viarum ambages eò ducentium.* Iſ. Caſaub.

III. PART. §. III. roit utile d'apprendre les causes de notre étrange corruption, & de considérer combien nous nous sommes écartés de la Nature, & de cette juste pureté de mœurs que l'on devoit rencontrer surtout dans des hommes soutenus & éclairés par la Religion. En effet, ne pourroit-on pas naturellement demander plus de justice, de fidélité, de tempérance & d'honnêteté à des Chrétiens, qu'aux Mahometans ou aux Idolatres? Mais les Moralistes modernes sont si peu disposés à flétrir les vices & les mauvaises mœurs, tant chez nous que chez l'Etranger, qu'ils voudroient que le Vice même parût aussi naturel que la Vertu, & que de détestables exemples nous persuadassent que Toutes les actions sont *naturellement indifférentes*; qu'elles n'ont en elles-même aucun caractere ni de *bien* ni de *mal*, mais qu'elles sont distinguées par la mode, la loi, ou des ordonnances arbitraires. Etonnante Philosophie! née du sein de la corruption & de l'ignorance, que les Anciens les plus distingués par leurs grandes qualités & leurs connoissances supérieures rejetterent constamment; mais que notre siecle va chercher dans sa source impure, & que nos champions Littéraires dévots ou indévots soutiennent & défendent avec une audace imprudente & grossiere.

Si un homme, qui écriroit sur la Musique, déclaroit aux Eleves & aux Amateurs de ce bel Art, que la Mesure ou la Regle de l'harmonie, n'est que mode, caprice ou fantaisie arbitraire, il n'y a pas d'apparence qu'il fit des prosélites. Pourroit-on l'écouter sans rire? En effet, l'Harmonie est *telle* par sa nature, quelque idée ridicule que les hommes puiſſent s'en former. Ainſi la proportion & la ſymmétrie ſont fondées dans la Nature, quelque air Gothique que le mauvais goût puiſſe donner à l'Architecture, à la Sculpture, ou à tout autre Art analogue. Il en eſt de même en matiere de Mœurs. La Vertu a un caractere fixe. On trouvera la même harmonie en Morale & dans les paſſions du genre humain: la connoiſſance des hommes fait un Art ſupérieur, par ſes grands avantages, à tout ce que les autres ont pu produire juſqu'ici. III. PART. §. III.

Voilà ce qu'un Moraliſte doit bien comprendre; car les objets ſont revêches, & ne ſe font pas aiſément à notre imagination, ou aux caprices de la mode; ils reſtent toujours tels qu'ils ſont dans la Nature. Ainſi tout Ecrivain, Poëte ou Philoſophe, n'eſt dans le fonds, que le Copiſte de la Nature. Il peut conformer ſon ſtyle au goût de ſon ſiecle ou de ſa nation; le ton, les ornemens, le coloris de ſes peintures peuvent varier. Mais ſi ſon pinceau eſt incorrect, ou ſon deſſein contraire à la Nature, on trouvera la piece ridicule lorſqu'on l'examinera de près; car on ne ſe joue pas de la Nature, & ceux qui la démentent ne triomphent pas longtems. Ses *Loix*, ſon *Inſtinct* ſont puiſſans; ſes notions naiſſent avec nous. Elle a un fort parti *au dehors*, & un autre qui ne l'eſt pas moins au *dedans de nous-mêmes*; de ſorte que ſi on la dédaigne, elle s'en vange bientôt, en flétriſſant le goût de ſes ennemis.

Tout Philoſophe, Critique ou Auteur, qui eſt convaincu de cette prérogative de la Nature, s'attachera ſans peine au grand ouvrage de la

III. PART. §. III.

réforme de ſon goût; & il aura raiſon de s'en défier, s'il n'a pas entrepris de le régler directement ſur les principes de la Nature. Il ne lui faudra que de la mémoire pour connoître ſon état à cet égard; car la coutume & la mode nous ſéduiſent tous les jours; de ſorte qu'il faut qu'il ait bien lutté contre elles, pour avoir acquis cette juſteſſe de goût qui caractériſe l'Eleve de la Nature. Mais s'il ne ſe ſouvient pas de cette guerre inteſtine, c'eſt une preuve certaine que ſon goût ne differe guere de celui du peuple. Dans cette circonſtance, il faut qu'il ait inceſſamment recours à cette pratique ſalutaire qui fait l'objet de ce Traité. *Il faut qu'il mette ſur pied les plus puiſſantes facultés de ſon eſprit, & qu'il aſſemble toutes ſes forces pour faire une vigoureuſe deſcente ſur le territoire du cœur; bien réſolu de n'éviter aucun combat, & de ne prêter l'oreille à aucune propoſition, qu'après avoir pénétré dans les Provinces intérieures, & être parvenu juſqu'au ſiege de l'Empire.* Il ne doit point ſe détourner de ſon but pour quelque avantage qu'il puiſſe ſe promettre. Qu'il interrompe toutes ſes études, ſes projets & ſpéculations, pour ſe bien tirer de *cette importante Campagne*, & apprendre l'art de combattre le faux goût, par la connoiſſance qu'il aura acquiſe de lui-même, & de ſes *principes naturels*.

On s'imaginera peut-être que malgré l'*Avis* particulier que nous avons donné relativement à la formation du goût dans la connoiſſance des choſes *naturelles*, il manquera toujours quelque choſe à cet Ouvrage, tant que nous n'aurons pas parlé des objets *ſurnaturels*, & examiné les mœurs & les caracteres décrits dans les Livres Saints. Mais pour réſoudre cette objection, il suffit de considérer que l'Esprit humain ne peut prescrire aucune regle dans des choses que l'homme n'a pas *conçues*, & que le ciel même a *inspirées*. III. PART. §. III.

C'est pourquoi tout Poëte ou Auteur, qui prétendroit former ses caracteres sur le modele de nos Ecrivains sacrés, auroit grand tort. Qu'on dise tout ce que l'on voudra d'un *Poëme héroïque* dans ce genre, j'ose prédire que le succès ne rempliroit pas l'attente de certains Critiques.

Je sais que l'on trouve dans l'Histoire Sainte, des Chefs, des Conquérans des Fondateurs de Nations, des Héros & des Patriotes, qui, considérés même philosophiquement, ne sont pas au-dessous des plus célebres de l'Antiquité profane. Il n'y a rien dans l'histoire d'Enée, que Josué, ou Moïse, n'égale ou ne surpasse. Mais cependant les actions sublimes de ces illustres Chefs ne peuvent gueres se représenter dans un Poëme Epique. Il seroit indécent de donner à quelques-uns d'entr'eux cet air, ce ton & cette élégance nécessaires pour les rendre aimables aux yeux de la plupart des hommes. Le monde a d'autres idées de l'héroïsme & de la générosité.

Malgré les pieux efforts que nous faisons pour regarder avec indifférence les intérêts des *Payens*, & des *Infideles*; malgré les peines que nous pouvons avoir prises pour attacher notre cœur au *Peuple choisi*, & le défendre contre ses méchans voisins qui adoroient les faux Dieux; nous aurons toujours quelque pitié pour de malheureuses créatures de notre espece, & ce sentiment nous empêchera de voir avec beaucoup de plaisir que d'autres hommes les punissent si sévérement.

III. PART. §. III.

On nous permet dans les Ouvrages de Poëfie & de Litterature, certaine liberté, certain enjouement, peut-être un peu incompatibles avec la contemplation des *Jugemens de Dieu*, & qui nous empêchent de voir bien clairement la justice de ces *Voies*, que l'on dit être si éloignées des *nôtres*, & au dessus de tous les efforts de notre entendement : or en pareil cas nous ne pouvons guere souffrir de voir massacrer les Idolatres par les fideles Croyans. Il y a dans nous une certaine humanité perfide qui se révolte tacitement contre les ordres les plus précis de la Justice Divine. Tout le génie du meilleur Poëte nous reconcilieroit à peine aux expéditions de Josué, ou à la retraite de Moïse après l'*Emprunt* qu'il fit en Egypte. Tout l'Art des Muses ne pourroit pas nous faire aimer ce Héros qui *plût tant au Ciel*; tel est le Cœur Humain, qu'il n'a presque pas la moindre sympathie avec ce caractere qui fut le seul *selon le cœur de Dieu.*

Il y a donc apparence que les mœurs, les événemens & les caracteres consacrès dans l'Ecriture, sont des sujets qui ne conviennent absolument qu'aux Théologiens. Ils sont incompréhensibles en Philosophie, & au-dessus de la portée de nos profanes Historiens, Politiques ou Moralistes. Ces hautes matieres sont trop sacrées pour être soumises à l'imagination du Poëte, lorsqu'il n'est inspiré que par son fatidique Appollon.

Je ne voudrois pas examiner à la rigueur l'Ouvrage de notre grand Poëte (*), qui a chanté si pieusement la chute de l'homme. La

(*) Milton.

guerre du ciel, & la cataſtrophe de ce couple, qui eſt la tige du genre humain, ſont des ſujets ſi obſcurs, & ſi analogues à la Mithologie, qu'ils peuvent ſe prêter plus aiſément à l'imagination du Poëte, & à toutes les figures qu'il juge à propos d'employer. Mais s'il ſe fut embarqué dans l'hiſtoire de la vie & des mœurs des Patriarches, des ſaintes femmes, des Héros & Heroïnes du Peuple de Dieu; s'il eut employé des *machines* ſacrées; en un mot, s'il eut fait intervenir la Divinité pour ſoutenir l'*action* de ſon Poëme il auroit bientôt ſenti la foibleſſe de ſa Muſe *Orthodoxe*. Ces myſteres céleſtes ne peuvent être décrits par les hommes: l'Art ne pourroit y mettre d'autre *Sublime*, ni d'autre dignité que ce qu'ils tiennent de leur origine. III. PART. §. III.

La Théologie, ou Théogonie des Païens, pouvoit admettre tous les tours & toutes les expreſſions figurées que le Poëte, ou le Philoſophe, jugeoit convenables. Mais la pureté de notre Foi condamne une pareille liberté. Tout ce que la Théologie nous apprend ſur Dieu & la *diſtinction des Perſonnes*, ſont des Myſteres qu'il faut laiſſer aux *Initiés*, ou aux Prêtres, à qui l'Etat a confié le dépôt des divins Oracles. Ceux qui ne ſont, ni inſpirés par le ciel, ni privilégiés ſur la terre, pour rechercher curieuſement la ſource de ces Monumens ſacrés, *établis par la Loi*, ne doivent abſolument pas s'en mêler. Une entrepriſe auſſi téméraire nous dégoûteroit d'autant plus que nous irions plus loin. Si nous oſions négliger une fois l'autorité & la direction de la Loi, nous tomberions aiſément dans l'erreur & l'héréſie, dès que nos Symboles n'auroient

III. PART. §. III.

pour toute garantie que l'intégrité, la candeur & le désintéressement des Compilateurs? Nous n'en pouvons rien apprendre que dans leurs propres Histoires. Mais des gens inquiets, qui examinent vigoureusement toutes ces Pieces, sont fort disposés à soupçonner les Annalistes; & d'autres moins violens jugent du caractere des anciens Conciles par celui des nouveaux Sinodes.

Quand on ajoute à ces considérations les troubles horribles que les Disputes religieuses ont causés, tant de scenes sanglantes, de ravages, de dévastations, en un mot tous les maux que la fureur des controverses a répandus sur la terre, & cela pour une distinction subtile au sujet d'un dogme; on conclura qu'il est impossible à un Poëte, ou à tout Auteur poli, de se rendre agréable par de pareils tableaux.

Au reste quoique le développement de ces profonds Mysteres & des devoirs de la Religion, appartienne exclusivement à l'Ordre Ecclésiastique, il me semble toutefois qu'il est permis à d'autres Auteurs de soutenir leur ancien privilege: ils peuvent instruire les hommes par forme d'amusement. Que les Poëtes s'occupent donc librement de leurs fictions, & les Philosophes de leurs systêmes. Il seroit un peu dur pour nous que les Prêtres eussent le monopole des instructions & de tous les *avis*, dont nous avons besoin pour la conduite des mœurs & le commerce de la société. Pourquoi le Théâtre n'instruiroit-il pas aussi bien que la Chaire? L'esprit & l'enjouement peuvent être aussi utiles que la gravité & l'air austere. La sublime Révélation a ses principes, & la Raison a les siens. Le grand point est de distinguer leurs départemens & de fixer leurs justes limites: voilà pourquoi nous avons entrepris de représenter aux Auteurs modernes la nécessité de tirer exactement cette ligne de séparation. III. PART. §. III.

Il seroit dur & injuste ce me semble, que la Religion *établie par la Loi*, n'eût pas la même prérogative que l'Art Héraldique. On convient généralement que tout le monde peut *peindre* & *dessiner* bien ou mal: mais il n'est pas permis de blasonner à sa fantaisie, sans égard pour le Public intéressé. Le *Lion* & le *Sanglier* d'un Noble doivent être figurés selon les regles du Blason; il faut que ses *Supports* & son *Cimier* soient les mêmes que ceux de ses nobles & vaillans Ancêtres. Il est indifférent que les figures d'animaux soient bien proportionnées. Il est indifférent que l'on rassemble des formes diverses ou contraires en une seule. Ce qui est monstrueux en Peinture ou en Poësie, se souffre dans le Blason. Que les Naturalistes fassent leurs recherches à part sur l'existence réelle & la vérité des choses; à la bonne heure: mais qu'ils ne s'avisent jamais de contredire les formes & figures bizarres de nos Armoiries. Les Sirenes & les Griffons étoient les merveilles de nos Peres; aussi la Tradition nous les a-t'elle transmis dans des barbouillages authentiques. Il ne conviendroit pas de critiquer les traits ou les dimensions d'un visage de Sarrazin, que nos victorieux Ancêtres ont apporté de la Terre Sainte.

Il seroit aussi indécent de contester la figure d'un *Dragon* qui sert de base à l'histoire d'un de nos plus vaillans guerriers, à l'établissement d'un *ordre* respectable, & même à la gloire du Royaume.

Mais quelque respect que l'on doive à ces

III. PART. §. III.

illuſtres morts, Clarencieux, Garter, & autres ſoutiens auſſi célebres de l'honneur & de l'antiquité de la Grande-Bretagne; nous avons le bonheur de vivre dans un ſiecle civiliſé qui ne permet plus les privileges & les exploits qui illuſtrerent ces Héros. Ils n'auront plus de ſucceſſeurs. On ne verra plus de ces chevaliers Romaneſques s'élever au deſſus des Loix, & en depit des Magiſtrats, former des cirques & des amphithéatres pour y donner des combats civils, faire des joûtes & des tournois, & renouveller ces défits & ces jeux ſouvent cruels dont leur ordre ſe déclara le protecteur (*).

Concluons enfin. Le ſeul moyen qui peut nous autoriſer légitimement à *donner des avis*, eſt de les *recevoir* d'abord nous-mêmes avec toute la ſoumiſſion requiſe, lorſque le Public daigne nous en donner par voie d'autorité. Si Enſuite nous avons aſſez de réſolution pour nous critiquer nous-mêmes, & examiner nos importantes viſions, nos brillans deſirs & nos ſentimens ſpécieux, par la méthode de ce Soliloque tant de fois indiqué; nous deviendrons moins ſuffiſans, à meſure que nous deviendrons plus ſages; nous formerons notre caractere à cette modeſtie, cette condeſcendance & cette juſte humanité, qui ſont eſſentielles au ſuccès des conſeils & exhortations de l'amitié. Une Philoſophie domeſtique doit nous inſpirer cette pratique pour notre propre uſage. Des lectures intéreſſantes & le commerce de la bonne compagnie nous apprendront le reſte.

(*) Ceci à rapport à l'ancienne chevalerie Angloiſe, abolie aujourd'hui.

Fin du Tome Second.

www.ingramcontent.com/pod-product-compliance
Ingram Content Group UK Ltd.
Pitfield, Milton Keynes, MK11 3LW, UK
UKHW020102200726
13856UKWH00002B/341